ŒUVRES

COMPLÈTES

D'ANTOINE-RAPHAËL MENGS,

PREMIER PEINTRE DU ROI D'ESPAGNE.

TOME PREMIER.

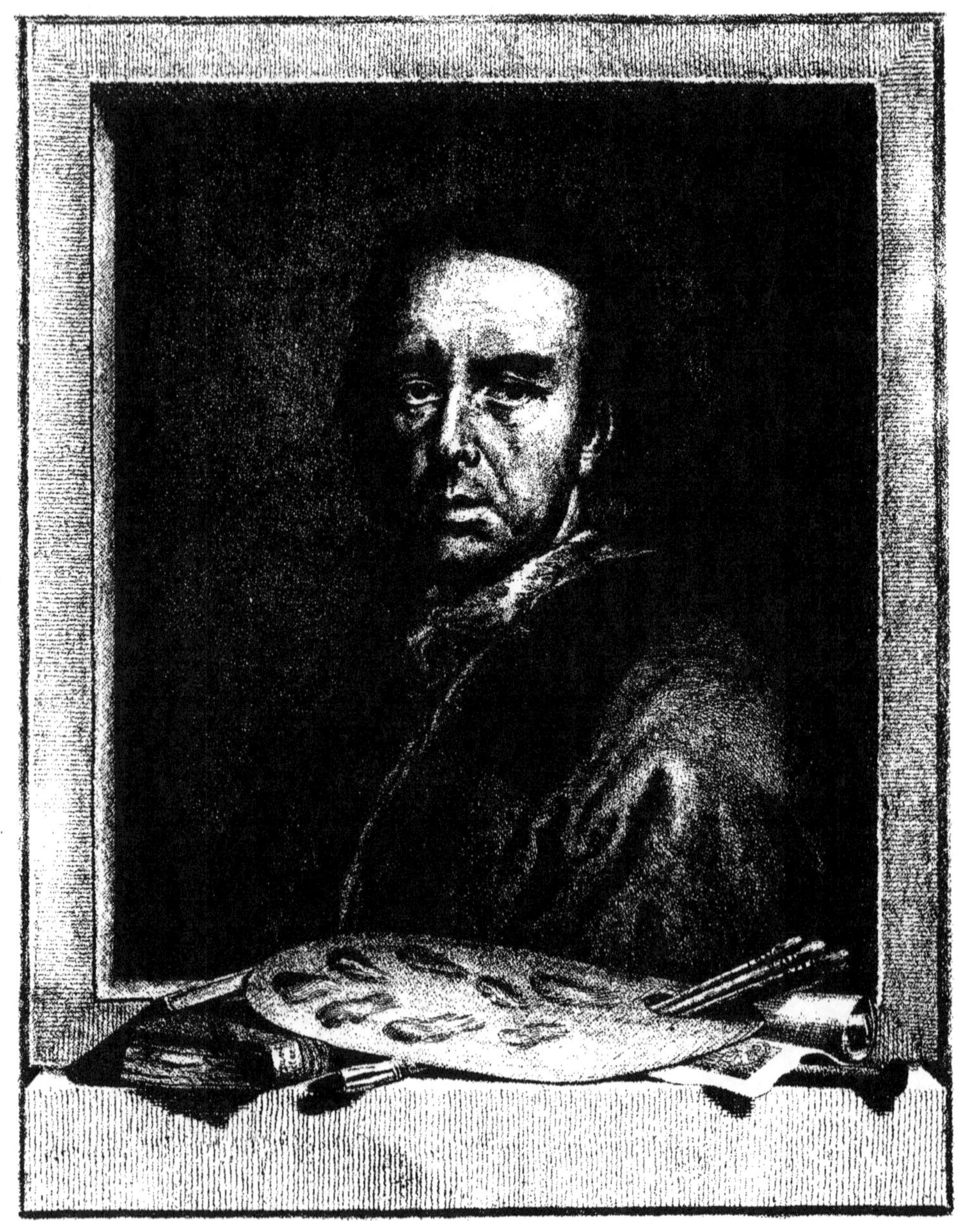

ŒUVRES

COMPLÈTES

D'ANTOINE-RAPHAËL MENGS,

PREMIER PEINTRE DU ROI D'ESPAGNE, &c.

Contenant différens Traités sur la théorie de la Peinture.

Traduit de l'Italien.

Urit enim fulgore suo, qui prægravat artes
Infra se positas : extinctus amabitur idem.
HORAT.

TOME PREMIER.

 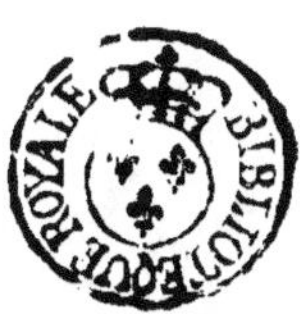

A PARIS,

A L'HÔTEL DE THOU, RUE DES POITEVINS.

M. DCC. LXXXVI.

AVEC APPROBATION ET PRIVILÉGE DU ROI.

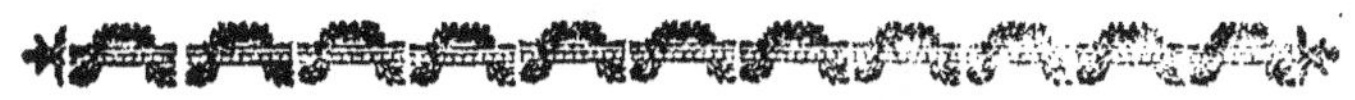

A MONSEIGNEUR,

Monseigneur le Baron DE BRETEUIL, Ministre & Secrétaire d'Etat, Chevalier des Ordres du Roi, Maréchal de ses Camps & Armées, &c., &c.

MONSEIGNEUR,

VOTRE goût pour les Beaux-Arts, dont vous êtes le Protecteur éclairé, & la reconnoissance que je dois aux bontés dont vous avez daigné me combler ; voilà les titres sur lesquels j'ose m'appuyer pour vous supplier, Monseigneur, de recevoir, comme un hommage de mon respect, cette Traduction des écrits d'un artiste que vous avez assez connu personnellement pour l'estimer beaucoup, & dont vous avez admiré les chefs-d'œuvre de peinture en Italie.

a ij

Le plus doux fruit de mon travail fera, Monfei-
gneur, de favoir que vous l'approuvez, & que
vous jugez que j'ai rendu, d'une manière digne de
M. Mengs, les penfées fublimes, quoique fouvent
abftraites, de ce peintre philofophe, qui a jeté un
jour fi lumineux fur la partie idéale & théorique
de fon art.

Je fuis avec un profond refpect,

MONSEIGNEUR,

Votre très-humble & très-
obéiffant ferviteur,

JANSEN.

PRÉFACE

DU TRADUCTEUR.

CE n'eſt qu'aux artiſtes, dit Pline le jeune, qu'il appartient de juger les artiſtes *. Si cet axiome eſt vrai, comme on ne peut en douter, qui alors étoit plus en droit de parler de la peinture & de ceux qui ont illuſtré cet art dans ſes plus beaux tems, que M. Mengs, qui a conſtamment joint l'exemple aux préceptes ?

Doué d'un génie vaſte, d'une ame ſenſible & d'un eſprit auſſi délicat que philoſophique, M. Mengs a réfléchi toute ſa vie ſur ſon art, ainſi qu'on peut s'en convaincre par ſes écrits. Mais c'eſt principalement ſur les parties les plus grandes, les plus difficiles, ſur celles que les artiſtes, en général, paroiſſent négliger le plus, qu'il a fixé toute ſon attention. Le *bon Goût*, qu'on peut regarder comme le ſommaire des idées que l'eſprit s'eſt formées des plus belles parties de la nature, en ne s'écartant point de la ligne qui ſépare le moins du trop ; & la *Beauté idéale*, qui n'eſt que le réſultat de ces conceptions,

---

* De Pictore, Sculptore & Fictore, niſi artifex judicare non poteſt. *Plin. Lib. I, epiſt. 1.*

épurées par une comparaison raisonnée de ces mêmes parties , pour en former , par le *Choix* , un tout doué de la plus grande *Perfection* possible : voilà les objets sur lesquels M. Mengs n'a cessé de méditer. Aussi tout son système se réduit-il à prouver , que pour atteindre le beau idéal , ce ne sont pas simplement les objets qu'on doit copier , mais l'idée des objets qu'il faut exprimer ; que tout ce qui rappelle trop les idées individuelles resserre l'imagination , & sert plutôt à produire un portrait qu'un tableau ; enfin , que c'est l'idée abstraite des objets en général que l'artiste doit consulter , & non l'image de tel ou tel objet en particulier *.

Ce seroit sans doute une présomption de notre part , que de vouloir faire l'examen particulier de chacun des objets que M. Mengs a traités ; d'autant plus que les notes & les réflexions dont M. le Chevalier d'Azara a enrichi son édition Italienne , ne laissent rien à desirer à cet égard **. Nous remarquerons seulement ici que la

---

* Voyez le résumé que M. Mengs donne lui-même de ce système à la page 38 du second volume de notre traduction.

** Toutes les notes répandues dans ces deux volumes, (à l'exception de celles où il est dit qu'elles sont du Traducteur) appartiennent à M. le Chevalier d'Azara , ministre de la cour d'Espagne, près le Saint Siége , éditeur des Œuvres de M. Mengs , à qui il a été attaché de l'amitié la plus tendre jusqu'au dernier moment de sa vie. Les additions qui se trouvent à la fin du second volume sont aussi de M. d'Azara , & sont prises d'une seconde édition des Œuvres de notre auteur , en 2 vol. *in-*8° , publiée , en 1783 , à Bassano, dans les états de Venise ; mais qui nous est parvenue trop tard pour

manière concise , & quelquefois abstraite , avec laquelle
M. Mengs a exprimé ses idées , ne nous permet pas d'espérer que nous les ayons toujours rendues , dans notre
traduction , avec toute la clarté que nous aurions desiré.
Mais il faut se rappeller que M. Mengs n'a écrit sur l'art
que pour satisfaire aux questions de ses amis , ou pour
donner des instructions à ses élèves. Les *Réflexions sur
la Beauté & sur le Goût dans la peinture* , & la *Lettre à
Don Antonio Ponz* , sont les deux seuls morceaux qu'il
avoit destinés au public. La *Dissertation sur ce qu'on nomme
dans les arts : Un certain je ne sais quoi que l'on ne comprend pas* , & les *Réflexions sur quelques peintres de différentes écoles* , que M. Doray de Longrais a publiées , en
1783 , comme des ouvrages de M. Mengs , appartiennent
entièrement à M. Guibal * ; ainsi que l'*Eloge historique
de M. Mengs* , & le *Catalogue de ses Tableaux* , qu'on
trouve dans le même volume.

---

que nous ayons pu intercaler ces notes dans les endroits où elles devroient se trouver.

* M. Nicolas Guibal , ancien pensionnaire du roi , premier peintre
& directeur de la galerie du duc de Wurtemberg , a été l'élève de
M. Mengs. Nous avons de lui un *Eloge du Poussin* , qui , en 1783 ,
a remporté le prix de l'académie royale des sciences , belles-lettres
& arts de Rouen. Il avoit aussi entrepris une traduction Allemande
des Œuvres de M. Mengs , qu'il n'a pas eu le tems de finir. Cet artiste , homme de beaucoup d'esprit , est mort , il n'y a pas long-tems ,
à Stutgard.

Pour ne laiſſer rien à deſirer aux artiſtes & aux amateurs de la peinture, nous avons cru devoir leur donner auſſi une traduction du *Grand Livre des Peintres*, du célèbre *Laireſſe*, qu'on imprime actuellement, & que nous publierons dans peu, en deux volumes *in-4*ᶜ, avec un grand nombre de gravures. L'excellence des leçons-pratiques de cet artiſte, dont les idées étoient auſſi élevées que belles, ne ſerviront qu'à conſolider les principes de M. Mengs, avec leſquels elles paroiſſent avoir une parfaite analogie; de ſorte que ces deux ouvrages, faits par de grands artiſtes, contiennent la théorie & la pratique de la peinture, & ſemblent deſtinés à ſe prêter une lumière réciproque. Nous n'avons cependant pas voulu attendre la fin de l'impreſſion du Traité de Laireſſe, pour mettre au jour les Œuvres de M. Mengs, afin de ſatisfaire plutôt au deſir des amateurs, & de faciliter l'acquiſition de ces deux ouvrages, en les publiant ſucceſſivement.

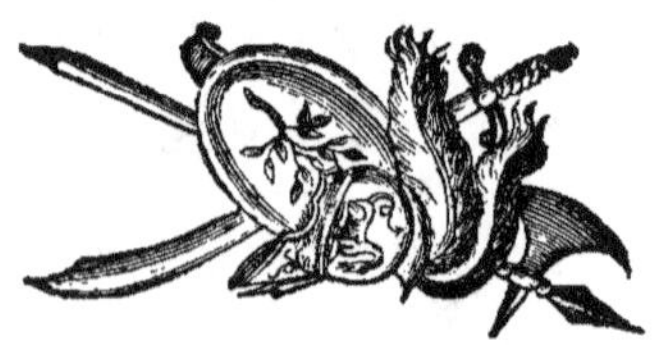

MÉMOIRES

MEMOIRES

SUR LA VIE ET SUR LES OUVRAGES

DE M. MENGS,

Par M. le Chevalier D'AZARA.

MÉMOIRES

SUR *LA VIE* ET SUR LES *OUVRAGES*

DE M. MENGS,

PAR M. le Chevalier D'AZARA.

LA plupart des hommes fe contentent de jouir des plaifirs & des biens de la vie , fans réfléchir fur leur fource, & moins encore à la reconnoiffance qu'ils doivent à ceux qui, par leur génie , ont contribué à leur bonheur. Cette ingratitude provient , en général, de l'ignorance & de la pareffe naturelles à l'homme , qui aime à fatisfaire fes fens , fans fe fatiguer l'efprit. Il y a cependant des époques où quelques individus montrent plus d'énergie que dans d'autres tems , & ofent fecouer le joug du vice pour faire triompher la vertu. Notre fiècle fera remarquable fans doute, pour la poftérité , par fa remuante

Tome I.   A

inquiétude. Les arts , les fciences , la politique , le
deftin des nations & des particuliers , la vie domeftique
même , tout nous offre le tableau d'un mouvement &
d'une agitation continuelles. Cette activité , jointe à la
fatiété & au defir de varier fans ceffe les plaifirs , fuites
ordinaires de l'opulence , a dû néceffairement donner un
grand effor aux connoiffances utiles & agréables en tout
genre. Nos lumières , en s'étendant ainfi en fuperficie ,
ont , en même temps , beaucoup perdu de leur force &
de leur mérite. L'amour de la gloire & de la patrie ,
ainfi que le goût des beaux-arts , que quelques peuples
de l'antiquité ont porté jufqu'à l'enthoufiafme , ne paroiffent à nos yeux que chimère & folie ; & contens
d'embraffer à-la-fois une infinité de chofes , nous n'en
approfondiffons aucune , & nous demeurons froids &
fuperficiels dans tout ce que nous faifons.

Cependant , malgré ce relâchement général , la nature
produit encore , de tems en tems , des hommes d'une
grande fenfibilité , d'une ame ardente & vigoureufe , &
d'un efprit bien organifé , qui , en furmontant cette cor-
ruption univerfelle , cherchent , à force d'études & de
peines , à illuftrer l'art qu'ils profeffent , & à lui donner
fon ancienne fplendeur ; tandis que leurs contemporains
les payent d'ingratitude , & que le petit nombre d'amateurs , qui font à même de voir leurs chefs-d'œuvre , fe
contentent d'une froide & ftérile admiration.

Antoine-Raphael Mengs parut pour rétablir l'art
de la peinture ; & fi l'on pouvoit admettre la métempfy-
cofe des ames , on pourroit croire que quelque génie

de la floriffante Grèce avoit paffé en lui , tant cet artifte étoit admirable par la profondeur de fes idées , par la fublimité de fes conceptions , ainfi que par la fim-plicité & la candeur de fes mœurs. Victime de fon grand amour pour l'art , & d'une trop conftante application , il a été enlevé , dans la vigueur de l'âge , des bras de fes amis , regretté de toutes les ames honnêtes & de tous les vrais connoiffeurs de l'art ; mais emportant avec lui au tombeau l'envie de ceux que fon mérite offenfoit.

L'amitié tendre & pure qui me lioit à lui , exigeroit fans doute que je jetaffe quelques fleurs fur fa tombe , en l'arrofant de mes larmes , fuivant la coutume de ce fiècle , où l'on fe contente de cette ftérile démonftration ; mais l'ombre de mon ami m'avertit de ne point m'arrêter à ce vain tribut , & de fatisfaire plutôt à fes vœux en rendant fa mémoire utile par la publication de fes écrits. Je laifferai donc à d'autres le plaifir de faire briller leur efprit par le récit des particularités de la vie privée de M. Mengs : mon but principal eft de faire connoître l'ar-tifte & fes ouvrages.

Les parens de M. Mengs étoient de la Luface. Son aïeul fut établi à Hambourg , & enfuite à Coppenhague , où fon père naquit en 1690. Comme il étoit le vingt-deuxième de fes frères * , on fut embarraffé fur le nom

---

* Suivant M. Bianconi , chargé des affaires de Saxe à Rome , qui a donné un éloge hiftorique de M. Mengs dans l'*Antologia Romana* , que M. le Chanoine Perutta , de Milan , a publié enfuite féparément , Ifmaël Mengs n'a pas eu vingt - un frères , comme le dit M. d'Azara , mais vingt-trois fœurs , qui toutes moururent de

qu'on lui donneroit ; de forte qu'on ouvrit la bible pour
prendre le premier qui s'y préfenteroit : ce fut celui d'Ifmaël. Il eut pour parrain un peintre médiocre, ce qui
néanmoins engagea fes parens à le deftiner à l'art de la
peinture. De cette mauvaife école, Ifmaël paffa chez
M. Cofre, François, le meilleur peintre qu'il y eut alors
à la cour de Coppenhague ; ce qui joint à quelques
tableaux de Van Dyk, qu'un de fes amis lui prêta pour
copier, fuffit pour lui donner un bon coloris, qu'il con-
ferva toute fa vie. M. Cofre avoit une nièce dont le jeune
Ifmaël devint amoureux. Cette demoifelle ne pouvant
fupporter l'odeur de l'huile, il s'adonna à la peinture en
miniature, dans laquelle il excella bientôt, & il obtint
enfuite la main de fa maîtreffe. Une contagion maligne
lui ayant fait quitter fa patrie, il fe rendit dans plufieurs
cours d'Allemagne, où il apprit l'art difficile de peindre
en émail, dans lequel il devint très-célèbre.

C'eft du mariage dont nous venons de parler que naquit notre Mengs, dans la ville d'Aufzig, en Bohême,
le 12 Mars 1728. Il reçut au baptême les noms d'Antoine
& de Raphaël, en mémoire des deux grands peintres,
Raphaël d'Urbin & Antoine Allegri, dit le Correge,
que fon père admiroit avec un enthoufiafme fingulier.
Ainfi confacré dès le berceau à la peinture, on ne lui
donna pour joujoux, pendant fon enfance, que des
chofes relatives à cet art, tels que des crayons, du pa-

---

la pefte dont la ville de Coppenhague fut affligée au commencement
de ce fiècle. *Note du Traducteur.*

pier, &c. ; & il fut mis à l'étude du deſſin avant l'âge de ſix ans.

Les premiers ſoins de ſon père ſe bornèrent à lui faire tracer les lignes droites les plus ſimples, telles que la verticale, l'horizontale, l'oblique, juſqu'à ce que l'enfant fût parvenu à les tirer droites, d'une main ferme & hardie. C'eſt en ſuivant cette méthode qu'il le fit enſuite paſſer aux figures géométriques les plus ſimples, mais toujours ſans règle & ſans compas, juſqu'à ce qu'il eût acquis la juſteſſe de l'œil ; après quoi il lui enſeigna à deſſiner les contours du corps humain, en l'obligeant à les réduire, le plus qu'il étoit poſſible, à des figures géométriques, pour enſuite les agencer enſemble avec jugement, afin qu'il apprît, de cette manière, à leur donner toute la grace poſſible. Vint après cela la hachure. J'ai tiré tout ce que je viens de dire de Mémoires écrits de la main du père de M. Mengs, où il eſt dit auſſi qu'il eut beaucoup de peine à contenir la vivacité de ſon fils, qui ne ſe ſoumit que difficilement à la franchiſe & à la grande pureté avec leſquelles on l'obligea à deſſiner à l'encre de la Chine ; ce qui lui ôtoit les moyens de retoucher ſon ouvrage.

Il paſſa deux ans à s'exercer ainſi la main ; après quoi il commença à peindre à l'huile. Son père, qui s'apperçut du grand talent que promettoit le jeune Mengs, chercha ſur-tout à lui inculquer de bons principes, & lui fit, pour cet effet, reprendre le deſſin avec plus de ſoin & d'attention que jamais. Il lui enſeigna en même tems la chymie, dans laquelle il étoit fort verſé, ainſi qu'à peindre en émail. Ces études n'interrompirent cependant point celle du deſſin , & il ne ſe paſſoit point de jour qu'il ne traçât le contour de deux figures au moins , ſoit de Raphaël ou de Carache ; enfin , pour ne point perdre un ſeul inſtant de la journée , il l'appliqua à-la perſpective & aux principales parties de l'anatomie ; mais comme il ne trouva point à Dreſde , où il étoit alors , l'occaſion d'étudier cette dernière ſcience ſur le corps humain , il fut obligé d'avoir recours aux livres & aux ſquelettes.

Après quoi il commença à deſſiner les figures antiques par parties , de la même grandeur que les originaux , comme ſon père les avoit apportées de Rome ; & le ſoir il copioit , à la lumière , ces mêmes figures d'après de petits modèles. De cette manière , il mettoit en pratique ce qu'il avoit appris de la perſpective & de l'anatomie, en remarquant les raccourcis & les diminutions des membres , ainſi que les différentes formes des muſcles en action. Il s'inſtruiſit auſſi des effets de la lumière , de ſa dégradation , des ombres & des reflets ; parties de la peinture dont on ſe pénètre infiniment mieux par le moyen d'une lumière artificielle , que par celle du ſoleil. En ſuivant cette méthode , & en répétant ces mêmes opérations pendant le jour , il parvint à bien connoître la force du clair-obſcur. Ces études conduiſirent le jeune Mengs à l'âge de douze ans.

Son père , qui s'apperçut alors que ſon élève commençoit à étudier avec réflexion , & qu'il étoit tems de le former dans la partie de l'art dont il eſt impoſſible de ſe pénétrer hors de l'Italie , ſavoir , le bon goût , réſolut de le conduire à Rome ; ce qu'il exécuta en effet en

1741. Le jeune Mengs fut ravi d'admiration à la vue des chefs-d'œuvre qu'on trouve dans cette capitale. Il voulut d'abord tout imiter ; mais il en fut empêché par son père, qui lui fit étudier les plus parfaits modèles de l'art, tels que le Laocoon, le Torse du Belvedere, les ouvrages de Michel-Ange dans la chapelle Sixtine. Après lui avoir fait dessiner toutes ces choses sous leurs différens aspects, il l'introduisit dans les loges de Raphaël, dont il lui fit copier les plus belles têtes & quelques figures drapées, pour lui faire prendre le goût du jet des draperies & de leurs plis, dans lequel Raphaël étoit un si grand maître.

Le père de M. Mengs, qui étoit peintre d'Auguste III, roi de Pologne, desirant de faire connoître à cette cour le talent de son fils, lui fit copier en miniature deux tableaux de Raphaël, qui étoient au noviciat & à la maison professe des Jésuites ; & comme il vouloit en même tems envoyer à sa majesté Polonoise un tableau en émail, assez grand pour cette espèce de peinture, il ordonna à son fils d'en faire un dessin de son invention, qu'il ébaucha ensuite lui-même, & qu'il donna à finir au jeune Mengs. Il en résulta l'ouvrage le plus parfait qu'on connoisse en ce genre ; car Ismaël étoit le meilleur peintre en émail qui ait existé jusqu'à présent, & ses ouvrages sont d'un prix inestimable, tant pour la beauté du coloris, que pour la manière dont ils sont exécutés. Le seul défaut qu'on puisse lui reprocher, & qu'il connoissoit lui-même, c'est d'avoir péché par le dessin ; voilà sans doute aussi la raison pourquoi il stimula tant son fils à bien s'appliquer à cette partie.

Jufqu'ici nous avons fuivi Ifmaël dans l'éducation qu'il a donnée à fon fils , & qui a fi puiffamment contribuée à fon progrès dans l'art , ainfi qu'à fa conduite dans la vie. Nous allons maintenant donner une idée de fon caractère. Jamais il n'y eut d'homme plus dur pour fes enfans , de qui il exigeoit le travail le plus laborieux & le plus fuivi , fans leur accorder un feul inltant de relàche ou de récréation. Ils étoient déjà fort grands , fans qu'ils euffent parlé ou communiqué avec qui que ce fût , fi ce n'eft avec les domeftiques de la maifon ; de forte que les perfonnes qui fréquentoient journellement M. Mengs , ignoroient qu'il eût des enfans. Cependant fon goût pour la mufique amollit un peu la dureté de fon caractère , & l'engagea à admettre chez lui un ami , M. Annibale , qui fit connoître le mérite du jeune Mengs au roi de Pologne , comme nous le verrons dans la fuite. Quand il fortoit de chez lui , il renfermoit fes enfans dans une chambre , & à fon retour il examinoit rigoureufement s'ils avoient rempli la tâche qu'il leur avoit impofée. Ses corrections annoncoient plutôt un maître févère qu'un père attentif ; en un mot , Ifmaël étoit le tyran de fa famille. A Rome , il tint la même conduite. Le matin , il conduifoit fon fils au Vatican , & lui indiquoit ce qu'il devoit faire dans la journée ; après quoi il le quittoit , en ne lui laiffant , pour toute nourriture , que du pain & une bouteille d'eau. Le foir , il alloit le chercher pour le ramener chez lui , où il fe faifoit rendre compte de fes travaux : on peut croire que cet examen fe faifoit d'une manière affez rigide.

Cette méthode d'étudier rendit le jeune Mengs fi réfléchi

&

& fi attentif, qu'il pouvoit faire l'hiftoire de toutes les penfées de Raphaël ; & j'ai quelquefois joui du plaifir de lui entendre expliquer, devant les peintures des loges du Vatican, les raifons & les caufes qui doivent avoir déterminé Raphaël dans leur exécution. Il démontroit, par la manière dont une partie de ces tableaux eft peinte, que c'étoit par ceux-là que Raphaël avoit commencé fes travaux, parce qu'ils font dans fa première manière. Dans les tableaux fuivans, exécutés dans un autre ftyle, il nous indiquoit les réflexions que ce grand maître avoit dû faire pour fe réfoudre à ce changement. Il nous en faifoit remarquer jufqu'aux corrections & aux repentirs, dont il tiroit des conclufions fi évidentes, qu'après avoir vu ces chefs-d'œuvre de Raphaël, on avoit l'hiftoire complette de toutes les idées qui avoient paffé par la tête de cet admirable artifte, en les compofant. M. Mengs employoit, dans cette explication, des obfervations fi juftes & des preuves fi péremptoires, expofées avec un raifonnement fi clair & fi conféquent, qu'on étoit obligé de s'y rendre comme à une démonftration de géométrie.

. Après un féjour de trois ans à Rome, M. Mengs retourna à Drefde, où il s'appliqua à peindre au paftel : il y fit fon propre portrait de deux manières différentes, & celui de M. Annibale, qui le préfenta au roi. Sa majefté ne pouvant croire qu'un fi jeune artifte put exécuter d'auffi belles chofes, ordonna à M. Mengs de faire, en préfence d'une élève de la célèbre Rofalba Cariera, le portrait du mari de cette dame ; ce qu'il exécuta avec un fi grand fuccès, que le roi en demeura étonné, & voulut fur-le-champ avoir fon propre portrait de la main

Tome I.   B

de M. Mengs. Il fut encore fi heureux dans la reffemblance avec laquelle il rendit l'air de bonté & de noblefle
qui caractérifoient fa majefté Polonoife, que ce monarque lui accorda dès ce moment fa protection & fes
bontés, qu'il lui a confervées jufqu'à la fin de fa vie.

Cette même année 1745, la guerre étant furvenue,
le roi fe retira en Pologne ; mais de retour à Drefde,
après que la paix eut été faite, il voulut avoir les portraits de toute la famille de M. Mengs, & demanda que
le jeune Antoine fît celui de fon père, & que fa fœur
aînée, laquelle peignoit auffi fort bien, exécutât celui
de fon frère. Tous ces portraits font dans le cabinet des
paftels du roi. C'eft à cette époque que le jeune **Mengs**
fut nommé peintre de fa majefté, avec fix cents dallers
d'appointement, & un logement, fans autre obligation
que celle de peindre de préférence les ouvrages que le
roi lui demanderoit, & dont on devoit lui payer le prix
qu'il y mettroit lui-même.

Il n'accepta cependant ces propofitions qu'à condition
qu'il lui feroit permis de retourner à Rome ; demande
qui parut beaucoup révolter M. le comte de Bruhl,
miniftre tout-puiffant auprès du roi ; mais fa majefté,
loin d'en montrer du mécontentement, lui accorda cette
permiffion avec toute la bonté poffible.

De retour à Rome avec fon père & deux de fes fœurs,
M. Mengs prit un logement près du Vatican, afin d'être
plus à portée d'y aller étudier les antiques, confacrant
le refte de fon tems à fréquenter les académies, & à
prendre des leçons d'anatomie à l'hôpital du Saint-Efprit.
Il fit auffi, dans ce même tems, quelques tableaux en

miniature pour plaire à son père. Quatre ans furent con-
sacrés à cette étude , après quoi il s'adonna à la composition. Un tableau de Sainte-Famille reçut de grands éloges,
& attira chez lui les principaux connoisseurs de Rome ,
où l'on chercha dès-lors à le fixer , en lui promettant
d'en obtenir la permission du roi de Pologne. Cette offre
ne put manquer de faire plaisir à M. Mengs , par l'idée
qu'elle lui présentoit de pouvoir continuer ses études ,
en voyant tous les jours les merveilles de l'art que renferme Rome ; mais son père crut qu'il étoit plus avantageux de retourner en Saxe , ce qu'ils effectuèrent peu
de tems après. Avant de partir , le jeune Mengs épousa
une demoiselle aussi belle qu'honnête , appellée Margue-
rite Guazzi , dont il avoit fait la connoissance en cherchant un modèle pour la tête de la Vierge du tableau
de Sainte-Famille dont nous venons de parler.

La famille de M. Mengs étant ainsi augmentée , elle
partit de Rome à la fin de 1749 , & arriva à Dresde vers
Noël. La rigueur du climat & plusieurs chagrins domes-
tiques jetèrent notre artiste dans une grande mélancolie.
Son père , par un dernier acte de despotisme , se rendit
maître de tout ce que gagnoit son fils , aussi long-tems
que celui-ci resta dans sa maison , & le mit ensuite à la
porte , sans meubles & sans argent. Quelques amis , &
entr'autres l'obligeant M. Annibale , lui prêtèrent des
secours. Le roi & le prince Electoral son fils , tâchèrent
de consoler M. Mengs , en lui faisant donner un logement
commode & une voiture. M. Mengs demanda alors le titre
de premier peintre de la cour , que sa majesté lui accorda gracieusement , à la place de M. Silvestre , qui ,

dans ce tems-là , se retira à Paris , avec une augmentation
de penſion , ſans qu'on lui imposàt aucune obligation.
Depuis cette époque , le roi & la famille royale ne cefsèrent de combler M. Mengs de bienfaits & d'honneurs :
auſſi puis-je atteſter , comme une preuve de la bonté de
ſon caractère , qu'il ne s'offroit point d'occaſion (& il
s'en préſenta pluſieurs) de parler de la cour de Saxe ,
ſans qu'il parût pénétré de la plus vive reconnoiſ-
ſance.

Le roi Auguſte III , ayant fait ajouter à ſon palais
de Dreſde une belle égliſe , qui fut conſacrée en 1751 ,
ſa majeſté voulut que M. Mengs ſe chargeât de peindre
le tableau du grand autel , & ceux des deux autels
collatéraux.

Il peignit les deux derniers à Dreſde , mais demanda
pour faire l'autre , la permiſſion d'aller à Rome, afin d'y
rétablir en même tems ſa ſanté , laquelle avoit beaucoup
ſouffert en Saxe ; en donnant à entendre qu'il pourroit porter ſon ouvrage à un plus haut degré de perfection dans la
capitale des beaux-arts. Le roi qui n'ignoroit pas l'influence du climat ſur les talens & les avantages que l'Italie offre pour leurs productions , ſe rendit avec bonté
au deſir de M. Mengs.

Ce fut au printems de l'année 1752 que M. Mengs
revint à Rome avec ſa femme & une fille née en Saxe ,
laquelle eſt mariée avec Don Emanuel Carmona , célèbre graveur à Madrid. Le ſéjour de Rome rétablit
promptement la ſanté de M. Mengs ; & la ſatisfaction de
ſe revoir au centre des arts , lui donna une nouvelle
énergie & un amour inexprimable pour le travail. Le

premier ouvrage dont il s'occupa, fut une copie du grand tableau de Raphaël, appellé l'Ecole d'Athènes, qui lui avoit été demandée par milord Northumberland. Il n'accepta cette réquifition que parce qu'elle lui fourniffoit l'occafion d'étudier de nouveau cet artifte extraordinaire; & en effet, il a avoué plufieurs fois depuis, que jufqu'alors il n'avoit connu qu'imparfaitement tout le talent de Raphaël.

Après avoir achevé cette copie, il mit la main au grand tableau de Drefde avec un zèle & une ardeur fans exemple; mais lorfque cet ouvrage fe trouvoit à-peu-près achevé, la guerre fe déclara entre l'Impératrice Reine & le roi de Pruffe; ce qui occafionna une invafion en Saxe, & la fuite du roi hors de fes états; de forte que les appointemens de M. Mengs furent fufpendus. Notre artifte fe trouva réduit, par ces malheurs, au befoin le plus urgent, & fut obligé, pour foutenir fa famille qui augmentoit chaque année, d'accepter les ouvrages que différens particuliers lui demandoient. Il vit alors qu'il étoit néceffaire de fe produire avantageufement par quelque grand ouvrage public, & profita pour cela de la propofition que lui firent les Pères Auguftins, de peindre un plafond à frefque pour leur églife de Saint-Eufèbe; ce qu'il accepta, malgré la modicité du prix de deux cents écus qu'on lui en offrit, par le defir qu'il avoit de fe faire connoître, & de s'exercer dans un genre de peinture qu'aucun artifte ne cultivoit à Rome, depuis que Corrado Giaquinto étoit parti pour Madrid. Cet ouvrage mérita à M. Mengs un éloge général; l'on crut même qu'il étoit impoffible de produire à frefque des

teintes auffi belles ; & quoique la compofition n'en fût
pas dans le goût des maitres de la dernière ècole, la critique ne put cependant pas y trouver des défauts effen-
tiels ; de manière que ce tableau devint plus célèbre que
M. Mengs n'avoit ofé s'en flatter lui-même.

Lorfque cet artifte partit de Drefde, le roi lui ordonna
de fe rendre à Naples, pour y faire les portraits de toute
la famille royale, en lui recommandant de n'accepter
aucun préfent pour ce travail. Cet ordre pouvoit être
obfervé auffi long-tems que M. Mengs étoit affuré de
recevoir les appointemens de la cour de Saxe ; mais la
guerre en ayant fufpendu le paiement, fans efpoir de voir
les affaires rétablies de fi-tôt, il fallut bien changer d'idée
fur ce fujet. Sur la demande que fit donc M. le Duc de
Cerifano, miniftre de la cour de Naples à Rome, du
prix de ces portraits, M. Mengs lui en remit une note
fur le pied qu'on payoit fes ouvrages en Saxe, en dé-
clarant, en même tems, qu'il avoit ordre du roi de Pologne
de ne rien accepter. On lui donna pour réponfe que la
reine de Naples en avoit trouvé le prix trop exorbitant,
& qu'il n'étoit pas néceffaire qu'il s'occupât de ces portraits. C'eft là, entr'autres, un des moyens que l'envie
des artiftes courtifans mit en œuvre contre M. Mengs,
à qui fon caractère honnête & droit ne permettoit pas de
fe garantir de pareilles baffeffes. Voici un autre trait à-
peu-près femblable. Le roi de Naples ayant chargé M.
Mengs de faire un tableau pour la chapelle de Caferte, en
lui faifant remettre, en même tems, trois cents féquins
d'avance pour la moitié du prix de cet ouvrage. Notre
artifte reçut, peu de jours après, une lettre du premier

architecte de sa majesté , qui lui marquoit de ne faire ce tableau que quand bon lui sembleroit , parce qu'il n'en devoit plus être question de quelques années Cependant M. le comte de Lagnasco , ministre de Pologne à Rome , étant allé à Naples , peu de tems après , dit à M. Mengs, que la reine paroissoit fort étonnée de ce qu'après lui avoir accordé ce qu'il avoit demandé pour les portraits de la famille royale , il négligeoit de les faire , de même que le tableau pour la chapelle de Caferte , dont on avoit été obligé de charger un autre peintre. Ces exemples suffirent à M. Mengs pour lui faire connoître les sourdes menées de l'envie , & combien on abufe facilement de l'autorité la plus respectable.

Afin de prouver la fausseté de cette calomnie , M. Mengs termina promptement son tableau , qu'il alla préfenter lui-même au roi de Naples , au moment que fa majesté étoit prête à partir pour l'Espagne , dont elle alloit occuper le trône , vacant par la mort de son frère , Ferdinand VI. Sa majesté reçut gracieufement notre artifte , qu'elle chargea de faire le portrait de son fils , à qui elle laissoit le royaume de Naples.

De retour à Rome , M. Mengs commença par peindre le plafond de la *villa* du cardinal Alexandre Albani , où il repréfenta Apollon, Mnemofyne & les Mufes. Il mit à profit , dans cet ouvrage , les obfervations que lui avoient fournies les peintures d'Herculanum du cabinet de Portici. Il fit ce plafond comme fi c'eût été un tableau attaché au plancher , parce qu'il avoit reconnu l'erreur qu'il y a d'exécuter ces fortes d'ouvrages avec le point de vue *de bas en haut ,* ainfi que c'eft l'ufage des modernes , à caufe

qu'il n'eft pas poffible d'éviter de cette manière les raccourcis défagréables qui nuifent néceffairement à la beauté
des formes. Cependant , pour ne point heurter abfolument de front la méthode reçue de nos jours , il fit deux
tableaux collatéraux , fur chacun defquels il n'y a qu'une
feule figure , repréfentée en raccourci , dans le goût des
artiftes modernes. Dans ce même tems il s'occupa de
plufieurs tableaux à l'huile pour des particuliers ; favoir,
une Cléopatre aux pieds de Céfar ; une Vierge avec l'Enfant ; faint Jean-Baptifte & faint Jofeph ; trois autres en
demi-figures pour l'Angleterre , & une Madeleine en
pieds pour le prince de San Gervafio , à Naples.

C'eft en s'occupant ainfi que M. Mengs penfoit à fe
fixer pour toujours à Rome , lorfque Charles III , qui ,
en le voyant un feul inftant à Naples , avoit pénétré
tout le mérite de cet artifte, le fit inviter par Don Ema-
nuël de Roda , qui , dans ce tems-là , étoit fon miniftre à Rome , de paffer à fon fervice en Efpagne , avec
deux mille piftoles d'or * d'appointemens , un logement &
une voiture , outre le prix de fes ouvrages qui lui feroient payés à part ; & dans le cas qu'il acceptât cette
propofition , on lui indiquoit l'occafion d'un vaiffeau
de guerre , qui de Naples alloit retourner en Efpagne.
M. Mengs s'y embarqua en effet avec fa famille , & arriva heureufement à Alicante , le 7 octobre 1761.

A fon arrivée à Madrid , le roi l'accueillit fi gracieu-
ment , que M. Mengs en fut lui-même furpris ; bonté

---

* Quarante mille livres , argent de France.

que

que sa majesté lui a toujours continuée depuis, malgré les trames de l'envie & les bizarreries de M. Mengs même. Le roi avoit alors à son service Corrado Giaquinto, le meilleur peintre à fresque de l'école Napolitaine, & Jean-Baptiste Tiepolo, le premier artiste en ce genre de l'école de Venise ; mais malgré les obstacles que lui offrirent ces deux compétiteurs, M. Mengs n'eut pas plutôt fait paroître son premier ouvrage qu'on reconnut son talent supérieur, quoique sa manière fût bien différente de celle des autres artistes. L'envie elle-même fut obligée de lui donner des éloges simulés, afin de pouvoir préparer avec plus de sûreté le poison qu'elle lui destinoit en secret.

Le nombre des ouvrages que M. Mengs a exécutés en Espagne est incroyable, si l'on considère le peu de tems qu'il a resté à Madrid, & la foible santé dont il jouissoit. J'en donnerai une notice à la suite de ces Mémoires, en me bornant ici à en citer les principaux. Il commença d'abord par peindre le plafond de la chambre du roi, où il représenta l'Assemblée des dieux. Cet ouvrage offre l'expression la plus sublime, l'harmonie la plus pure, & les teintes les plus suaves qu'aucun peintre ait jamais produites à fresque. Les amateurs ignorans, dans le tems même qu'ils étoient obligés d'admirer ce chef-d'œuvre, osèrent avancer que la composition en est froide & sans vie, & cela parce qu'ils jugeoient par les yeux seuls, sans faire usage de leur esprit. Cette tranquillité & ce caractère divin des figures, qui cachent tous les besoins & toutes les imperfections de l'humanité, ne devoient, sans doute, faire aucune impression sur l'ame de ceux qui étoient accoutumés aux compositions remuantes &

confuses de Jordans * , & aux figures ftrapaſſées de Corrado.

Dans l'appartement de la reine mère, qu'occupe aujourd'hui l'infante Joſéphine, M. Mengs a peint l'Aurore d'un ſtyle auſſi beau que celui dont nous venons de parler ; & l'on diroit que les Graces, pour récompenſer l'artiſte de les avoir repréſentées ſi belles dans le plafond de la chambre du roi, ont conduit ſon pinceau dans l'exécution de cette figure de l'amante de Tithon. Sur les quatre pans, il a peint les quatre ſaiſons, avec des allégories ſi belles, que l'imagination ne peut rien concevoir qui aille au-delà. Il y a de lui dans l'appartement de la princeſſe quatre tableaux, qui ſont les quatre parties du jour, où l'on retrouve cette beauté & cette grace qui caractériſent tous ſes ouvrages. Le tableau d'autel à freſque, de la chapelle particulière du roi, qui eſt une Sainte Famille, fut achevé en huit jours ; ce qui nous prouve le grand talent de M. Mengs ; puiſqu'en peignant cet ouvrage avec toute la preſteſſe de Jordans, il a ſu y mettre toute la beauté & toute la correction de Raphaël.

Dans ce même tems, M. Mengs peignit quelques tableaux à l'huile pour le roi & pour la famille royale ; & ſa majeſté, dont le goût pour les arts ne pouvoit être raſſaſſié, lui fit faire tous les tableaux de ſa chambre à coucher, juſqu'aux deſſus de porte même. Je ne parlerai

---

* Il ne faut pas confondre ce Lucas Jordans, né à Naples en 1632, & diſciple de Ribiera, avec Jacques Jordans, né à Anvers en 1594, & diſciple de Rubens. *Note du Traducteur.*

ici que d'une Defcente de croix , comme étant l'ouvrage
le plus extraordinaire qu'on ait jamais vu. Tous les peintres en général fe font diftingués dans une partie de l'art
qui caractérife leurs productions. Apelle s'eft fait connoître par la grace , Ariftide & Raphaël par l'expreffion ,
le Titien par le coloris , &c. ; mais il n'étoit réfervé qu'à
M. Mengs feul d'embraffer à-la-fois le genre gracieux ,
l'expreffif, le naturel , l'altéré même , & de les manier
tous avec cet efprit philofophique , qui y met le fceau de
l'immortalité. En voyant fes ouvrages du genre gracieux ,
on a de la peine à croire que c'eft le même pinceau dont
eft forti cette Defcente de croix. Tout y refpire la douleur
& la trifteffe. Le ton général de ce tableau peut être comparé au mode Dorien de la mufique & de l'architecture.
Chaque figure a le degré de trifteffe qui convient à fon
caractère. Le corps du Chrift nous préfente tous les fignes
d'une mort douloureufe ; mais on y diftingue cependant
encore toutes les formes de la beauté & d'une nature divine. Il ne l'a point défiguré par des plaies ou par du
fang , ainfi que l'ont fait plufieurs peintres célèbres , qui
fe font étudiés , pour ainfi dire , à tourmenter un cadavre , & à le rendre un fujet d'horreur ; artiftes ineptes ,
qui n'ont travaillé que pour fatisfaire les yeux des amateurs auffi peu inftruits qu'eux-mêmes. M. Mengs , qui
avoit un efprit philofophique , n'a travaillé non plus
que pour les philofophes. La Vierge qui eft debout ,
les yeux fixés vers le ciel , femble offrir en facrifice ,
au Père célefte , la plus grande douleur à laquelle l'humanité puiffe être foumife. L'attitude extatique & immobile , avec les bras tombant le long du corps , les mufcles

C ij

du vifage fans mouvement , enfin, le voile bleu avec la
robe blanchâtre qui font en contrafte avec la pâleur de
fa belle face , tout concourt dans cette figure à former
une fi forte expreffion , qu'il eft impoffible de la voir
fans en être ému. La trifteffe de la Madeleine eft plus
humaine ; elle eft toute occupée du corps du Chrift. Un
torrent de larmes , qui coule de fes beaux yeux , fait connoître la fenfibilité de fon cœur ; tandis que les mufcles
gonflés du front de S. Jean , & fes prunelles teintes de fang
au lieu d'être humides de pleurs , donnent l'idée de toute
la force de l'émotion d'un jeune homme robufte , dont
les yeux fe refufent aux larmes. Un homme du peuple ,
qui tient un vafe avec des aromates , exprime merveilleufement le regard & l'attitude ftupides d'une compaffion
machinale & fans intérêt. Quant au fite où la paffion
a eu lieu , il n'eft que foiblement indiqué , afin de ne
pas diftraire l'œil de l'action principale ; cependant tout
y annonce l'horreur de la fcène où le Sauveur a fubi la
mort. C'eft avec raifon qu'on regarde ce tableau comme
la production du génie guidé par le jugement ; &
c'eft plutôt à cet ouvrage qu'aux tableaux du temple
de Junon à Carthage , qui repréfentoient la ruine de
Troie , qu'on peut appliquer ces mots : *Sunt lacrymæ
rerum , & mentem mortalia tangunt.*

Pendant que M. Mengs étoit ainfi occupé à décorer le
palais du roi , il chercha , en même tems , à être utile au
public , en formant à Madrid une école des arts. Il pro-
pofa pour cet effet à l'académie de peinture , dont il
étoit membre , plufieurs réglemens conçus fuivant fes
idées fublimes. Ces projets furent reçus ; mais l'ignorance

& l'envie furent lui tendre des piéges, dont fon cœur droit & fans malice ne put le garantir ; de forte que non-feulement il fe vit fruftré du plaifir de faire le bien, mais fa réputation même fut attaquée. Tirons un voile fur cette fcène d'intrigues & de baffeffes, &, pour l'honneur de l'humanité, enfeveliffons-les dans un éternel oubli *.

Ces peines de l'ame, la douleur plus terrible encore de ne recevoir aucune confolation, jointes à un travail trop laborieux & trop conftant, ruinèrent entiérement la fanté de M. Mengs. Au lever de l'aurore il fe mettoit à peindre à frefque, & continuoit ainfi jufqu'au foir, fans quitter fa palette, pas même pour dîner. Quand la nuit fufpendoit cette activité, il fe renfermoit chez lui, prenoit un peu de nourriture, & paffoit fon tems à deffiner ou à préparer fes cartons pour le jour fuivant. Comme il avoit fait paffer fa famille à Rome, il fe trouva privé de toute compagnie & de tout plaifir ; enfin, il tomba dans un tel marafme qu'on défefpéra de fon rétabliffement. Dans cet état, il obtint du roi la permiffion d'aller à Rome ; mais fes forces ne lui permettant pas de fupporter les fatigues du voyage, il fut obligé de s'ar-

---

* **Une** des contrariétés dont M. Mengs fe plaignoit avoir fouffert le plus dans cet établiffement, c'eft que le chirurgien, chargé d'enfeigner l'anatomie aux elèves de l'académie, ne s'occupoit que des parties internes du corps humain, fans jamais vouloir parler ni de l'oftéologie ni de la miologie, étant fans doute gagné par les envieux de M. Mengs à lui offrir ce défagrément. *Note du Traducteur.*

rêter à Monaco , où un habile médecin , & la bonté du climat le remirent bientôt en état de continuer sa route *. Arrivé à Rome , il reprit une nouvelle vigueur , & sa santé fut promptement rétablie. Il commença par y faire un tableau du Christ qui apparoît à la Madeleine , & un autre plus grand , dont le sujet est la Nativité , par lequel il chercha à lutter contre la fameuse Nuit du Correge. C'est à la postérité à juger s'il y a réussi , & si la palme ne doit pas lui être donnée. Le tableau de Descente de croix exprime , comme nous l'avons dit , la douleur la plus sublime ; tandis que celui-ci nous offre au contraire la scène la plus riante de la beauté dont les sens & l'esprit puissent jouir.

Ce tableau n'est éclairé par aucune autre lumière que par celle qui part de la tête de l'Enfant divin ; cependant tout y est d'une telle clarté , que la vue perce même jusques derrière les figures. Les chairs en sont d'une si grande vérité , que si le Titien eût pu les rendre aussi belles , il ne lui auroit pas été possible d'en faire un meilleur choix & une distribution mieux entendue que l'a fait M. Mengs. La Vierge n'est pas une belle femme de la campagne , comme les choisissoit , pour de pareils sujets , Raphaël , qui n'a jamais donné , à de semblables figures , un caractère au-dessus de la nature humaine. M. Mengs a cherché à imprimer à la Vierge une beauté

* Suivant M. Bianconi , ce fut M. le prince Grimaldi , gouverneur de Monaco , qui donna lui-même à M. Mengs une medecine qui le guérit en peu de jours. *Note du Truducteur.*

héroïque qui tient tout-à-la-fois de la nature divine &
de la nature humaine. Il a placé son propre portrait parmi
le grouppe des bergers. Vers ce même tems , il peignit
pour le roi deux petits tableaux , l'un de S. Jean , &
l'autre de la Madeleine , qui tous deux ont été gravés
par Carmona , son gendre.

Le pape Clément XIV lui fit proposer , à cette époque , de peindre quelque chose au Vatican : c'étoit sans
doute flatter son cœur par l'endroit le plus sensible ;
car il y avoit long-tems qu'il desiroit de laisser un sou-
venir de sa mémoire dans ce sanctuaire des arts. Il accepta
donc sur-le-champ cette proposition , mais en protestant
qu'il n'accepteroit aucune récompense pour ce travail.

Il entreprit en conséquence de peindre le cabinet du
Musée du Vatican , destiné à recevoir les anciens manuscrits de papyrus. Le tableau du milieu de la voûte
représente le Musée même, dans lequel il a placé l'Histoire , qui écrit ses mémoires sur le Tems courbé , en
jetant un regard majestueux sur une figure de Janus à
double face : allégorie qui sert à indiquer le passé & l'a-
venir ; de l'autre côté est un beau Génie , qui semble
destiné à veiller aux manuscrits du Musée. Une Renommée annonce au monde l'établissement de ce cabinet ,
qu'il montre dans le lointain. Sans offrir l'horrible caractère de la sœur d'Encelade , on reconnoît néanmoins que
cette Renommée doit avoir *pedibus celerem & pernicibus
alis.* Une composition riche , un coloris brillant & suave ,
une expression bien entendue , une grande harmonie &
un repos qui attache la vue , rendent, sans exagérer ,
ce plafond le plus bel ouvrage à fresque qu'il y ait au

monde. Dans les deſſus de porte il a peint Moïſe &
S. Pierre, aſſis l'un & l'autre dans des niches accompagnées
de Génies. L'air du premier annonce l'autorité d'un légiſ-
lateur, interprête des volontés de Dieu; & ſur le viſage
du ſecond, on remarque la confiance d'une foi implicite
qui ne connoît point le doute. Il exécuta ces deſſus de
porte en détrempe, pour ne pas gâter la dorure des ornemens qui étoient déjà en place. Les quatre Génies qui
accompagnent les niches ſont d'une beauté idéale ſi ſublime, qu'on ne ſe laſſe point de les voir & de les admirer. Au-deſſus des deux fenêtres, placées l'une vis-
à-vis de l'autre, on voit deux jolis Amours jouant avec
des oiſeaux qui habitent les lieux où croît le papyrus:
l'un de ces oiſeaux eſt l'Ibis, qui ſe tient dans les marais de l'Egypte; l'autre eſt l'Onocrotale, qui fréquente
les marais de Ravène: allégorie qui me ſemble fort belle.
Les autres ornemens de ce ſuperbe cabinet, qui ſont auſſi
du deſſin de M. Mengs, & qui ont été exécutés ſous ſa
direction, font alluſion aux arts de l'Egypte. Les mar-
bres, les bronzes, l'architecture même, tout y offre la
même allégorie: il n'y a que le deſſin du pavé qui n'eſt
pas de notre artiſte.

Il y avoit environ trois ans que M. Mengs étoit de
retour à Rome, lorſqu'il fit cet ouvrage, & ſa ſanté
ſe trouvoit alors parfaitement rétablie; de ſorte qu'il
n'avoit plus de prétexte pour s'y arrêter davantage, ſans
en rendre compte au roi d'Eſpagne, qui néanmoins continuoit à lui faire payer ſes appointemens comme s'il eut
été à Madrid. Il avoit d'ailleurs entrepris les peintures du
Muſée ſans en avoir inſtruit ſa majeſté Catholique; ce
que

que tout autre prince que Charles III n'auroit fans doute
pas permis ; mais la bonté fans bornes du roi fe contenta
de m'ordonner de favoir les raifons qui pouvoient encore retenir M. Mengs en Italie. J'accufai la vérité , en
excufant notre artifte par fon amour pour Rome , qui eft le
centre des beaux-arts ; par fa tendreffe pour fa famille , dont
il n'avoit pas la force de s'arracher ; par fa paffion pour la
gloire , fi naturelle à un homme de talent & fi excufable
d'ailleurs , qui lui avoit infpiré le defir de laiffer après lui
quelqu'ouvrage digne d'être mis en parallèle avec ceux de
Raphaël. Je ne manquai point non plus de faire favoir la
délicateffe qu'il avoit eue , de ne prendre aucune récom-
penfe des autres fouverains , par la raifon qu'il étoit au
fervice du roi d'Efpagne , en affurant, en même tems, fa
majefté , que j'avois engagé M. Mengs à partir pour
Madrid.

Ayant été informé par une voie indirecte des ordres
dont j'étois chargé auprès de lui , M. Mengs en fut vivement alarmé , & prit fur-le-champ la réfolution de retourner en Efpagne , fans même achever les peintures
du Mufée ; mais avant de partir pour Madrid , il alla
néanmoins à Naples , pour y faire les portraits du
roi & de la reine , ainfi qu'il l'avoit promis à fa majefté Catholique : cependant il n'acheva point ces portraits , comme il l'avoit réfolu en partant de Rome , & il
quitta Naples , où il avoit paffé tout l'hiver , après
n'en avoir peint que les têtes. De retour à Rome , il ne put
réfifter au plaifir d'achever ce qui reftoit à faire au cabinet des manufcrits. Ce fut auffi dans ce même tems

qu'il peignit le tableau de S. Pierre, dont nous avons parlé plus haut.

Il quitta enfin Rome pour retourner en Espagne avec toute sa famille, à l'exception de sa cinquième fille qu'il laissa dans un couvent, sous la garde du célèbre peintre Marron, son beau-frère. En passant, quatre mois après, par Florence, pour me rendre à Parme, j'y trouvai M. Mengs, qui ne pouvoit se déterminer à continuer son voyage; & à mon retour, deux mois après, il y étoit encore, toujours retenu par son irrésolution. Pendant le peu de tems que je restai à Florence, il peignit mon portrait, dont son amitié pour moi lui fit faire un chef-d'œuvre de l'art. Cinq mois après mon retour à Rome, je fus de nouveau obligé de repasser par Florence; & c'est à cette époque que je parvins enfin à déterminer M. Mengs à se rendre en Espagne. Il avoit fait deux tableaux à Florence: l'un pour le Grand-Duc, & l'autre pour la Grande-Duchesse. Le premier représente la Vierge avec l'Enfant Jesus, S. Jean-Baptiste, & deux anges, d'un peu plus que demi-figures. La beauté de ce tableau est faite pour charmer l'esprit de tous les vrais connoisseurs, & même de ceux qui ne le font pas. Tout y est idéal; car la nature n'offre certainement pas d'objets aussi beaux: le second tableau est S. Joseph, averti en songe de fuir en Egypte. Il n'est pas possible de mieux rendre les effets du sommeil; cependant on voit que l'esprit du faint est agité par les pensées qui l'occupent. Avant de quitter Florence, M. Mengs finit le portrait du cardinal Zelada, qu'il avoit commencé à Rome; il y fit aussi quelques autres petits ouvrages.

Pendant le tems que M. Mengs paſſa à Rome , lors de ce dernier voyage , il s'appliqua à ſe former une manière * , ou plutôt à perfectionner celle qu'il avoit déjà. Ceux qui voudront prendre la peine de comparer ſes ouvrages antérieurs avec ceux qu'il a faits depuis cette époque , en reconnoîtront facilement la différence. Une étude plus ſuivie & plus approfondie des antiques , & particuliérement des peintures d'Herculanum , lui fit connoître la véritable ſource du beau , & la route que les Grecs avoient parcourue pour y parvenir. Malgré la correction du deſſin , la fraîcheur du coloris , & les idées poétiques de la compoſition des ouvrages de ſon premier tems , on y remarque facilement l'étude & la lime ; mais dans ceux de ſa dernière manière , tout eſt facilité & grace , & l'on diroit qu'ils ont été produits par un ſimple acte de la volonté , ou par cette force occulte avec laquelle opère la nature. Son clair-obſcur y eſt de la plus grande force , & les effets de la réflexion de la lumière & de la perſpective aérienne , y produiſent une illuſion qu'on ne trouve point dans les ouvrages des autres peintres.

---

* *Manière* , en peinture , ſe prend en bonne & en mauvaiſe part. Dans le ſens favorable , *avoir une manière* , c'eſt avoir un ſtyle particulier : voilà pourquoi , par exemple , on dit que Raphaël a eu trois manières. Dans l'autre ſens , ce mot ſignifie la coutume vicieuſe des mauvais peintres , de ſe copier eux - mêmes , en s'éloignant de la nature & du vrai ; de forte que toutes leurs productions ſe reſſemblent ; mais le plus grand vice d'un peintre , c'eſt d'être *manièré* , tels que l'étoient Jordans , Solimène , Corrado & toute ſon école.

C'eſt dans ce ſtyle qu'il peignit le grand ſallon à manger du roi à Madrid , ouvrage qui ſeul ſuffiroit pour faire la réputation de pluſieurs peintres. Au-deſſus de la table de ſa majeſté , il a repréſenté l'Apothéoſe de Trajan , né en Eſpagne , qui , comme on fait , a été un des meilleurs princes qui aient occupé le trône des Céſars ; & en face, de l'autre côté , il a peint l'auguſte émule de Trajan , qui règne aujourd'hui en Eſpagne. Sur le devant , on voit le temple de la gloire , où conduiſent toutes les vertus qui enrichiſſent cette compoſition. Nous parlerons plus au long de ce tableau , ainſi que de tous les autres que M. Mengs a laiſſés en Eſpagne , dans la notice que nous joignons à la ſuite de ces Mémoires.

Dans ce même tems , il peignit auſſi le plafond du théâtre particulier des princes à Aranjuez , où il a repréſenté le Tems qui enlève le Plaiſir , dont la tête eſt ceinte d'une couronne , de laquelle tombent quelques fleurs. Cette figure du Plaiſir eſt une des plus agréables que M. Mengs ait compoſées ; & ſon expreſſion , qui dépeint les ravages du Tems , nous apprend à le mettre à profit. Le reſte du plafond eſt orné de cariatides en camayeu , qui ſont un monument où l'on pourra s'inſtruire du deſſin de ce grand artiſte.

Il ſemble , pour ainſi dire , impoſſible que M. Mengs ait pu faire toutes les choſes qu'il a exécutées à Madrid , pendant le court eſpace de tems qu'il y a reſté dans ce dernier voyage. On n'en ſera néanmoins plus étonné , ſi l'on conſidère l'application de cet homme extraordinaire , qui a paſſé toute ſa vie à peindre & à étudier , ſans ſe laiſſer diſtraire par aucun autre objet.

Mais ce trop grand travail nuifit à fa fanté , ce qui engagea le roi à lui permettre de retourner à Rome , le centre de fes defirs. Sa majefté Catholique le traita même avec cette générofité qui lui eft propre , en le laiffant jouir de trois mille écus d'appointemens , avec mille autres écus pour être répartis , en forme de penfions , pour fervir de dot à fes filles.

Voilà donc M. Mengs de nouveau à Rome , au fein de fa famille , avec une réputation célèbre dans toutes les parties du monde , & dans une fituation à ne devoir plus s'inquiéter de fon exiftence , ou à y pourvoir par un travail forcé ; de forte qu'on auroit lieu de croire qu'il ne manquoit plus rien à fon bonheur & à fa tranquillité : cependant il étoit bien éloigné d'être heureux. Peu de tems après fon arrivée , il perdit fa femme qu'il adoroit, & avec raifon ; car elle étoit un exemple d'honnêteté , de vertu & de complaifance pour fon mari. Dès ce moment fon caractère changea à tel point , qu'il devint le tourment de lui-même , & de tous ceux qui étoient obligés de vivre avec lui. Ses anciens maux l'affligèrent de nouveau , & en firent même naître d'autres. Le froid, dont l'impreffion lui fut toujours contraire , & dont l'intenfité fut fort grande cet hiver à Rome , lui fit adopter un genre de vie très-préjudiciable à fa fanté. Il fe renferma, pour travailler , dans un appartement bien clos , avec du feu dans toutes les cheminées , outre des poëles & des brafiers ardens qu'il y fit établir. Cette chaleur exceffive y raréfia extrêmement l'air , & le rendit fec au point de ne plus être propre à la refpiration. Ses poumons perdirent leur élafticité , & reçurent les émanations corrofives

d'une grande quantité de couleurs minérales , décompo-
fées par la chaleur , & circulant fans ceſſe dans l'air
ambient de l'appartement. Je me fuis vu plus d'une fois
contraint de me priver de ſa compagnie , faute de pouvoir réfiſter à cette atmoſphère empeſtiférée. La peinture
à freſque lui étoit bien plus nuiſible encore ; car , pour
l'exécuter , il ſe mettoit ſur l'échafaudage dans une poſition forcée , contre le plafond , où il reſpiroit les émanations nuiſibles du ciment & des couleurs minérales dont
on ſe ſert pour ce genre de travail. Sa lymphe s'épaiſſit ,
de manière que le ſang n'en recevoit plus de nourriture.
Ses muſcles & ſes vaiſſeaux perdirent leur élaſticité ; ſa
voix s'éteignit , pour ainſi dire , totalement ; une toux
ſèche le tourmentoit ſans ceſſe ; enfin , il paroiſſoit ne
plus avoir qu'un ſouffle de vie. Les médecins qui ne ſavoient quel nom donner à ſa maladie , le déclarèrent
étique.

Malgré le triſte état de ſa ſanté , & la déperdition continuelle de ſes forces , il n'interrompit pas un ſeul jour
ſes travaux. Il acheva un tableau de Perſée & d'Andromède qu'il avoit commencé l'année précédente , & dans
lequel il déploya le caractère héroïque des Grecs ; caractère qui ne peut pas être goûté par ceux qui n'ont aucune idée de la beauté idéale. Cet ouvrage deſtiné pour
l'Angleterre , fut pris par un armateur François , & l'on
ne ſait ce qu'il eſt devenu *. Pendant les derniers inſtans

---

* Ce tableau , qui ſe trouvoit ſur le bâtiment Anglois le *Weſt-
morcland* (pris , en 1778 , par un armateur François , & vendu

de sa vie, il fit au crayon le carton d'une Descente de croix dont la composition est différente de celle qui est dans l'appartement du roi d'Espagne ; & malgré la répétition du même sujet, il sut en varier l'ensemble, ainsi que l'expression d'une manière si étonnante, qu'il est impossible d'en donner une idée. Socrate n'a pas décrit avec autant de justesse, de vérité, de chaleur & de dignité, les passions de l'ame, que M. Mengs a su les exprimer avec deux différentes couleurs seulement ; & tandis que je suis occupé à écrire ces Mémoires, Rome entière admire ce prodige de l'art, dont M. le marquis Rinnuccini, de Florence, qui en a fait offrir mille écus, est actuellement possesseur.

Avant de faire son dernier voyage d'Espagne, M. Mengs avoit été chargé de peindre, pour la basilique de S. Pierre, un tableau de la Chûte de Simon le magicien. L'entreprise étoit devenue dangereuse, par la disgrace qu'avoit essuyée un autre peintre qui vit encore, dont l'ouvrage fut rejeté. Lorsque M. Mengs fut de retour à Rome, il songea à faire ce tableau, malgré les dégoûts qu'il avoit éprouvés par l'ignorante pétulance de celui qui étoit chargé des affaires de cette église. Il en changea néanmoins le sujet, & prit celui où J. C. remet les clefs à S. Pierre ; choix d'autant plus sage, que c'est là sans doute la plus importante époque de la vie de ce saint,

---

depuis à Cadix), fut apporté à Versailles, & a été envoyé à sa majesté l'impératrice de Russie, qui l'avoit fait demander. *Note du Traducteur.*

& en commémoration de laquelle ce temple a été bâti ,
fans qu'il y ait un feul tableau qui le repréfente. Plufieurs artiftes ont peint ce fujet , & tous y ont traité
l'allégorie des paroles du Chrift d'une manière matérielle ,
en chargeant fes mains d'énormes clefs. M. Mengs , toujours ingénieux & fublime dans fes idées , a repréfenté
l'Homme-Dieu , qui d'une main confirme à S. Pierre le
pouvoir qui lui a été donné , comme chef de l'églife , &
qui , de l'autre main , qu'il tient élevée , lui montre le
Père éternel , qui , placé dans une gloire , ordonne aux
anges de porter au faint les clefs , qui ne font point ici
le fujet principal ; tandis que , dans le même tems , il femble tracer fur une table de marbre , foutenue par d'autres
anges , ces paroles : « Ce que vous lierez fur la terre ,
» &c. » La beauté de l'expreffion du Père célefte eft
digne du Créateur de toutes chofes. La figure du Chrift
eft pleine de bonté & d'amour , & celle de S. Pierre nous
fait voir la foi la plus vive & la plus implicite. Les apôtres ont le caractère qui convient à leur âge & à leur
fituation actuelle. L'intelligence de la compofition , le
repos de la vue , la propriété des draperies , la beauté de
leurs plis , le contrafte admirable qui règne dans la gravité des perfonnages , & les belles formes des anges ,
qui , d'un vol léger , paroiffent fendre l'air , prouvent
bien que M. Mengs avoit intention que ce tableau pût
difputer le prix avec les autres merveilles de l'art que renferme ce temple ; mais il n'a laiffé de tout ceci qu'une ébauche affez terminée en clair-obfcur , haute de cinq palmes ,
qui peut-être n'a pas été reçue par les directeurs de la fa-
brique de cette églife , & qui aura paffé dans quelques
mains

mains profanes, à caufe que la compofition n'en eft pas dans la manière ordinaire de traiter ce fujet.

Paſſons maintenant au dernier ouvrage de M. Mengs, dans lequel il a dépofé le refte de fon favoir, & s'eft, pour ainfi dire, furpaſſé lui-même. Le roi d'Efpagne lui avoit demandé trois grands tableaux pour la nouvelle chapelle d'Aranjuez. M. Mengs commença par le principal, qui devoit repréfenter l'Annonciation. Après qu'il eut paſſé deux mois à le méditer & à le deſſiner, je me rendis un matin chez lui, avec M. Hewetfon, habile fculpteur, qui, dans ce tems-là, modeloit mon portrait, fous la direction de M. Mengs. Nous le trouvâmes qu'il s'amufoit à fiffler & à chanter. Lui en ayant demandé la raifon, il nous répondit qu'il répétoit une fonate de Corelli, parce qu'il vouloit faire le tableau de l'Annonciation dans un ftyle pareil à celui de la mufique de ce fameux compofiteur. Les peintres modernes riront fans doute de l'idée de faire des tableaux par le moyen d'une fonate : ils changeroient néanmoins de fentiment, s'ils poſſédoient bien la vraie théorie de leur art, & s'ils étudioient un peu mieux les productions des anciens Grecs. Rien n'a plus d'analogie avec la peinture que la mufique : ces deux arts ont pour objet l'imitation & la beauté, & l'un ni l'autre ne peut fe paſſer de l'harmonie. Un fon ne fauroit être beau, s'il n'eft qu'une fimple imitation ; de même qu'aucune production de la peinture ne peut pas être belle, fi l'artifte s'eft borné à imiter l'objet que lui préfentoit la nature. Tous deux, favoir, le fon mufical & le tableau, ne feront que des copies fidelles, & rien de plus. Toute efpèce de mufique peut plaire à l'oreille ;

Tome I.   E

mais , comme l'a remarqué Platon , dans le second livre
des loix , il n'y a de musique digne de louanges , que
celle qui exprime la vertu ou la beauté , qui doit flatter
non-seulement le sens de l'ouie , mais aussi l'esprit des
gens de bien suffisamment instruits d'ailleurs. Il cite ,
à cette occasion , certaines loix qui ne permettoient pas
aux Grecs d'employer un autre mode de musique que
celui que demandoit le sujet ; & ils appliquoient , par
comparaison , les termes de la musique aux autres arts ,
comme on peut le voir dans Diogène Laërce , qui, pour
faire connoître la simplicité & la gravité des vêtemens de
Polémone , dit qu'ils ressembloient au mode Dorien dans
la musique.

M. Mengs , qui avoit saisi la finesse des idées des
Grecs , & qui connoissoit toutes les ressources de son
art , savoit que , pour une scène champêtre il faut employer le mode *Péonien* , & non le Dithyrambique , &
que ce dernier convient à un Bacchanale , dans lequel
le premier feroit un mauvais effet ; que pour une Descente de croix il est nécessaire de se servir du mode Dorien , & que le genre Chromatique , léger & gracieux
fera d'un heureux succès dans un tableau de la Nativité
ou de l'Annonciation. Cette convenance est rigoureuse-
ment observée dans tous ses ouvrages , dont la vue nous
pénètre de l'impression que chaque genre particulier doit
produire , sans qu'on puisse s'en rendre compte à soi-même.

Le caractère naturellement noble & élevé de M. Mengs
lui faisoit éviter tout sujet bas & commun Il ne pouvoit
souffrir , ni la musique des opéra-bouffons , ni les paysa-
ges , ni les bambochades , & bien moins encore les

grotefques & les arabefques , au fujet defquels il penfoit
comme Vitruve , comme Pline , & comme toute la faine
antiquité *. En effet , ces chofes ne peuvent parler qu'aux

---

* Rien n'excitoit tant l'indignation du bon Vitruve , que ce
goût dépravé des grotefques & des arabefques. Ce que dit cet excellent auteur à ce fujet eft fi fenfé , que nous ne pouvons nous
paffer de le tranfcrire ici , dans l'efpérance que cela pourra arrêter
ce goût bizarre que quelques peintres de nos jours ont fait revivre ,
en s'appuyant fur l'exemple de Raphaël. Voici le paffage de Vitruve
dont il eft queftion.

« Je ne fais par quel caprice on ne fuit plus cette règle que les
» anciens s'étoient prefcrite , de prendre toujours pour modèle de
» leurs peintures les chofes comme elles font dans la vérité ; car
» on ne peint à préfent fur les murailles que des monftres extravagans,
» au lieu de chofes véritables & régulières. On met pour colonnes
» des rofeaux qui foutiennent un entortillement (*Harpaginetuli.*) de
» tiges de plantes cannelées avec leurs feuillages refendus & tournés
» en manière de volutes ; on fait des candelabres qui portent de
» petits châteaux , defquels , comme fi c'étoient des racines , il
» s'élève quantité de branches délicates , fur lefquelles des figures
» font affifes. En d'autres endroits ces branches aboutiffent à des
» fleurs dont on fait fortir de demi-figures , les unes avec des vifages
» d'homme , les autres avec des têtes d'animaux , qui font des chofes
» qui ne font point, & qui ne peuvent être, comme elles n'ont jamais
» été. Tellement que les nouvelles fantaifies prévalent de forte
» qu'il ne fe trouve prefque perfonne qui foit capable de décou-
» vrir ce qu'il y a de bon dans les arts , & qui en puiffe juger. Car
» quelle apparence y a-t-il que des rofeaux foutiennent un toit ;
» qu'un candelabre porte des châteaux , & que les foibles branches
» qui fortent du faîte de ces châteaux portent des figures qui y
» font comme à cheval ; enfin , que de leurs racines , de leurs tiges

fens ; tandis que la mufique & la peinture d'un caractère noble , grave & héroïque touchent l'ame , & font naître des idées fublimes qui femblent agrandir notre

---

 » & de leurs fleurs il puiffe naître de moitié de figures ? Cependant
 » perfonne ne reprend ces impertinences , mais on s'y plaît , fans
 » prendre garde fi ce font des chofes qui foient poffibles ou non ;
 » tant les efprits font peu capables de connoître ce qui mérite de
 » l'approbation dans les ouvrages. Pour moi , je crois qu'on ne
 » doit point eftimer la peinture , fi elle ne repréfente la vérité ,
 » & que ce n'eft pas affez que les chofes foient bien peintes ,
 » mais qu'il faut auffi que le deffin foit raifonnable , & qu'il n'y
 » ait rien qui choque le bon fens ». *Liv. VII , chap.* 5 , où l'on verra avec plaifir ce que Vitruve dit , avec une pareille énergie , de ce mauvais goût , en citant pour exemple un certain Apaturius Alabandin , qui peignit excellemment bien , à un théâtre de la ville de Tralles , une fcène dans laquelle il repréfenta , au lieu de colonnes , des ftatues & des centaures qui foutenoient les architraves , les toits en rond , &c. ; ce qui plut à tout le monde , excepté au géomètre Licinius , qui fulmina avec une telle force contre ces incohérences , qu'Alabandin n'ayant pu y répondre , fut obligé d'ôter fon ouvrage , & d'y corriger tout ce qui étoit contre la vérité.

Quant à la peinture des payfages , des marines & des bambochades que Ludius introduifit à Rome , fous le règne d'Augufte , on peut confulter Pline , *liv. XXXV* , *ch.* 10 , où en parlant des peintures fur les murailles des maifons de campagne , des portiques , &c. avec un goût fi dépravé , il loue celle de l'hiftoire qui ne fut connue que des Grecs. Voici comment il s'exprime : « Mais il n'y a » de gloire que pour ceux des artiftes qui ont peint des tableaux ; » & en cela l'antiquité paroît encore plus refpeƈable ».

nature. Pour tout dire, en un mot, le premier genre n'eſt
que matière, & le ſecond eſt tout eſprit. Il reſte à atteindre à la facilité de l'un, & à vaincre la difficulté
de l'autre.

Le tableau de l'Annonciation, dont j'ai commencé à
parler, devoit être exécuté par M. Mengs, ainſi qu'il le
diſoit lui-même, dans le caractère de la muſique de Corelli, dont l'harmonie eſt ſi bien ménagée, que les ſens
en éprouvent une émotion & un plaiſir ſuivis & modé-
rés, ſans qu'aucun ton plus fort ou plus foible nuiſe à
la douce impreſſion des autres, & ſans qu'elle tombe néanmoins dans la monotonie; de même cet ouvrage de M.
Mengs attache la vue avec un charme qui ne permet
pas, pour ainſi dire, à l'œil de s'en arracher. C'eſt à la
beauté idéale qu'il faut en attribuer la cauſe; & il paroît
impoſſible que l'eſprit humain puiſſe s'élever au-delà. La
Vierge offre l'expreſſion de l'humilité & de la joie modeſte qui ſuccède au premier trouble. La beauté de l'ange
Gabriel & des autres anges eſt digne du caractère des
miniſtres de Dieu, & répond à la ſatisfaction grave qu'ils
ont de remplir les ordres du Très-Haut. La figure du Père
éternel eſt ſublime; & ſi avec des choſes humaines on
pouvoit donner une idée des choſes divines, ce tableau
ſeul nous feroit concevoir une image de l'Etre ſuprême.
Michel-Ange & Raphaël ont toujours repréſenté le Père
céleſte avec une mine fière & terrible, & avec des draperies ſombres qui lui donnent un air triſte; de manière
qu'on croiroit que leur deſſein a été de lui faire inſpirer
de la terreur. M. Mengs diſoit que ſon Père éternel étoit
le père de la grace; c'eſt pourquoi il lui donnoit des

vêtemens blancs , & lui imprimoit un caractère tout-à-
la-fois de majefté & de bonté , qui rendent aimable jufqu'au pouvoir & à la force.

Ce fut là le dernier ouvrage de M. Mengs , qui mourut
pendant qu'il y travailloit , & dans le tems qu'il peignoit
le bras & la main. de laquelle l'ange Gabriel tient la
fleur de lys. Peu de perfonnes font en état de s'appercevoir que ce tableau n'eft pas fini , quoiqu'il y manque
beaucoup de ce que l'auteur appelloit la dernière grace ;
enfin, M. Mengs termina fa carrière , en laiffant imparfait
fon tableau de l'Annonciation , de même qu'Apelle mourut fans finir fa Vénus. L'un & l'autre ont cherché à furpaffer, dans leur dernière production, tout ce qu'ils avoient
fait jufqu'alors , fans qu'ils aient pu y mettre la dernière
main, & fans qu'il fe foit trouvé un artifte qui ait ofé entreprendre d'y toucher. « Apelle avoit commencé une autre
» Vénus à Cos , qui auroit furpaffé fa première (la
» Vénus Anadyomène) ; mais la mort envia la perfec-
» tion de l'ouvrage , & il ne fe trouva perfonne qui
» voulut l'achever , en fuivant l'ébauche déjà for-
» mée * ». Le tableau de l'Annonciation de M. Mengs
eut donc le même fort que l'Iris d'Ariftide , que les
Tyndarides de Nicomaque , que la Médée de Timomaque
& que la Vénus d'Apelle dont nous venons de parler ;
tous ouvrages laiffés imparfaits par leurs auteurs , & qui
par - là même étoient plus précieux que s'ils euffent été
terminés ; « car , ajoute Pline , c'eft dans ceux-là qu'on

---

* Pline, liv. XXXV, chap. 10.

» découvre, par les traits laiſſés, la penſée de l'artiſte ;
» & le chagrin de voir ces ouvrages ainſi imparfaits,
» eſt un attrait qui les rend plus recommandables : on
» regrette la main arrêtée dans l'inſtant qu'elle les exé-
» cutoit ». Ce n'eſt pas encore là le ſeul côté par lequel ſe reſſembloient ces deux grands peintres. Apelle a
joui de l'amitié d'Alexandre, & M. Mengs a poſſédé celle
de Charles III. L'un & l'autre ſe ſont diſtingués par la
grace qu'ils ont répandue ſur leurs ouvrages, laquelle ſe
fait ſentir au cœur, ſans qu'on puiſſe en définir la raiſon, & qui conſiſte dans une certaine ſuavité de contours,
& une certaine facilité dans les mouvemens, qui ne paroiſſent ni guindés ni forcés ; comme auſſi dans le choix
de l'attitude la plus convenable & la plus agréable ; enfin
dans la vérité & dans l'harmonie de la compoſition & du
coloris. Apelle eut aſſez de franchiſe pour avouer qu'Am-
phion le ſurpaſſoit dans la compoſition, & qu'Aſclépiodore
avoit plus de talent que lui dans la perſpective. M. Mengs
ne fut pas moins ſincère que le peintre Grec, ainſi que
nous le verrons par quelques exemples. Le tems nous a
ravi les écrits d'Apelle ; mais il eſt à eſpérer que M. Mengs
ſera plus heureux que lui ſur cet article ; en un mot, ſuivant
Pline, le peintre d'Alexandre mettoit ſur ſes tableaux un
certain vernis noir ſi léger qu'il faiſoit ſortir l'éclat des
couleurs, & les préſervoit de la pouſſière & des ordures.
Le vernis qu'employoit M. Mengs ne le cédoit certainement pas à celui d'Apelle, malgré tout ce que quelques
peintres ignorans en ont pu dire.

On croira peut-être que l'écart que je viens de faire
m'a fait perdre l'idée douloureuſe de la mort de mon ami.

J'avoue que mon cœur souffre infiniment à se rappeller cette scène ; cependant je vais la retracer ici le plus briévement qu'il me sera possible. Ses fatigues & ses maux avoient réduit M. Mengs à la plus extrême foiblesse ; on n'avoit néanmoins pas perdu encore l'espoir de le voir rétablir, s'il vouloit adopter une manière de vivre plus tranquille & plus convenable à l'état dans lequel il se trouvoit. Son impatience naturelle , jointe à l'imagination la plus ardente , lui fit prêter l'oreille à un charlatan de son pays , qui promit de le guérir dans peu de jours. Ce prétendu Esculape lui donna , à l'insçu des médecins & de sa famille , un remède si violent , qu'il épuisa le peu de forces qui restoient au malade , & lui occasionna plusieurs défaillances , pendant lesquelles on le crut mort. Revenu un peu de ces crises terribles , il lui resta une grande foiblesse d'esprit , & il se mit dans la tête de changer de demeure , en tourmentant sans cesse tous ceux qui l'entouroient pour qu'ils lui indiquassent les maisons qui pouvoient se trouver à louer à Rome ; quoique dans ce tems-là il en eût déjà trois : deux à bail , & une qu'on rebâtissoit. Cependant il se fit transporter un matin dans une maison située rue Condotti , traînant avec lui ses maux & ses tristes pensées. Quelques jours après il alla en habiter une autre dans la rue Grégorienne , en continuant toujours sa correspondance secrette avec l'empirique , qui l'avoit engagé à prendre certaines drogues qu'un moine de Narni distribuoit avec un succès miraculeux. Enfin , pour mettre le comble à cette œuvre, il lui administra (comme on l'a découvert depuis) , une forte dose d'antimoine diaphorétique ; ce qui ne tarda

pas

pas à détruire promptement les organes d'un corps si foible. C'est ainsi que l'empirisme concourut avec la superstition pour enlever au monde un homme si digne de la plus longue carrière. M. Mengs n'avoit que cinquante-un ans trois mois, lorsqu'il cessa de vivre.

Son corps fut déposé dans l'église paroissiale de S. Michel, au bas du Janicule. Les professeurs de l'académie de S. Luc assistèrent à ses obseques. Dans la suite on fit placer son buste en bronze (qui avoit été modelé sous sa propre direction), dans le Panthéon, à côté de celui de Raphaël, avec cette inscription :

A N T. R A P H A E L I. M E N G S.

Pictori. Philosopho.

Jos. Nic. de. A Z A R A. Amico. suo. P.

M. DCC. LXXIX.

Vixit. ann. LI. menses. III. dies. XVII.

Ses ouvrages de peinture, & ses écrits sur cet art, assûrent à M. Mengs une place distinguée dans le temple de l'immortalité ; ainsi que la douceur de ses mœurs & la bonté naturelle de son ame laisseront une mémoire chère & douloureuse dans le cœur de tous ses amis.

La vie laborieuse & l'étude constante de ce grand artiste doivent servir d'exemple à tous ceux qui se consacrent aux beaux-arts ; ce qui ne pourra manquer de les conduire à la perfection. Son père le dirigea affez bien dans fa jeuneffe, en accoutumant fon œil à la juftelle ; cependant il fe plaignoit fouvent de ce qu'il l'avoit fait deffiner d'après des gravures , qui , quelques bonnes qu'elles puiffent être dans leur genre , font beaucoup perdre de la perfection des originaux ; car les contours en font toujours chargés , & n'ont point cette fimplicité qui conftitue la véritable beauté. La méthode de rendre raifon de tout aux élèves eft néceffaire fans doute ; mais on ne doit néanmoins l'employer qu'avec difcernement , fans quoi on accoutume trop les jeunes gens à s'arrêter aux détails , ce qui leur fait perdre l'attention qu'ils doivent aux grandes parties & à l'enfemble. M. Mengs fe plaignoit auffi de ce que fon père l'avoit occupé à peindre en émail & en miniature : genres de peinture qui lui laifsè- rent long-tems un goût fec * & petit , dont il eut beau- coup de peine à fe défaire. Le fait eft , qu'il chercha à vaincre ce vice , lorfque , dans fon dernier tems , il fe prêta , par complaifance , à peindre quelques miniatures. Je ne crois cependant pas qu'il en ait fait plus de quatre , dont j'en poffède actuellement trois.

---

* *Sec* s'applique par métaphore, en peinture, aux chofes qui man- quent d'un certain moëlleux , d'un certain empâtement & d'une certaine morbideffe ; telles font , par exemple , les chairs sèches & arides. Le rapide paffage d'une teinte à une teinte différente , & les lignes trop droites privent la peinture de toute fuavité. Or, comme en miniature on opère en pointillant , fans qu'il foit pof- fible d'approcher & d'unir affez ces points , pour que le paffage de l'un à l'autre devienne imperceptible , il eft très-difficile de faire une miniature qui ne foit pas sèche.

M. Mengs avoit une grande vénération pour l'antiquité, fans néanmoins la pouffer jufqu'au fanatifme. Il tenoit note de tout ce qu'il y remarquoit de défectueux. Il y a cette différence entre découvrir les défauts d'un ouvrage & en reconnoître les beautés, que pour le premier il ne faut qu'un œil exercé, tandis que le fecond demande un efprit éclairé avec une ame fenfible & délicate, ce qui n'eft pas fi ordinaire. L'envie & la malignité d'abattre nos rivaux, pour paroître plus grands fur leurs ruines, nous donne des yeux de linx pour les voir fous l'afpect le moins favorable ; & l'on peut affurer que celui qui n'apperçoit dans un ouvrage que ce qu'il y a de mauvais, fans en faire connoître les beautés, eft certainement un ignorant ou un envieux, & le plus fouvent l'un & l'autre à-la-fois. Perfonne n'a mieux connu que M. Mengs les beautés des ftatues antiques, & perfonne auffi n'en a fait un plus grand éloge. Je l'ai vu plufieurs fois, en admirant le groupe fublime de Laocoon, fe livrer à l'enthoufiafme ; & une feule fois feulement il me fit remarquer que la jambe droite de l'un des fils eft plus courte que l'autre.

En donnant à fa majefté Catholique tous les plâtres de fa collection de ftatues (collection unique qui lui avoit coûté beaucoup, & même plus que fes moyens ne le lui permettoient), il avoit fongé à écrire un traité fur la manière de voir les ouvrages des anciens, & d'en découvrir les beautés ; cependant il craignoit que les ignorans ne priffent occafion de quelques défauts qu'il auroit été obligé d'y faire remarquer, pour déclamer contre le mérite réel de ces admirables productions. La mort l'a

empêché de compofer cet écrit qui auroit fans doute
été un modèle de fagacité & de philofophie. Lui feul ,
par exemple , étoit en état de découvrir & de prouver ,
ainfi qu'il l'a fait dans une lettre à M. Fabroni * ,
que le groupe de Niobé n'eft qu'une médiocre copie de l'incomparable ouvrage dont parle Pline. Ses
connoiffances en ce genre étoient fi grandes , qu'ayant
trouvé un jour dans une fouille qu'on faifoit dans la *villa*
des Pifons , à Tivoli , une tête fort maltraitée & mécon-
noiffable , il me dit auffi-tôt qu'il y eut jeté un regard ,
que c'étoit un ouvrage du tems d'Alexandre le Grand ;
en effet , peu de jours après , on trouva un Hermes
avec une infcription , qui difoit que c'étoit la tête
d'Alexandre même **. Il eft à remarquer auffi que toute
la partie technique de *l'Hiftoire de l'art chez les anciens,*de M.
Winckelmann,eft,pour ainfi dire,de M. Mengs fon ami ***;
ce qui fuffit pour nous donner une idée du foin & de l'attention avec lefquels il avoit médité fur les ouvrages des
anciens.

Comme je venois de découvrir une maifon antique fur

---

 * Il y a deux lettres de M. Mengs fur le groupe de Niobé , qui
forment la première & la feconde pièce de la feconde partie de
notre traduction.

 ** Cette infcription grecque porte : ΑΛΕΞΑΝΔΡΣ ΦΙΛΙΠΠΟΥ
ΜΑΚΕΔ ; *Alexandre le Macédonien , fils de Philippe. Note du Traducteur.*

 *** M. Winckelmann convient lui-même de cette vérité dans
quelques-unes de fes *Lettres familières,* qu'on trouve en deux Vol :
chez Barrois l'aîné. *Note du Traducteur.*

le mont Efquilin , où il y avoit pluſieurs peintures à
frefque , M. Mengs accourut pour les voir ; & fe déter-
minant fur-le-champ qu'il falloit les faire graver , il voulut en faire lui-même les deſſins ; mais non-content de
cette entreprife , il fe mit à les copier avec un zèle & un
empreffement incroyables ; il en a fini les trois premières ,
dont il a fait trois prodiges de l'art , qu'il m'a donnés
avec une générofité fans égale : la mort ne lui a pas permis de copier les dix autres originaux *.

Dans la même maifon antique dont je viens de parler,
il fe trouva entr'autres une Vénus de marbre , d'une
exécution fi précieufe , & d'un ſtyle fi gracieux , que
M. Mengs voulut à toute force reftaurer lui-même les
parties qui y manquoient. Jamais il n'avoit juſqu'alors
travaillé le marbre ; cependant le cifeau obéit fous fa
main avec la même facilité & la même perfection que le
pinceau ; & tous les habiles fculpteurs ont avoué ,
qu'excepté les productions des anciens du meilleur tems ,
il n'y a point d'ouvrage en marbre qui foit travaillé avec
plus de correction , de grace & de délicateffe ; mais en
méritant ainfi l'admiration générale , M. Mengs feul ne
fut pas fatisfait de fon travail : il enleva de la ftatue les

---

* Suivant M. Bianconi, cette maifon découverte par les foins
de M. d'Azara, fur le mont Efquilin , étoit une maifon de campagne de Lucilla, femme de Lucius Verus , & fille de Marc-
Aurele & de Fauftine. On peut voir les raifons qu'il en donne dans
fon éloge hiftorique de M. Mengs , qui fe trouve dans l'*Antologia*
Romana. *Note du Traducteur.*

premières jambes qu'il avoit faites, & en ébaucha d'autres qui font reftées imparfaites à fa mort ; mais j'ai eu foin de reftituer les premières, que je conferve comme un vrai tréfor de l'art *.

De tous les peintres modernes, Raphaël étoit, felon M. Mengs, le premier pour le deffin & pour l'expreffion, ainfi que le Corrége * * l'étoit pour la grace & pour le clair-obfcur, & le Titien pour le coloris. Le premier occupoit fon efprit, le fecond parloit à fon cœur, & le troifième flattoit fes yeux, mais n'alloit pas au-delà. Il mit à profit ce que ces trois grands maîtres offrent de meilleur pour former fon ftyle ; de même que l'abeille raffemble le fuc de différentes fleurs pour en compofer

---

* Sans un accident, dit M. Bianconi, nous aurions poffédé un autre ouvrage en marbre du cifeau de M. Mengs. Cet artifte, que rien ne put confoler de la perte de fa femme, avoit fait, après fa mort, un modèle en plâtre de cet objet de fa douleur, dont il avoit réfolu d'exécuter une ftatue de marbre, pour être placée fur fon tombeau ; mais cette confolation lui fut ravie par le malheur qu'il eut de caffer, dans fon défefpoir, ce précieux modèle. *Note du Traducteur.*

* * M. Bianconi nous a confervé une anecdote curieufe au fujet du goût que M. Mengs eut dans fa jeuneffe pour le Corrége. Il affure que M. Mengs lui a raconté plufieurs fois, qu'en admirant dans la galerie de Drefde les chefs-d'œuvre du Titien, des Caraches, du Guide, & de plufieurs autres peintres, il finiffoit toujours par s'approcher de quelqu'ouvrage du Corrége qu'il baifoit en difant : « C'eft toi feul qui peut me charmer ». *Note du Traducteur.*

son trésor. Il suffit au reste de voir les ouvrages de cet admirable artiste pour être convaincu de la vérité de ce que nous disons.

Comme Raphaël possédoit donc la partie la plus essentielle de la peinture, savoir, l'expression, M. Mengs a toujours fait sa principale étude de ce maître, & ne se lassoit point d'admirer ses chefs-d'œuvre. Il y a cependant encore une grande différence entre le style de Raphaël & celui de M. Mengs. Raphaël chercha à rendre tout ce que la nature offre à nos yeux, ainsi que l'influence des passions sur les mouvemens du corps. Un discernement fin & délicat, que personne n'a possédé à un si haut degré que lui, le déterminoit toujours à choisir ce qu'il y a de plus beau dans la nature. Ses Vierges, par exemple, sont des portraits des plus belles filles qu'il pouvoit trouver; ce qui fait qu'elles ont toutes une physionomie trop commune, & qui n'a rien de divin. La célèbre *Madonna della Seggiola* est-elle autre chose qu'une fraîche femme de la campagne, qui donne le sein à son enfant ? Il paroît par une lettre de Raphaël au comte de Castiglione, que ce ne fut que vers la fin de sa vie qu'il commença à se douter qu'il y a un genre de peinture toute idéale, laquelle consiste dans le choix judicieux des différentes belles parties qui sont dans la nature; choix qui conduit l'artiste à former un tout parfait, supérieur à la nature même, ainsi que l'avoit fait Zeuxis, qui, pour peindre son Hélène, prit ce qu'offroit de plus beau ses différens modèles; & ce fut sur ces principes que Raphaël vouloit exécuter sa Galathée au palais Farnèse. Si Raphaël n'eût paru que de nos jours, il

auroit fans doute porté fon art au plus haut degré de
perfection ; mais cette gloire étoit réfervée à M. Mengs.
Ses figures toutes divines n'ont de l'homme que le moins
poffible. Il compofoit fes ouvrages des parties les plus
parfaites , qu'il favoit choifir avec intelligence , en rejetant toutes celles qui font gratuites , ou qui peuvent
indiquer les befoins & les foibleffes de l'humanité : ce
qui donne à fes ouvrages cette fublime beauté idéale qui
les caractérife.

Raphaël , entièrement livré à l'expreffion fenfible ,
femble , pour ainfi dire , ne s'être point arrêté au clair-
obfcur, ni au coloris. Ses tons font crus , fes chairs tombent fouvent dans le rougeàtre , comme on peut s'en
convaincre en examinant fes ouvrages fans prévention.
Ses tableaux ont , en général , je ne fais quoi de mono-
tone , qui eft défagréable à l'œil , de manière qu'il faut
les étudier quelque tems pour en connoître le mérite.
Ceux de M Mengs réuniffent l'expreffion la plus fublime
au coloris le plus vrai & le plus harmonieux , & à cette
intelligence des différens effets de la lumière , qui , du
premier coup-d'œil , enchante les yeux , & dont l'examen
imprime un fentiment agréable dans l'ame ; enfin , on
y trouve fur-tout cette grace qui charme le cœur , fans
qu'on puiffe la définir , & qu'Apelle a poffédée à un degré
admirable Le peintre d'Urbin copia ce que la nature
offre de plus beau ; l'artifte Allemand l'a de même copiée , mais en l'embelliffant & en l'ennobliffant. Le premier ne facrifia qu'à la raifon ; le fecond tout-à-la-fois
à la raifon & aux Graces.

On blâmera peut-être ce que je viens de dire , comme
tendant

tendant directement à enlever à Raphaël le culte qu'on lui rend depuis plus de deux fiècles ; mais rien ne pourra m'empêcher de dire la vérité , lorfque j'en ferai moi-même convaincu. Que celui qui voudra me juger s'examine d'abord lui-même , pour voir s'il eft affez dépourvu de prévention ou de toute autre paffion moins excufable encore.

Le faire de M. Mengs lui étoit particulier. Il empâtoit fortement fes tableaux , afin qu'ils reçuffent & retinffent beaucoup de lumière. Il portoit même fi loin fon attention fur cet objet , que pendant toute fa vie il a préparé lui-même fa palette. Il connoiffoit parfaitement , & même en chimifte , toutes les couleurs & l'effet qui doit en réfulter au bout d'un grand laps de tems , lorfque toute l'huile en eft évaporée. Il poffédoit également bien la théorie de la lumière & de fa décompofition en fept couleurs par le moyen du prifme ; mais il s'étoit formé fur cela un fyftême particulier, que la pratique lui avoit fait découvrir ; favoir , de réduire toutes les couleurs à trois primitives feulement : le jaune , le bleu & le rouge ; du mêlange defquelles il compofoit toutes les autres. Il ne regardoit pas comme des couleurs le noir & le blanc ; & il ne fe fervoit jamais que de terres naturelles.

Il préféroit de peindre fur panneau , quand il pouvoit le faire , parce que la toile , quelque bien préparée qu'elle foit , ne préfente jamais une furface auffi liffe , ni auffi unie que le bois ; & chaque trou ou point raboteux , quelque petit qu'il puiffe être , occafionne une fauffe réflexion de lumière. D'ailleurs la toile a encore un autre défaut ; c'eft que pour peu qu'elle foit grande, elle cède

fous le pinceau ; de forte que la main n'eft jamais ni ferme,
ni fûre.

On ne trouve point dans les ouvrages de M. Mengs
les traces du pinceau qu'on diftingue fi facilement dans
ceux des autres peintres. Tout y eft liffe & fondu, comme
dans la nature même, qui n'opère point d'une manière
heurtée : une teinte s'y perd imperceptiblement dans une
autre ; voilà pourquoi les jeunes élèves, qui veulent copier fes productions, ne peuvent comprendre de quelle
manière elles font faites, ni par où ils doivent commencer,
parce qu'il leur manque ici les règles enfeignées par les
autres maîtres. Mais que dis-je de règles ? c'eft plutôt
une *routine* qu'ils appliquent à tout propos & à tout
hafard ; & c'eft là un vice qu'il faut attribuer à ce qu'on
appelle *Ecoles*, qui, dans les arts, comme dans les fciences, ne peuvent conduire qu'à l'ineptie. Ceux qui ont établi
ces écoles étoient fans doute des gens de mérite, que
leurs difciples ont cherché à imiter, & qui, à leur tour,
ont été fucceffivement imités par d'autres ; mais comme
en imitant on refte toujours au-deffous de fon modèle,
les derniers venus doivent néceffairement fe trouver fort
loin des premiers inftituteurs : voilà donc quelle eft la
marche de ce qu'on appelle travailler par pratique ; &
ce font là ce que je nomme *peintres à routine* (*pittori di
ricetta*).

Parmi les écrivains qui ont traité de l'art, il y en a
peu à qui M. Mengs accordoit fon approbation. Il mé-
prifoit, en général, ceux qui ont écrit les vies des peintres,
& particulièrement Vafari, parce qu'ils parlent de tout,
excepté de ce qui fait l'effentiel de l'art. Ils entrent dans

tous les détails de la vie privée des artiſtes , & citent
avec une minutieuſe exactitude les prix de leurs ouvrages ,
& les noms de ceux qui les poſsèdent , en prodiguant à
pleines mains les éloges les plus outrés , & les épithètes
de divin , de miraculeux aux artiſtes les moins eſtimables.
La vie du Corrége par Vaſari eſt , entr'autres , ſi mal
digérée , que cela a engagé M. Mengs à compoſer des
Mémoires ſur ce grand artiſte , qui devoient être inférés
dans une nouvelle collection des vies des peintres , dont
on s'occupoit alors à Florence ; mais les éditeurs de
cette biographie n'ont pas fait un grand uſage de cet écrit
de M. Mengs , lequel en effet ne convenoit pas beaucoup
au plan qu'ils s'étoient propoſé.

M. Falconet , ſculpteur François , qui a fait à S. Pétersbourg une ſtatue équeſtre en bronze du czar Pierre I ,
a compoſé deux volumes pour exhaler ſa bile contre
Pline , contre Cicéron , contre le cheval de Marc-Aurele , & contre les plus illuſtres écrivains anciens & modernes , ainſi que contre les ouvrages les plus eſtimés qui
ſoient connus. M. Mengs avoit trop de mérite pour
être oublié dans cette philippique.

M. Mengs écrivit, dans le tems, une lettre fort modeſte à
M. Falconet , non pour ſe juſtifier lui-même , mais uniquement pour défendre l'honneur des beaux-arts. Il reçut
une réponſe aſſez honnête de M. Falconet * ; cependant

---

* Cette lettre de M. Mengs & la réponſe de M. Falconet
ſont les deux morceaux qui terminent la première partie de notre
traduction.

cette querelle littéraire n'alla pas plus loin, foit parce que
M. Mengs ne voulut point perdre un tems précieux, foit
qu'il crut que la matière avoit été traitée trop légèrement
par M. Falconet.

Il difoit que le livre de M. Reynolds, peintre Anglois *, eft fait pour induire en erreur les jeunes artiftes, parce que fes raifonnemens portent fur des principes fuperficiels & erronés, qui ne font adoptés que
par cet auteur.

Le tempérament fec & bilieux de M. Mengs le faifoit
quelquefois paroître un peu âpre & rêche dans fes formes;
& en matière d'art, il difoit fon fentiment avec une
franchife qui fembloit tenir de la dureté; mais fon caractère étoit naturellement bon, & le repentir fuivoit
toujours chez lui de près la peine qu'il avoit pu caufer
par fa trop grande fincérité. D'ailleurs il ne refufoit jamais d'aider de fes confeils & de fes leçons ceux qui le
confultoient, & il ne faifoit aucun myftère de fon art **.

---

* Ce livre de M. Reynolds eft intitulé : *Seven Difcourfes delivered
in the royal Academy by the Préfident*. 8°. London 1778. *Note du
Traducteur.*

** M. Mengs a fait beaucoup d'élèves, dont les plus anciens
font Jean-Baptifte Cafanova, actuellement profeffeur de l'académie
de deffin à Drefde; Antoine Marron, beau-frère de M. Mengs;
Nicolas Guibal, aujourd'hui premier peintre du duc de Wurtemberg, & M. Ratti, qui a fait auffi un éloge de M. Mengs, intitulé : *Epilogo della vita del fu cavalier A. R. Mengs*, imprimé à
Gênes en 1779. *Note du Traducteur.*

Le pape Clément XIV ayant fait acheter , par un négociant de Venife , quelques tableaux , il en demanda fon fentiment à M. Mengs , qui lui dit fans détour qu'ils ne valoient rien , & qu'il avoit été trompé. Sa fainteté lui ayant répondu qu'un certain peintre lui en avoit cependant fait un grand éloge , M. Mengs répliqua : M. *** & moi, nous fommes tous deux artiftes ; avec cette différence , que l'un loue ce qui eft fupérieur à fes forces , & que l'autre méprife ce qui eft au-deffous de fon talent.

M. Mengs voyant qu'un certain fculpteur , qui a fait la ftatue d'une vertu cardinale au tombeau d'un grand pape , y a mis fon nom de cette manière : *N ** invenit* , dit qu'il avoit bien fait d'avertir qu'il avoit *inventé* cette ftatue , puifque certainement il n'avoit pu l'imiter d'aucune chofe exiftante. Je pourrois citer plufieurs traits femblables de M. Mengs ; mais je les paffe fous filence pour ne pas faire de la peine à quelques artiftes encore vivans.

La pureté des mœurs de M. Mengs étoit fort grande , & l'on peut dire que fon amour pour les arts avoit éteint en lui toutes les autres paffions. Sa véracité & fon averfion pour le menfonge alloient à l'excès. Pour en donner une idée , je citerai ici un feul exemple d'un grand nombre que je pourrois produire. En entrant en France par Pont-Voifin , lors de fon dernier voyage d'Efpagne , les commis de la douane voyant parmi fes effets quelques tabatières d'or enrichies de diamans , lui demandèrent s'il en faifoit commerce , ou fi elles fervoient à fon ufage. Il répondit qu'il n'étoit pas marchand , &

qu'il ne prenoit point de tabac. Les prépofés de la douane infiftant à lui demander de nouveau fi ces boîtes n'étoient pas deftinées à fon ufage particulier, afin qu'il pût les paffer librement, il perfifta à dire qu'il n'avoit jamais pris de tabac; de manière que les commis furent obligés, malgré eux, de confifquer ces tabatières comme marchandife. M. Mengs les laiffa faire tranquillement; il n'auroit même jamais penfé à réclamer ces bijoux, fi M. le Marquis de Llano & moi nous n'euffions pas débrouillé cette affaire à Paris.

Jamais il n'y eut de meilleur mari ni de plus tendre père que M. Mengs, qui donna une excellente éducation à fes enfans. Il a néanmoins préjudicié à fa famille par fon peu d'économie & par fon mépris pour l'argent. On fait que, de compte fait, il a reçu, pendant les dix-huit dernières années de fa vie, plus de cent quatre-vingt mille écus, & en mourant il laiffa à peine de quoi fubvenir aux frais de fes funérailles *.

Tous les fouverains de l'Europe, pour ainfi dire, ont voulu avoir des ouvrages de M. Mengs. L'impératrice de Ruffie lui avoit demandé deux tableaux, fur le fujet & fur le prix defquels fa majefté lui laiffoit l'entière difpofition, en lui faifant remettre, en même tems, deux

---

* M. Bianconi dit que c'eft par les foins du cardinal Riminaldi, & fur-tout par les fecours généreux de M. le chevalier d'Azara, que la famille de M. Mengs fut tirée de l'embarras où elle fe trou-voit à fa mort. *Note du Traducteur.*

mille écus d'avance ; mais la mort ne lui a pas permis de les commencer : cependant cette augufte souveraine ne fut pas plùtôt informée , par S. E. le cardinal de Bernis , de l'état où cet artifte avoit laiffé fa famille , qu'elle lui fit préfent des deux mille écus dont nous venons de parler. Ce don ne mériteroit pas fans doute d'être cité ici , en venant d'une princeffe qui fixe les regards de toute l'Europe par la fageffe de fes loix , par les victoires de fes armes , & par la générofité de fa grande ame , fi la bonté & la délicateffe avec lefquelles elle a fait ce don , n'y avoit pas ajouté un prix infiniment précieux , & qui mérite de tenir fa place parmi les autres merveilles de fon règne.

Le roi de Naples , qui vouloit introduire le bon goût de la peinture dans fa capitale , avoit réfolu d'y établir une académie des beaux-arts , fous la direction de M. Mengs. Sa majefté demanda , pour cet effet , à fon augufte père , la permiffion de fixer notre artifte à Naples ; ce que fa majefté Catholique accorda gracieufement , en lui confervant les penfions qu'elle lui faifoit , outre celle que pourroit lui donner fa majefté Sicilienne pour la commiffion dont elle vouloit le charger. La nouvelle de cette faveur n'arriva à Rome que huit jours après la mort de M. Mengs , qui fut par conféquent privé de ce plaifir , ainfi que Naples l'a été de l'avantage qu'elle auroit retiré des leçons de ce grand artifte.

On fait que les amphictions ordonnèrent par un décret que Polygnote feroit logé gratuitement dans toutes les villes de la Grèce où il pourroit fe trouver , pour

avoir peint à Athènes le portique appellé le Pœcile *.
Charles III a versé ses bienfaits sur M. Mengs pendant
toute sa vie, & après sa mort il a doté ses cinq filles,
& fait à ses deux fils des pensions dont ils peuvent subsister honnêtement.

Nous n'avons pas encore parlé des écrits de M. Mengs,
qui ne lui promettent pas moins de célébrité que les productions de son pinceau. Nous en rendrons compte à
mesure que nous les publierons ; en observant seulement ici que ses papiers étoient en si mauvais ordre,
qu'il ne nous a pas été possible de les rédiger avec tout le
soin & avec toute l'exactitude que nous aurions desiré ; &
que ce travail a été d'autant plus pénible, qu'il a fallu traduire tous ces écrits en une seule langue, M. Mengs s'é-
tant servi pour communiquer ses idées tantôt de l'Allemand, tantôt de l'Italien, & tantôt de l'Espagnol.

La décadence des beaux-arts ne doit pas tant être at-
tribuée aux artistes qu'aux amateurs & aux gens riches
qui demandent des ouvrages. L'ignorance & l'ineptie de
ces derniers obligent les artistes, lorsqu'ils sont sous leur
direction, à renoncer à leurs idées, s'ils sont assez habiles pour en concevoir par eux-mêmes ; une espèce de
sympathie fait cependant qu'ils choisissent, en général,
les plus mauvais & les plus intriguans. Ces prétendus

---

* Le nom de *Pœcile*, qui veut dire *varié*, fut donné à ce portique à cause de la variété des peintures dont Polygnote l'avoit
orné. *Note du Traducteur.*

connoisseurs

connoiffeurs ne confidèrent pas le blâme dont les couvre une pareille conduite , & le ridicule qu'ils payent à deniers comptans ; car qui eft-ce qui peut voir ces productions où il n'y a ni conception, ni motif, ni goût, ni raifon , fans traiter d'ignorant & de barbare celui qui les a fait exécuter. On fait que chez les Grecs c'étoient les philofophes qui ordonnoient les ouvrages des artiftes & qui en jugeoient , & que les artiftes eux-mêmes étoient philofophes. Il étoit donc néceffaire qu'il y eût un livre qui enfeignât à voir les chefs-d'œuvre des artiftes en philofophe : je penfe que les écrits de M. Mengs pourront remplir cet objet ; ce qui ne fera pas le moindre fervice que cet homme admirable aura rendu aux arts.

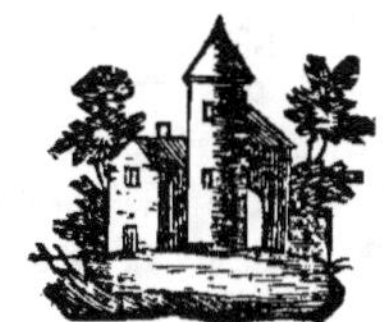

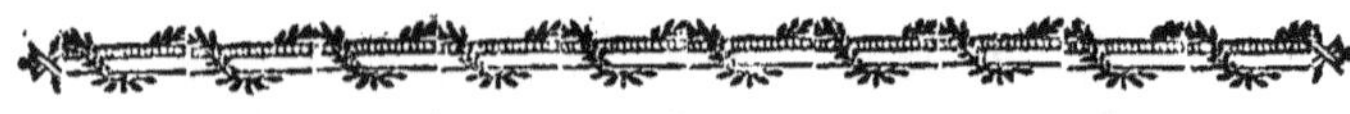

NOTICE

DES TABLEAUX

DE M. MENGS.

EN ESPAGNE.

Pour le Roi & pour la Famille Royale.

DANS le palais du roi, le plafond de l'anti-chambre de fa majefté, peint à frefque, repréfentant l'Affemblée des dieux, avec l'Apothéofe d'Hercule. Voyez à la page 17 des Mémoires fur la vie de M. Mengs.

Dans le même genre, l'Aurore fur le plafond d'une autre chambre, qu'on appelle, à caufe de cela, la *chambre de l'Aurore;* & fur les quatre faces, M. Mengs a peint les quatre Saifons avec divers ornemens fur la frife, tels que vafes, amours, feuillages. Voyez à la page 18 des Mémoires.

Le grand plafond de la falle à manger du roi, où l'on voit l'Apothéofe de Trajan & le Temple de la Gloire. Voyez à la page 28 des Mémoires.

Dans la chapelle particulière de fa majefté, la Nativité du Chrift, de même à frefque; après qu'on eut enlevé le tableau à l'huile de M. Mengs, qui s'y trouvoit, mais qui y faifoit un mauvais effet, à caufe que la réflexion de la lumière y tomboit de front.

Dans la chambre à coucher du roi, la fameufe Defcente de croix, peinte à l'huile fur un panneau de plus de douze pieds géométriques de hauteur, fur une largeur proportionnée. Les figures en font de grandeur naturelle. Dans la partie fupérieure, il y a un autre tableau fur panneau, repréfentant le Père éternel avec le Saint-Efprit & des Anges. Voyez à la page 19 des Mémoires.

Les quatre deffus-de-porte de la même chambre, qui repréfentent quatre fujets de la Paffion; favoir, la Prière du Chrift dans le jardin, la Flagellation, le Crucifiement, & l'Apparition du Chrift à la Madeleine après la réfurrection.

Dans le même appartement, deux autres tableaux de chevalet, dont l'un eft S. Jean adolefcent, qu'il a peint en Efpagne; l'autre Sainte Marie-Madeleine, qu'il fit paffer de Rome à Madrid, pour fervir de pendant au premier, d'un pied & demi de hauteur, fur un-pied de largeur.

Un tableau de la Conception, un peu moins de trois pieds de hauteur, fur un peu moins de deux pieds & demi de largeur; & un autre de S. Antoine de Padoue à-peu-près de la même grandeur que le précédent, que fa majefté tranfporte toujours avec elle quand elle voyage.

Dans un corridor qui conduit à l'appartement du roi, il y a une Vierge avec l'Enfant, S. Jofeph & S. Jean-Baptifte, haut de fix pieds, & large de quatre pieds : c'eft la première peinture à l'huile que Mengs ait faite à Madrid.

La Nativité, tableau à l'huile, qui a été enlevé, comme nous l'avons dit, de la chapelle du roi, & placé dans la chambre du prince des Afturies, haut de onze pieds, fur fix pieds de large.

Un autre tableau repréfentant le même fujet fur panneau, que M. Mengs fit paffer de Rome en Efpagne, haut de neuf pieds, large de fept. Il eft placé dans l'appartement du roi. Voyez à la page 22 des Mémoires.

L'eftime que fa majefté fait de ce tableau eft affez connue par l'ordre qu'elle a donné de le couvrir d'un verre de même grandeur. Cette méthode de couvrir les tableaux de verre a fes inconvéniens, parce qu'ils ne peuvent pas recevoir une lumière qui permette de les bien voir en entier fous un même point de vue; de manière que le fpectateur doit fe placer en différens endroits pour en parcourir fucceffivement le champ entier. D'ailleurs les couleurs

H ij

obfcures réfléchiffent la lumière, & font l'effet d'un miroir. L'art n'a pas encore pu trouver le moyen de faire les deux furfaces d'un verre également parallèles ; & plus cette furface eft grande, plus auffi cette difficulté augmente. Cette différence entre les deux furfaces, quelqu'imperceptible qu'elle foit, altère toujours la réflexion de la lumière, & par conféquent l'image de l'objet. Si la pâte du verre a quelque couleur, comme celle qu'on fait avec de la foude, qui lui donne un œil verdâtre, toutes les teintes du tableau font dégradées par cette nuance. L'air qui fe trouve renfermé entre le verre & le tableau ne pouvant pas être renouvelé, fe corrompt néceffairement, & endommage les couleurs, d'où fuit la perte totale du tableau.

Un Chrift attaché à la croix, d'après nature, haut de cinq pieds, & large de quatre. Il eft dans la chambre à coucher du roi à Aranjuez.

Dans le même endroit, il y a deux portraits du roi & de la reine de Naples, en demi-figures, d'environ cinq pieds de hauteur fur une largeur proportionnée.

Il y a deux autres portraits de la même grandeur dans les appartemens de ce palais. L'un eft celui de la même reine de Naples, & l'autre celui de l'archiducheffe.

Il y a auffi les portraits des grands ducs de Tofcane, & quatre autres de la famille royale, que M. Mengs a faits à Florence ; les premiers ont quatre pieds & demi de hauteur fur une largeur proportionnée ; les autres ont cinq pieds de hauteur.

Dans le même palais d'Aranjuez, M. Mengs a peint en détrempe fur le plafond du théâtre, le Tems qui enlève le Plaifir : allégorie frappante & digne du génie fécond & fublime de fon auteur. Voyez à la page 28 des Mémoires.

Plufieurs portraits du roi, & ceux de toute la famille royale. Il y en a deux du prince des Afturies, & deux de fa fœur, l'infante Charlotte-Joachime.

Les quatre parties du jour en deffus-de-porte, de neuf pieds de hauteur, dans l'appartement de la princeffe.

Pour le prince des Afturies un tableau fur panneau , de la Vierge avec l'Enfant & S. Jofeph.

Un autre repréfentant un jeune homme qui veut fuivre l'honneur, & fuir les richeffes. Il eft placé dans le pavillon de S. A. R. , à l'Efcurial.

A S. Ildephonfe il y a , dans la falle des dépêches, une Sainte Marie-Madeleine , d'un peu plus que demi-figure.

Pour l'infant don Louis une Vierge avec l'Enfant & S. Jofeph, de quatre pieds de hauteur fur trois pieds de largeur.

Un portrait de S. A. R. , un peu plus que demi-figure : il n'eft pas fini.

S. Pafcal Baylon pour le maître-autel de l'églife du couvent royal de ce même nom à Aranjuez.

L'infant don Gabriel a auffi un tableau de la Prière du Chrift dans le jardin , qui n'eft pas achevé.

Peintures pour des Particuliers.

Le principal tableau de l'églife de S. Ifidore , dont le fujet eft la Sainte Trinité avec la Vierge , S. Damas & trois autres Saints Efpagnols : figures beaucoup plus grandes que nature. Le tableau a dix-fept pieds de hauteur fur douze pieds de largeur.

Pour le roi de Dannemarck , le portrait du roi d'Efpagne en pied, armé & placé deffous un dais, avec tous les ornemens & tous les attributs de la fouveraineté Efpagnole ; haut de douze pieds fur neuf pieds de large.

Un autre tableau de douze pieds de hauteur fur fept pieds de largeur , repréfentant l'Affomption avec le Père éternel & un grand nombre d'Anges ; figures de grandeur naturelle.

Un autre de S. Jean-Baptifte prêchant au défert , de fix pieds de hauteur fur un peu moins de cinq pieds de largeur ; tous deux pour M. le comte de Rivadavia. M. Mengs a peint ce dernier tableau dans un ftyle fingulier , qui ne lui étoit pas propre. L'emplacement fur lequel il devoit fe régler, , a une fenêtre par le haut , d'où la lumière tombe dans les yeux des fpectateurs. Pour cet effet, ayant été obligé de forcer la nature, il a fait de grandes maffes, & a prononcé avec beaucoup de force toutes les parties. Ce tableau eft dans la manière de Michel-Ange, quand il n'a pas chargé, ou de Raphaël dans fon Incendie de Borgos.

Le portrait du duc d'Albe, demi-figure.

Deux autres portraits de la ducheffe de Huefcar (aujourd'hui d'Arcos.)

Un autre de la ducheffe de Medina-cœli, affife dans un fauteuil.

Un autre en pied de la marquife de Llano, en habit de bal.

Un autre de la même dame, demi-figure.

Le portrait de don Pierre Campomanez, un peu plus que demi-figure.

Un autre de don Philippe de Caftro, demi-figure; il n'y a que la tête de peinte.

La Vierge des douleurs pour don Antoine de la Quadra, directeur-général des poftes.

Un S. Pierre affis, de grandeur naturelle, que M. Mengs a donné à fon chirurgien, Pierre Martinez.

Il a fini auffi dans le palais un tableau de l'Afcenfion de J. C., qu'il avoit commencé à Rome, par ordre de la cour de Drefde.

Il a fait plufieurs fois fon propre portrait, un peu moins que mi-figure, qu'il a donné à fes amis, entr'autres à don Bernard de Yriarte, fon ami particulier.

Il a laiffé imparfait le portrait de don Amérique Pini, auquel il manque cependant peu de chofe. Il a laiffé de même, mais bien moins avancé, celui de M. le marquis de Llano, qui étoit fon ami & le mien. Il avoit fait venir ce portrait à Rome pour le finir, ainfi que plufieurs autres dont nous ne parlerons pas, parce qu'ils font reftés imparfaits.

A D R E S D E.

A l'Huile.

Un grand tableau d'autel dans l'églife Catholique, de trente trois pieds de hauteur fur feize pieds de largeur, repréfentant l'Afcenfion. M. Cafanova en a donné une defcription qui fe trouve dans le fecond volume de la *Bibliotheque des Arts* de M. Murr.

Un plus petit tableau à l'un des autels collatéraux : c'eft le Songe de S. Jofeph, devant qui il apparoit un ange.

Un autre dans la même églife repréfentant la Conception. — Le deffin de ces trois tableaux eft fort beau , & d'une grande correction.

Les portraits du roi & de la reine de Pologne en pied, & vêtus de leurs habits royaux.

Les portraits du prince & de la princeffe royale jufqu'aux genoux.

Le portrait du comte de Bruhl , dont il n'y a que la tête de fini.

Une Madeleine couchée à demi-nue, dans la manière de celle du Corrège que pofsède la cour de Saxe.

Au Paftel.

Le portrait de l'électeur régnant de Saxe , lorfqu'il n'avoit que deux ans, affis en chemife fur un couffin de velours cramoifi , galonné en or , de grandeur naturelle.

Le portrait de M. Mengs même , deffiné d'une manière pittorefque , avec de longs cheveux qui lui pendent fur les épaules.

Un autre auffi de lui, un peu tourné.

Le portrait d'Ifmaël Mengs fon père , en robe fourrée.

Celui de Madame Thiele, femme d'un bon Payfagifte.

Celui de M. Antoine Annibale.

Celui de M. Hoffmann, valet de chambre du roi de Pologne, en habit brodé.

Celui de M. Silveſtre, un crayon à la main.

Celui d'un ami de ſon père.

Celui de M. Thull, peintre Saxon, ami de M. Mengs.

Celui de la Signora Mingotti, cantatrice du roi de Pologne, tenant à la main un papier de muſique.

La Vérité, demi-figure.

Un Cupidon qui aiguiſe une flêche.

Pluſieurs miniatures & peintures en émail.

A ROME.

Le plafond du Muſée pour le dépôt des anciens manuſcrits ſur papyrus, dont il eſt parlé à la page 23 des Mémoires ſur la vie de M. Mengs.

Une Sainte Famille : voyez la page 11 des Mémoires.

Un plafond à freſque dans l'égliſe Arménienne de S. Euſèbe. Page 13 des Mémoires.

Un plafond dans la *villa* Albani ; page 15 des Mémoires.

Une Vierge avec l'Enfant, S. Jean-Baptiſte & S. Joſeph.

Une Madeleine couchée, tenant une croix ; tableau qui le fit recevoir à l'académie de S. Luc.

Le Songe de S. Joſeph ; voyez à la page 26 des Mémoires.

Un groupe de deux enfans, plus grands que nature ; ce fut le premier eſſai que M. Mengs fit en détrempe.

Une Nativité pour un Abbé Vénitien.

Deux petits tableaux en paſtel : Cérès & Flore.

S. Benoît dans le déſert, tableau d'autel dans l'égliſe des Religieux Céleſtins.

Le portrait du cardinal d'Yorck en paſtel.

Ceux du pape Rezzonicho & de ſon neveu.

Celui de M. le chevalier d'Azara.

A NAPLES,

A NAPLES.

Les portraits du roi & de la famille royale.
Celui de la princeffe Francavilla, née Borghèfe.
Une Madeleine pour le prince de San Gervafi.
Un repos d'Egypte pour la reine de Naples.

A FLORENCE.

Un *Ecce Homo* pour le docteur Villigiardi.
Son portrait peint par lui-même, que le grand-duc a fait placer dans la galerie des peintres célèbres.
S. Jofeph averti en fonge de fuir en Egypte.
La Vierge avec l'Enfant pour la grande-ducheffe.

A GENES.

Une copie de la *Madonna della Seggiola* pour le feigneur Théaldo.
Le portrait de la Signora Tomafina Cambiafo.

A MILAN.

Une Vierge de demi-figure avec l'Enfant & S. Jean-Baptifte pour le général Clerici.

A PARIS.

L'Innocence & le Plaifir, deux tableaux au paftel, dans le cabinet de M. le Baron d'Olbach.
Semiramis dans le moment qu'on lui remet une lettre qui lui apprend la révolte de Babylone ; tandis qu'une femme lui arrange fa chevelure ; demi-figures.

Tome I. I

Chez M. l'Epine, fculpteur, fon portrait fait par M. Mengs.

A ROUEN.

Chez M. de Hauterue, fon portrait peint par M. Mengs, dont il fut l'élève.

A VIENNE.

Dans la galerie impériale, S. Pierre de grandeur naturelle, peint à l'huile.

Le portrait en paftel de la grande-ducheffe de Florence.

Celui de la jeune archiducheffe Marie-Thérèfe de Naples.

Chez M. le comte Erneft de Harrach, la Nativité de Notre-Seigneur.

Chez le prince Gallitzin, miniftre de Ruffie, une Venus, demi-figure de grandeur naturelle.

Au château de Léopoldfcron, près de Saltzbourg, chez M. le comte Lactance Firmian, le portrait de M. Mengs, peint par lui-même.

A STUTGARD.

Dans le cabinet de M. Guibal, la tête d'un capucin avec deux mains, peinte d'après le frère Pierre de Viterbe, mort en odeur de fainteté.

Le deffin original du tableau repréfentant la Madeleine.

Deux figures académiques fur papier bleuâtre.

Une belle Nativité de Notre-Seigneur; deffin lavé & rehauffé de blanc. On dit que c'eft la première penfée du tableau que M. Mengs fit pour le prince des Afturies.

Trois deffins que M. Mengs fit en 1741, d'après le dernier Jugement de Michel-Ange.

Une efquiffe de M. Guibal pour le grand efcalier de Stutgard, retouchée par M. Mengs.

A CARLSRUH.

Chez M. le comte d'Edelsheim, premier miniftre de cette cour, le portrait de ce feigneur par M. Mengs.

Deux cartons d'un deffin très-fini & très-favant; l'un repréfente un Philofophe encore dans la fleur de l'âge ; l'autre une jeune Corinthienne qui fait des bouteilles de favon avec un chalumeau, d'après lefquels M. Mengs avoit fait deux tableaux au paftel pour M. le marquis de Croixmare, qui les paya 2400 livres, & qui en outre fit préfent à M. Mengs d'une belle épée. On ignore ce que ces deux paftels font devenus.

Huit figures académiques repréfentant des hommes de différens âges & de différens caractères de deffin.

A COPPENHAGUE.

Le roi de Dannemarck a le portrait de Charles III, roi d'Efpagne, peint par M. Mengs, en pied & fous un dais, avec tous les attributs de la royauté Efpagnole. C'eft le même dont il eft parlé à la page 61

ANGLETERRE.

Chez milord Northumberland à Londres , une copie de l'Ecole d'Athènes. Voyez à la page 13 des Mémoires.

Le portrait de milord duc de Richemont , avec les cheveux flottans , dans le goût des ajuſtemens des portraits de van Dyk.

Une figure du Chriſt portant la croix , demi-figure pour milord Cuper.

Le portrait de milord Cuper.

Les portraits de M. & Madame Suimars , négociant de la Jamaïque.

Le portrait de Robert Wood , premier ſecrétaire du bureau des affaires étrangères , & auteur d'un ouvrage ſur les ruines de Palmyre & de Tedmor , en deux volumes *in-folio*.

Le portrait de M. Webb , colonel Anglois.

Celui du chevalier William Hamsbury , envoyé de la cour Britannique à Dreſde.

Celui de M. Wilſon célèbre payſagiſte Anglois.

Cléopatre aux pieds d'Auguſte , avec un grand nombre de figures: ce tableau eſt chez M. Hoorch.

Une Sainte Famille ſur toile.

Une Sybille , demi-figure ſur toile.

Une Madeleine , demi-figure.

A OXFORD.

Dans la nouvelle égliſe d'Oxford un tableau   d'autel , peint à Rome en 1770 , repréſentant le Sauveur qui apparoit à la Madeleine.

EN IRLANDE.

Le portrait de M. Touche, gentilhomme Irlandois, peint par M. Mengs, jufqu'aux genoux, dans le coftume en ufage au commencement du dix-feptième fiècle.

Ouvrages reftés imparfaits.

Une efquiffe en grifaille ou camayeu de la Réfurrection du Chrift, d'après laquelle il devoit faire pour la cathédrale de Saltzbourg, un tableau d'autel de trente palmes de hauteur.

Le portrait de demi-figure de M. Honorat Gaëtan, un des ducs de Sermonette.

Un Jugement de Paris, figures de grandeur naturelle.

Gravures faites d'après les Ouvrages de M. Mengs.

Un S. Jean-Baptifte, gravé par Carmona.

Une Madeleine, gravée par le même.

Une Vierge avec l'Enfant, gravée par Volpato.

Le Chrift reffufcité qui apparoît à la Madeleine, gravé par par Carmona.

La Sybille, demi-figure, qui eft en Angleterre, gravée par Mofmann.

Nous remarquerons que d'après le deffin de M. Mengs, Volpato a gravé un Chrift en prière, du Corrége. Ce morceau fe trouve dans la collection des gravures qui paroit fous le titre de *Schola Italica picturæ*.

Il y a auffi des gravures d'anciens tableaux à frefque, dont M. Mengs avoit fait les deffins. Voyez à la page 45 des Mémoires.

Le portrait de don Gabriel , infant d'Efpagne , qu'on vient de graver pour le mettre à la tête d'une édition des Odes d'Anacréon , dédiée à ce prince.

Le portrait de M. Mengs , que pofsède don Yriarte , à Madrid , gravé par Carmona , & que nous avons fait copier pour mettre à la tête de notre traduction.

REFLEXIONS
SUR LA BEAUTÉ ET SUR LE GOUT
DANS LA PEINTURE.

PRÉFACE

PREFACE

DE L'EDITEUR ALLEMAND.

JE n'entreprendrai point de faire l'éloge de l'ouvrage
que je préfente aujourd'hui au public. Cependant la vérité,
le devoir & la reconnoiffance m'obligent d'en dire quelques
mots. La *Beauté* & le *Goût*, dans la peinture, font les
deux principaux objets fur lefquels l'auteur cherche à
donner aux artiftes des notions claires & précifes, &
dont il leur trace la route, en leur indiquant les progrès
qu'on y a déjà faits, & ceux qui reftent encore à y
faire. Si jamais on a bien développé ces deux grandes
parties de la peinture, c'eft fans doute dans cet ouvrage,
dont l'auteur s'eft élevé par la nature jufqu'à la Divinité,
& a pénétré par les productions de l'art jufques dans
l'ame des grands maîtres qui l'ont illuftré dans fes plus
beaux fiècles. En veut-on la preuve ? que ce livre à la
main on médite fur la nature & fur l'art; qu'on les compare
avec les préceptes que l'auteur y donne ; & des notions
claires & lumineufes de l'une & de l'autre feront le fruit de
ce travail. L'auteur ne s'étend point en difcutions, parce
qu'il a voulu s'épargner à lui-même la peine de faire un
gros livre, & laiffer au Lecteur le plaifir de la réflexion. Il
eût d'ailleurs été inutile d'éparpiller dans plufieurs volumes
les vérités raffemblées ici en peu de pages. Quiconque a un

Tome I.   K talent décidé pour l'art , auroit eu le dégoût de chercher dans ces volumes , ce qu'il trouvera ici en quelques lignes ; & celui qui n'en peut tirer aucun fruit , ne feroit pas plus éclairé en pâliſſant ſur des *in-folio*. Voilà ce que j'avois à dire du fond de l'ouvrage même. Quant au ſtyle , il n'eſt pas fleuri , mais énergique , mais expreſſif , & tel qu'il convient à un maître qui enſeigne la ſimple vérité , & qui ne cherche à orner ſes penſées que comme dans l'antiquité on décoroit les ſtatues des dieux & des héros, par une draperie qui les couvroit avec décence ſans les cacher. Quand on comparera cet ouvrage avec d'autres écrits ſur le même ſujet, on le diſtinguera , dans la foule , auſſi aiſément que le poëte ſut dêcouvrir ſa chère Laure parmi une multitude de perſonnes de ſon ſexe: — « Belle ; » non comme l'eſſaim frivole des filles du peuple au teint » de roſe, qui ne ſemblent avoir été formées que par un » écart ou par un jeu de la nature ; qui végètent privées » d'eſprit & de ſentiment, & dont les regards ne ſont » point animés de ce rayon divin qui ſubjugue tous » les cœurs ».

K LOPSTOCK.

Qu'il me ſoit permis de rendre ici un hommage public. à l'amitié. Il y a quelques années qu'étant à Rome, M. Winckelmann daigna m'honorer de ſon eſtime , qui, depuis le premier moment que j'en ai joui , a fait le bonheur de ma vie. Je lui dois pluſieurs ſentimens agréables de ce qui eſt véritablement beau & grand , tant dans la nature que dans l'art ; je lui fuis redevable auffi de l'amitié de plufieurs perfonnes refpectables , & entr'autres de celle de l'auteur de cet ouvrage ; c'eft par lui enfin , que je jouis du bonheur de voir ici mon nom plus étroitement uni au fien ; ce qui femble me donner quelque droit à l'immortalité , à laquelle je n'aurois jamais ofé prétendre par mes foibles ouvrages.

J. C. Fuessli.

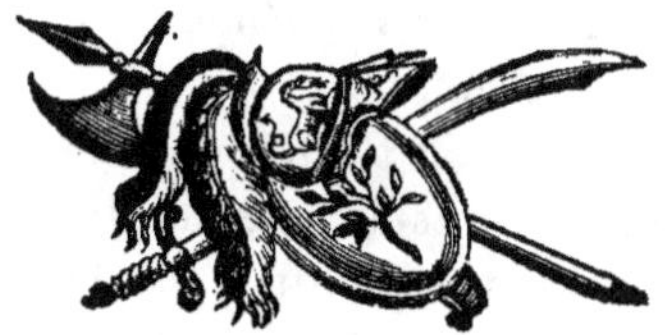

PREFACE

DE L'AUTEUR,

Qui eſt à la tête de l'Edition originale Allemande.

JE n'avois d'abord compoſé cet écrit que pour mon propre uſage , & par le ſeul deſir de découvrir des vérités nouvelles ; mais étant ſur le point de le finir , je fus invité par une académie d'Allemagne * de le publier dans ſes Mémoires , ce qui néanmoins n'a pas eu lieu par différens obſtacles : cette académie a depuis été abolie , & l'ouvrage m'eſt reſté.

L'ayant relu par haſard quelque tems après , je n'en fus pas entièrement ſatisfait. Je réſolus donc de le refondre & d'en retrancher quelques parties , pour y ajouter des idées nouvelles ; mais lorſque je conſidérai la peine & le travail que cela devoit me coûter , & combien il me feroit difficile de rendre mes idées d'une manière plus lumineuſe , je fus de nouveau tenté d'abandonner cet ouvrage. En le parcourant néanmoins de nouveau , il me parut ne devoir pas reſter enſeveli dans un oubli total ; je crus que les vérités qu'il renferme pourroient

---

* L'académie d'Ausbourg.

être utiles à plufieurs perfonnes. Ces confidérations, jointes aux follicitations de mon ami Winckelmann, m'engagèrent enfin à le publier. Je n'ai cependant pas voulu y mettre mon nom, parce que je n'ai pas l'habitude d'écrire, & que j'ai voulu éviter la cenfure de certaines perfonnes qui me critiqueront peut-être fans me comprendre.

Je préviens les jeunes peintres qu'ils doivent lire cet ouvrage avec attention, & à tête repofée ; car ce n'eft que par une étude conftante & des méditations profondes que j'ai porté l'art de peindre beaucoup plus loin que plufieurs artiftes de mon tems, & je ne leur communique cet écrit que dans l'efpoir de leur être utile. Si le Lecteur veut réfléchir mûrement fur ce que je vais lui dire, & fi à cette étude il joint un zèle infatigable & un travail opiniâtre, j'ofe me flatter qu'il pourra en tirer un grand avantage.

Je prie auffi les amateurs de cette efpèce d'ouvrages, d'avoir foin, autant que cela dépendra d'eux, que celui-ci ne foit traduit en quelqu'autre langue que ce foit, que fous ma révifion ; étant perfuadé que la manière d'écrire dont je me fers, ne peut pas être bien rendue dans d'autres langues : en Italien, elle feroit tout-à-fait inintelligible ; en François, elle paroîtroit ridicule, abfurde même, & pourroit bleffer les oreilles délicates du commun des écrivains & des perfonnes qui ne lifent que par fimple amufement : car j'écris comme un maître pourroit parler à fes difciples.

J'ai cherché d'abord à donner une idée plus particulière & plus précife de la *Beauté*, à caufe de la diverfité

d'opinions qu'on s'eſt formées ſur ce ſujet ; pour donner
enſuite une définition du *Goût* , parce que la plupart des
écrivains , qui en ont parlé , n'ont pas expliqué d'une
manière exacte pourquoi l'on ſe ſert de ce mot dans la
peinture ; enfin j'ai tâché de donner une idée plus diſtincte du Goût , en citant des exemples de celui qu'on
trouve chez les plus grands maîtres ; car comme je me
ſuis écarté un peu de la peinture dans la première partie
de cet ouvrage , j'ai craint d'avoir manqué par-là mon
but , qui eſt d'être utile aux peintres. J'ai donc cité des
exemples qui me donnent le moyen de parler de toutes
les règles de l'art. On verra que toutes les parties que
je loue chez les grands maîtres , ſont celles qui peuvent
ſervir de règle à ſuivre & d'exemple á imiter.

J'avertis néanmoins les élèves de ne pas trop s'arrêter
à la métaphyſique ou à la partie idéale de l'art dont il
eſt ici queſtion ; car elle n'eſt rien moins qu'utile quand
on ne fait que commencer. Le premier ſoin de l'élève doit
être d'exercer ſon œil à la juſteſſe , afin de parvenir par-
là à bien imiter. Il doit, en même tems , travailler ſa main ,
afin qu'elle apprenne à obéir avec promptitude , pour
paſſer enſuite aux règles & aux ſecrets de l'art. Je veux
que l'on commence d'abord par la pratique ou la partie mé-
chanique , pour étudier après cela la théorie ; parce qu'on
eſt propre à apprendre les règles de l'art quand on eſt
parvenu à un certain âge ; mais la preſteſſe de la main ,
& la juſteſſe de l'œil ne peuvent s'acquérir que pendant
un certain tems , c'eſt-à-dire , auſſi long-tems qu'on n'a
pris aucune habitude ; car ſi une fois on s'eſt accoutumé
à mal faire , il n'eſt plus poſſible de ſe déshabituer, dans

un âge mûr , de la méthode vicieuse qu'on a contractée.

Cet écrit doit donc être lu dans différentes vues par les différentes classes des peintres.

Les élèves ne doivent le lire que pour apprendre combien l'art est grand & difficile , afin qu'ils redoublent de zèle , & ne perdent point de tems à s'instruire de ses moindres parties. Car quoique les premiers principes soient les vrais matériaux & les fondemens de la peinture , on ne peut cependant en faire aucun usage qu'après avoir rassemblé les autres parties de l'édifice entier de l'art.

La seconde classe de peintres , c'est-à-dire , ceux qui font déjà instruits de ces premiers principes , pourront principalement profiter de cet ouvrage ; car c'est pour eux qu'il a été composé , afin qu'ils y apprennent ce que c'est que le bon Goût , & pour qu'ils puissent juger s'ils en font naturellement doués ou non , & par quels exemples ils peuvent l'acquérir ou s'y former davantage.

Les peintres faits pourront de même en retirer quelque fruit , en apprenant à connoître les beautés des ouvrages des grands maîtres , & à bien conduire leurs disciples dans la carrière difficile de l'art.

Je parle avec franchise , parce que l'expérience est le seul moyen par lequel les hommes puissent reconnoître l'utilité des choses pour les nommer bonnes ; & c'est à cette seule méthode que je dois tout ce que je fais , & tout ce que je vais exposer dans cet écrit.

Si dans cet ouvrage il se trouve quelques passages qui paroissent obscurs , je me soumets à en donner tous les éclaircissemens qu'on pourra desirer ; & si je me suis trompé , un orgueil déplacé ne m'empêchera pas d'en faire l'aveu , & de rétracter les erreurs que j'aurai pu commettre , fi je puis les reconnoître ; finon je tâcherai de défendre mes idées avec le plus de clarté qu'il me fera poffible *.

---

* Voici comment M. Winckelmann s'exprime, dans une lettre à M. Franke , au fujet de l'ouvrage dont il eft ici queftion : « Il » y a quelques mois qu'il a paru à Zurich un petit ouvrage, mais » fort précieux , intitulé : *Réflexions fur la beauté & fur le goût* » *dans la peinture* , publié par M. Fuesfli. L'auteur de ce traité , » qui m'eft dédié , eft le célèbre chevalier Mengs. Tâchez de vous » le procurer , & vous y trouverez des chofes qui n'ont encore » été ni dites, ni penfées ». *Note du Traducteur.*

R EFLEXIONS

REFLEXIONS

SUR LA BEAUTÉ ET SUR LE GOÛT

DANS LA PEINTURE.

SECTION PREMIÈRE.

DE LA BEAUTÉ.

ARTICLE PREMIER.

Définition de la Beauté.

COMME la perfection n'eſt point le partage de l'humanité, que Dieu ſeul en eſt doué, & que l'homme ne
peut comprendre que ce qui tombe immédiatement ſous
les ſens, la ſageſſe infinie lui a donné une perception
purement viſible de la perfection : c'eſt ce que nous

Tome I.　　　　　　　　　L

nommons *Beauté*. Cette Beauté se trouve dans toutes les choses créées, toutes les fois que l'idée que nous avons des choses & notre sentiment intellectuel ne peuvent pas s'élever davantage par l'imagination qu'ils le font par la vue de ces choses mêmes : c'est ce qu'on peut comparer à la nature du point. Le point mathématique est regardé comme indivisible ; & par conséquent il est, dans le vrai, incompréhensible pour nous. Comme il est cependant nécessaire que nous nous formions une idée sensible du point, nous donnons ce nom à une petite tache qui nous paroît indivisible ; & c'est ce qu'on appelle point visible. On peut donc supposer que la perfection est le point mathématique ou indivisible, & qu'il comprend en lui toutes les propriétés essentielles & tous les attributs louables, qui ne peuvent se trouver dans la matière seule, qui est toujours imparfaite. C'est cette imperfection de la matière qui est cause que nous nous sommes formés une espèce de perfection d'après nos idées ; c'est-à-dire, lorsque nous ne pouvons pas appercevoir l'imperfection d'une chose ; & c'est à cette apparence de la perfection que nous donnons le nom de *Beauté*. Cette Beauté, comme je l'ai dit, se trouve dans chaque chose en particulier, ainsi que dans toutes prises collectivement, & c'est elle qui fait la perfection de la matière ; mais entre cette perfection & la perfection divine, il y a la même différence qu'entre les deux points. L'on peut donc appeller la Beauté une perfection visible, de même qu'on donne au point le nom de point visible. Or, comme dans le point sensible se trouve réellement le point invisible ou mathématique, la perfection se trouve de même , quoique d'une manière invisible , dans la Beauté. L'œil ne peut appercevoir aucune de ces perfections invisibles ; mais l'ame les fent, parce que l'une & l'autre (favoir l'ame & la perfection) , ont été produites par la fageffe infinie , qui eft l'origine & la fource de toute perfection.

Platon * appelle le fentiment de la Beauté une réminifcence de la fuprême perfection ; & c'eft à cette caufe qu'il attribue l'émotion raviffante qu'elle fait naître. Peut-être réverois-je auffi heureufement que lui , en difant que notre ame eft émue par la Beauté , à caufe qu'elle jouit par fa vue d'une félicité momentanée, qu'elle efpère goûter éternellement dans le fein de Dieu , mais qu'elle perd bientôt dans la contemplation des chofes matérielles.

ARTICLE II.

Caufe de la Beauté des objets vifibles.

R ien n'eft vifible fans la matière ; tout objet matériel doit avoir une forme ; cette forme eft la mefure de fa puiffance, qui lui a été donnée par le Créateur ; & cette

---

* *Plato , in Phædro III. p.* 249. *Edit. Steph.* Τυτο (καλον) δε εςιν αναμνησισ εκεινων ὰ ποτ ειδεν Ἡμῖν ψυχὴ , συμπορευζεισα Θεω , και ὑπεριδυσα , ὰ νουν ειται φαμεν , και ανακυψασα εἰς το ΟΝΤΩΣΟΝ.

puissance est la cause de sa forme. Dans les premières formes de la nature il n'y a aucune Beauté; car elles ne sont pas encore distinctes pour nous; elles existent réellement, mais on ne peut s'en former aucune idèe. De ces premières formes, la cause suprême en a fait d'autres qui sont visibles; & c'est cette visibilité qui produit les couleurs. Ces couleurs sont différentes suivant la forme; c'est-à-dire, que suivant la forme, les rayons du soleil produisent des effets différents. Si ces premières petites formes visibles sont régulières & uniformes, on les appelle *pures*; car le rayon de lumière ne produit alors qu'un seul effet, & de cet effet résulte la Beauté. Que cela est ainsi, c'est-à-dire, que ces couleurs proviennent de l'aspect d'une matière uniforme ou régulière, c'est ce qui est prouvé par le prisme. Il est certain aussi que l'uniformité produit la Beauté, puisque le plus beau rouge dégrade le plus beau jaune, de même que le bleu altère le rouge, &c.; & que si l'on mêle ensemble le bleu, le rouge & le jaune, ces trois couleurs seront totalement dégradées & sans force. Lorsque nous voyons donc que la nature a coloré si diversement la matière, on doit l'attribuer à la différence de ses moindres formes ou particules, & à leurs divers mélanges. De ces petites formes la nature en a fait de plus grandes, qu'on ne juge plus belles ou laides d'après leurs couleurs, mais d'après leurs formes. L'accord de ces petites formes avec leur cause & leur harmonie entr'elles, est aussi le principe de ce qui les fait trouver belles. C'est pourquoi de toutes les formes la ronde est la plus parfaite; car elle n'a qu'une cause, qui est l'extention de son propre point central. Et celles qui dans leurs formes ont différentes caufes, font en proportion moins parfaites ; cependant elles ont toujours quelque Beauté , parce que celles qui n'ont point une intime connection entre elles font fufceptibles néanmoins de diverfes fignifications ; de même que dans la nature on voit plufieurs objets, qui par eux-mêmes n'ont aucune Beauté , en acquièrent par le rapport qu'une partie a avec une autre partie. Or, comme toute la nature a été créée pour nous émouvoir , & que pour cela il doit y avoir des parties actives, & d'autres purement paffives, il eft néceffaire auffi qu'il y ait différens degrés de perfection ; car la partie paffive doit néceffairement être moins parfaite que la partie active. Ces parties imparfaites ne doivent pas pour cela être moins eftimées, lorfqu'elles concourent à la même caufe ; & elles ont auffi dans leur moindre degré de perfection une efpèce de Beauté qui leur devient propre , lorfqu'elles font ce qu'elles doivent être pour remplir leur deftination. La Beauté fe trouve donc dans tout ce qui exifte , car la nature n'a rien fait d'inutile ; & comme je l'ai dit, chaque chofe a fa Beauté, lorfque cette chofe eft parfaite fuivant l'idée fous laquelle elle tombe. L'idée que nous nous en formons eft produite par la connoiffance que nous avons des objets ; & cette connoiffance vient de notre ame. La Beauté fe trouve donc dans tous les objets , lorfque la matière eft une avec fa deftination. Il eft d'ailleurs naturel qu'il y ait des parties parfaites & d'autres imparfaites , puifqu'on doit fe repréfenter toute la nature comme une république où chaque individu

tient sa place, quoique les uns soient d'une condition
plus élevée que les autres.

Il est nécessaire d'observer ici que les parties les plus
parfaites en Beauté renferment souvent moins d'utilité
que celles qui font moins belles ; car ces dernières peuvent produire plusieurs effets & font propres à plus d'une
opération ; tandis que les plus parfaites ne peuvent produire qu'un seul effet & ne font propres qu'à une seule
chose. Ceci a lieu pour toutes les couleurs & pour
toutes les formes. Il n'y a que trois couleurs parfaites,
qui font le jaune , le rouge & le bleu ; & ces trois
couleurs n'ont qu'une seule manière d'être parfaites , c'est
lorsqu'elles font également distinctes de toutes les autres
couleurs. Mais les couleurs composées ou rompues , telles
que l'orangé , le violet, le verd, peuvent être de différentes espèces ; c'est - à - dire , qu'elles peuvent ténir
plus ou moins d'une couleur ou d'une autre ; & les
moindres , formées du mêlange de trois couleurs , peuvent
être variées à l'infini , jufqu'à ce qu'il ne reste plus en
elles de partie primitive & dominante ; & alors elles font
pour nous comme une chose inanimée & fans expression.
Il en est de même des formes visibles : la forme ronde ,
qui est la feule parfaite , de même que les formes équi-
latérales , ne peuvent être que d'une feule manière ; mais
celles qui ont des angles inégaux , font fusceptibles de
différentes fignifications , & préfentent à l'efprit différentes idées ; de forte qu'elles font auffi utiles que les
plus parfaites. On en a dit la raifon ; c'est qu'elles peuvent exprimer toutes fortes d'idées , jufqu'à ce que , par

la multiplicité de leurs faces , elles deviennent entièrement
indécifes & infignificatives. Que le fentiment de la Beauté
d'une chofe naît de fon analogie avec l'idée que nous
en avons, paroît clairement par les chofes qui font diamétralement oppofées entr'elles , & qu'on regarde néanmoins
comme belles. Nous appellons , par exemple, belle une
efpèce de pierre , lorfque cette pierre eft parfaitement
d'üne feule couleur pure ; & nous donnons de même le
nom de belle à une autre pierre qui a différentes couleurs
ou veines. S'il n'y avoit qu'une feule efpèce de perfection , caufe de la Beauté , nous devrions regarder l'une
de ces pierres comme belle , & l'autre comme laide ;
pendant que nous eftimons l'une & l'autre également
belle dans leur efpèce, à caufe de l'idée que nous nous
en formons. Voilà pourquoi nous donnons le nom de
laide à la pierre que nous croyons devoir être d'une feule
couleur, lorfqu'elle fe trouve avoir la moindre tache , &
que nous n'eftimons pas l'autre lorfqu'elle n'eft que d'une
feule couleur ; car l'une & l'autre font pour lors imparfaites , fuivant l'idée que nous y attachons. Il en eft de
même de toutes les chofes créées. Un enfant feroit laid
s'il avoit les traits d'un homme fait ; à fon tour l'homme
eft pour nous un objet défagréable , lorfqu'il a la figure
de la femme ; de même que la conformation de l'homme
nous révolteroit dans celle-ci.

Ces réflexions fuffifent pour nous faire connoître la
principale caufe de la Beauté. Je dis donc que la Beauté
eft le réfultat de l'analogie de la matière avec notre perception. Nos idées viennent de la connoiffance que nous
avons de la deftination des chofes ; nous devons cette

connoiſſance à l'expérience & à l'examen de l'effet général
des choſes : l'effet général vient de la deſtination que le
Créateur a aſſigné à chaque choſe ; cette deſtination a
pour principe la diviſion graduelle de la perfection de
la nature , & le tout a pour cauſe la ſageſſe infinie de
Dieu.

ARTICLE III.

Des effets de la Beauté.

LA Beauté conſiſte dans la perfection de la matière ,
ſuivant l'idée que nous en avons. Comme Dieu ſeul eſt
doué de la perfection , la Beauté eſt un attribut de la
Divinité. Plus il y a de Beauté dans une choſe , plus
elle ſuppoſe d'intelligence : la Beauté étant l'ame de la matière. Comme l'ame de l'homme eſt la cauſe de ſon exiſtence , de même la Beauté eſt , pour ainſi dire , l'ame
des formes , & ce qui n'a aucune Beauté eſt comme mort
pour nous. La Beauté a une force qui ravit & qui enchante ; & comme elle eſt intellectuelle , elle émeut l'ame
de l'homme , augmente en même tems ſa puiſſance , &
lui fait oublier qu'elle eſt renfermée dans un eſpace très-
borné : voilà d'où naît l'attrait de la Beauté. Lorſque nos
yeux apperçoivent quelque choſe de beau , l'ame qui en
eſt frappée , deſire de devenir une avec cette choſe : c'eſt
ce qui fait que l'homme cherche toujours à s'approcher
de ce qui eſt beau. La Beauté élève notre ame au-deſſus
de l'humanité ; elle la pénètre en tout ſens ; de ſorte que

ſi

fi cet enthousiasme dure quelque tems , il dégénère facilement en une espèce de mélancolie , lorsque l'ame s'apperçoit qu'elle est trompée par une fausse apparence de
la perfection. Voilà pourquoi la nature a produit une infinité de dégrés de Beauté, afin de tenir , par cette variété , notre esprit dans une émotion égale & continuelle.
La Beauté touche tous les hommes , parce qu'elle a une
puissance analogue à notre ame qui se tourne vers elle ,
qui la cherche par-tout , & qui ne tarde pas à la trouver ;
car elle est la lumière de toute la matière , & l'image de
la Divinité même.

ARTICLE IV.

La Beauté parfaite pourroit se rencontrer dans la nature ,
mais elle ne s'y trouve pas.

Quoique la Beauté parfaite ne se trouve pas dans la
nature , il ne faut pas en conclure qu'elle ne pourroit pas
s'y rencontrer , & qu'il faut s'écarter des loix de la vérité
pour imiter la Beauté. La nature a fait toutes les choses
de manière qu'elles peuvent être parfaites , relativement
à leur destination. Cependant comme la perfection par-
ticipe toujours de la nature divine , qui est la souveraine
perfection, il y a peu de choses qui soient parfaites ,
tandis que l'imperfection est fort grande ; car la perfection
est ce qui a une cause parfaitement déterminée. Comme chaque figure n'a qu'un seul point central , de même la nature
n'a mis dans chaque espèce qu'un seul point central où se

trouve toute la perfection de la circonférence. Le centre eſt un point , & la forme entière a une infinité d'autres points qui ſont imparfaits relativement à ce point central. Aimſi que parmi toutes les pierres , il n'y en a qu'une ſeule eſpèce de parfaite , qùi eſt le diamant , & que l'or eſt l'unique métal parfait ; de même parmi les êtres animés , l'homme ſeul eſt doué de la perfection. Il ſe trouve auſſi dans chaque ſexe une grande variété ; mais la per-fection eſt rare. Comme l'homme n'exiſte pas par lui-même , mais qu'il doit ſon être au concours de diffé-rentes cauſes étrangères , il eſt , pour ainſi dire , impoſ-ſible qu'il ſoit parfaitement beau. Il n'y a point d'homme dont quelque paſſion n'ait dérangé , en totalité ou en partie , la ſanté ; il n'y en a point chez qui quelque goût particulier ne domine ſur ſes autres goûts. Ces dif-férentes paſſions & ces goûts particuliers agiſſent toujours avec plus de puiſſance ſur quelque partie du corps de l'homme. Il en eſt de même des femmes : leurs paſſions & leurs fantaiſies dérangent ou altèrent leur ſanté ; ce qui influe ſur l'enfant , qui par conſéquent n'a pas tou-jours la force d'accomplir librement la conformation de ſes membres ; au lieu que ſi l'ame de l'homme pouvoit opérer ſans gêne ſon développement , il en réſulteroit néceſſairement la perfection *. Voilà pourquoi auſſi la

---

* Ces idées & pluſieurs autres répandues dans cet ouvrage , nous prouvent que M. Mengs ſe livre ici à ce mélange de la doctrine de Platon & de celle de Leibnitz , que ſon ami Winckelmann lui avoit inculquée ſur la métaphyſique de l'art. La puiſſance de l'ame

Beauté sert à exprimer la force de l'ame , & nous donne
une idée avantageuse de l'homme qui en est doué ; mais
comme l'ame se trouve souvent à la gêne , il naît peu
de belles personnes. Aussi voit-on que les différens peuples de la terre ont des passions différentes , & sont dis-
tingués par des traits particuliers qui les caractérisent.
On sera convaincu que la Beauté parfaite pourroit se
trouver dans l'homme , si l'on considère que chaque individu a quelques belles parties , & que ce sont les plus
belles parties qui portent le plus grand caractère d'utilité,&
qui répondent le mieux à la cause de leur conformation.
L'homme pourroit donc être doué de la Beauté , si divers
accidens ne contrarioient pas le développement de son
corps. Je parle ici de l'homme , parce qu'il est la partie
de la nature dans laquelle la Beauté brille avec le plus
d'éclat.

---

qui sert à développer le corps, sans savoir comment , & les natures
plastiques que quelques écrivains ont fait renaître de nos jours ,
sont sans doute des idées qu'on ne se feroit pas attendu à voir
s'établir dans ce siècle. Ces idées ont néanmoins trouvé des défen-
seurs ; ce qui a fait dire à l'auteur de l'éloge du célèbre Hartzoeker,
proposé par l'académie des sciences de Paris : *Qu'il n'y a point
d'idée de l'ancienne philosophie qui soit assez proscrite , pour ne pas
pouvoir espérer de la voir rétablir par la philosophie moderne.*

ARTICLE V.

L'Art peut surpasser la nature en Beauté.

ON dit que la peinture est une imitation de la nature, comme si par ce mot *imitation* on vouloit faire entendre que cet art est moins parfait que la nature ; ce qui cependant n'est vrai que dans un certain sens. La nature offre des parties qu'il est impossible à l'art d'imiter ; du moins trouve-t-on que l'art y est bien imparfait, lorsqu'on le compare avec la nature : telle est, par exemple, la partie du clair-obscur. D'un autre côté, l'art a une partie dans laquelle il est plus puissant, & surpasse même la nature : c'est la Beauté. La nature, dans ses productions, est sujette à plusieurs accidens ; mais l'art opère librement, parce qu'il n'a pour instrumens que des matières passives, & qui n'offrent aucune résistance. L'art peut choisir dans le spectacle entier de la nature ce qu'elle offre de plus parfait, & rassembler différentes parties de plusieurs endroits, & la Beauté de plusieurs individus ; tandis que la nature ne peut prendre la matière pour la formation de l'homme que de la mère même : étant d'ailleurs soumise à plusieurs accidens. L'homme peut donc être représenté par la peinture plus beau qu'il ne l'est en effet dans la nature. Où trouvera-t-on, par exemple, réuni à la fois dans un même homme la grandeur d'ame, les belles proportions du corps, avec la souplesse & l'agilité des membres ? Il n'y a même aucun individu qui jouiſſe d'une ſanté parfaite , laquelle eſt altérée ſans ceſſe par les beſoins & les travaux renaiſſans de la ſociété. Tout cela peut néanmoins être exprimé facilement par la peinture , en marquant la régularité dans les contours , la grandioſité dans les formes , la grace dans l'attitude , la beauté dans les membres , la force dans la poitrine , l'agilité dans les jambes , la vigueur dans les épaules & dans les bras , la franchiſe ſur le front & dans les ſourcils , l'eſprit entre les yeux , la ſanté ſur les joues , & l'affabilité ſur les lèvres. Si de cette manière on donne de l'expreſſion & de la force à toutes les parties , tant grandes que petites , de l'homme & de la femme ; & ſi l'on varie ces expreſſions , ſuivant les différentes circonſtances dans leſquelles l'homme peut ſe trouver , l'artiſte verra que l'art peut ſurpaſſer la nature ; car de même que le miel ne ſe trouve pas dans une ſeule fleur particulière , mais que chaque fleur en contient une partie , dont l'abeille compoſe ſon tréſor en le raſſemblant ; de même l'artiſte peut choiſir ce qu'il y a de meilleur dans la nature , & par ce moyen répandre la plus grande grace & la plus grande expreſſion ſur les ouvrages de l'art. Qu'il eſt poſſible d'embellir par le choix les productions de la nature , peut ſe voir par les deux arts les plus enchanteurs qu'il y ait : la poéſie & la muſique. La muſique n'eſt qu'un compoſé de tous les différens tons qui ſe trouvent dans la nature , diſpoſés dans un ordre méthodique , qui , par le choix , devient une cauſe , & reçoit alors un eſprit propre à toucher l'ame ; & c'eſt cet eſprit qu'on appelle harmonie. De même la poéſie n'eſt que le langage ordinaire de l'homme , réduit en périodes meſurées & cadencées ; premièrement des mots , enfuite des phrafes ; & c'eſt par le choix des fyllabes fonores & bien aſſorties , qu'on eſt parvenu à la profodie , qui eſt une efpèce d'harmonie. Comme la muſique & la poéſie font un effet plus puiſ-fant que les différens tons ou que les mots dont elles font compoſées , lorſqu'ils ſe trouvent iſolés ou raſſemblés fans choix ; il en eſt de même de la peinture qui , en gardant un certain ordre , & en rejetant ce qui eſt inutile & fans effet , devient un art , & acquiert , ainſi que ſes deux ſœurs , une plus grande énergie.

Que l'artiſte cependant ne penſe pas que l'art eſt par-venu à fon plus haut degré de perfection , & qu'on ne peut pas aller plus loin : cette idée eſt fauſſe & ne pour-roit que lui nuire. Juſqu'à préſent aucun des modernes n'a pris la route de la perfection que les anciens Grecs ont tracée ; car depuis la renaiſſance des arts , on n'a eu pour but que le vrai & le gracieux ; & quand même il feroit certain qu'ils euſſent porté les parties qu'ils poſ-sèdoient au plus haut degré , il reſte encore à ceux qui cherchent la perfection , à réunir ces différentes parties enſemble. Il ne faut donc pas que les artiſtes ſe décou-ragent , parce qu'ils ont été dévancés par de grands maî-tres ; ils doivent , au contraire , s'enflammer davantage , par l'idée de leur grandeur , pour lutter avec eux ; & quand même ils ne pourroient que marcher ſur leurs traces , il leur fera glorieux encore d'être vaincus en les imitant ; car quiconque cherche à atteindre le fublime de l'art , paroîtra grand dans ſes moindres parties même. Ainſi qu'on juge qu'un homme , à qui l'on voit prendre le chemin d'une ville , y arrivera , s'il continue ſa route;

on peut dire de même d'un artiſte qui s'élance dans la carrière de la perfeɛ̃tion, qu'avec le tems il y parviendra certainement, s'il s'y exerce avec application & conſtance. Oui, je le répète, de tous les peintres dont nous avons les ouvrages, aucun n'a cherché la route de la haute perfeɛ̃tion. Les Italiens, qui furent les plus grands artiſtes, en ont toujours été détournés par la vanité, l'indigence ou l'appât du gain. Je crois même que l'art ne parviendra jamais plus à ce degré de perfeɛ̃tion & de Beauté auquel les anciens Grecs l'avoient porté, à moins qu'il ne ſe forme une nouvelle Athènes : puiſſe-t-elle un jour exiſter parmi mes compatriotes * !

Voilà ce que j'avois à dire de la Beauté, ſavoir que, comme la perfeɛ̃tion eſt purement idéale & non pas individuelle, la Beauté eſt la perfeɛ̃tion figurée & viſible de la matière. La perfeɛ̃tion de la matière conſiſte dans ſon analogie avec nos idées ; & nos idées ſont fondées ſur la connoiſſance de la deſtination des choſes. Une choſe eſt parfaite lorſqu'elle n'offre qu'une idée, & qu'elle eſt exaɛ̃tement une avec cette même idée. Les perfeɛ̃tions peuvent être regardées comme les agens de la nature, dont les plus parfaits ſont ceux qui dans leur eſpèce rempliſſent le mieux leur deſtination. C'eſt pourquoi ce qui eſt laid eſt en quelque ſorte beau, à cauſe de l'utilité qui en réſulte à la place qu'il occupe. Mais ce qui n'a qu'une ſeule cauſe par laquelle il a une parfaite iden-

---

* Ce paſſage a été tronqué dans l'édition Italienne de M. d'Azara ; on ſent aſſez pourquoi.

tité avec la matière, eſt d'une plus grande perfection que ce qui a pluſieurs cauſes. Ce qui tient à l'idéal eſt plus parfait que ce qui tient à la matière. L'idéal peut communiquer de ſa perfection à la matière, & la matière eſt ſuſceptible de la recevoir. L'artiſte qui veut produire quelque choſe de beau, doit chercher à s'élever par degré au - deſſus de la matière, ne rien faire ſans cauſe & ne rien ſouffrir d'inanimé ni d'inutile ; car cela dégrade tout. Son génie doit chercher à donner par le choix la perfection à la matière. Le génie eſt l'eſprit du peintre, & l'eſprit doit commander à la matière. Son plus grand ſoin doit être de déterminer les motifs de ce qu'il fait, & de n'avoir dans tout ſon ouvrage qu'un ſeul objet principal, afin qu'il n'y ait qu'une ſeule cauſe de perfection ; & cette cauſe doit ſe répandre juſques ſur la moindre partie de la matière. Il doit choiſir ce que la nature offre de plus convenable & de plus parfait, pour rendre ſes idées ſenſibles aux ſpectateurs. Comme la perfection ſe trouve par gradation dans la nature, l'artiſte doit de même donner à chaque choſe des expreſſions différentes, qui toutes cependant doivent concourir à l'expreſſion principale. Par ce moyen le ſpectateur reconnoîtra l'idée de chaque choſe en particulier, & dans toutes enſemble l'idée ou la cauſe du tout ; & il regardera comme parfait un ouvrage où la qualité de la matière de chaque choſe ſera rendue conformément à ſon idée. Alors il ſentira la Beauté de l'ouvrage, qui réſulte du concours de toutes les parties, & ſon ame en ſera touchée. Car comme chaque partie qu'une telle production préſente, a une cauſe & un eſprit, l'enſemble en ſera de même plein
d'eſprit,

d'esprit, & par ce moyen aura atteint le plus haut degré de perfection dont la matière est susceptible.

Comme l'Etre suprême a doué chaque chose d'une perfection qui rend à nos yeux la nature si admirable & si digne de son Créateur ; l'artiste doit de même, par chaque trait & par chaque coup de pinceau, imprimer à son travail une trace de son génie, afin que son ouvrage puisse dans tous les tems être regardé comme la production d'un homme éclairé.

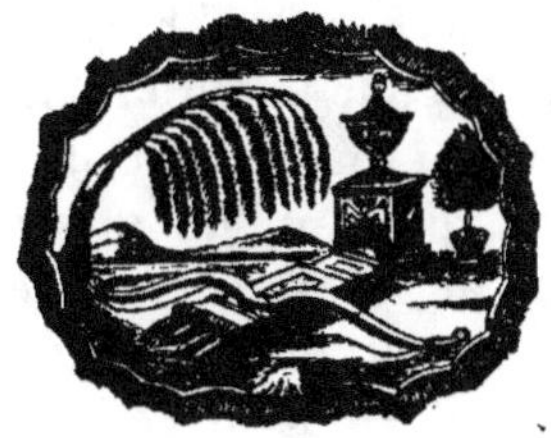

SECONDE SECTION.

DU GOUT.

ARTICLE PREMIER.

Origine de ce mot dans l'Art.

TOUTES les productions de l'homme font imparfaites; & quand nous difons qu'une chofe eft parfaite,
ce n'eft que parce que nous n'en connoiffons pas les défauts : toutes les perfections de l'homme & des ouvrages
de l'homme ne font qu'une fimilitude de la véritable perfection; c'eft pourquoi on fe fert du mot *Goût* dans
la peinture, pour fignifier qu'un ouvrage peut avoir le
Goût de la perfection, fans être lui-même parfait. C'eft
dans ce fens qu'on peut dire que dans la peinture le
Goût reffemble en quelque forte au Goût phyfique;
c'eft-à-dire, que de même que celui-ci agit fur le
palais & fur la langue, l'autre agit fur les yeux & fur
l'efprit. Dans les deux Goûts il y a plufieurs dégrés différens, compris fous une feule dénomination générique;
car comme plufieurs chofes font amères, douces ou ai-
gres, fans que cette douceur ou cette amertume foit dans
toutes au même dégré; il en eft de même du Goût dans
la peinture, tant pour le grand que pour le gracieux &
pour l'expreffif, dont chaque genre a fes différens degrés.

ARTICLE II.

Définition du Goût.

MAIS comme rien ne peut plaire à l'homme que ce qui l'émeut, aucun aliment ne peut le flatter s'il n'y trouve un Goût dominant ; de même dans la peinture chaque objet qui fe préfente à l'œil, doit, pour lui être agréable, caufer une émotion dans les nerfs optiques.

C'eft cette opération qu'on appelle le Goût, qu'on peut regarder comme une efpèce de ftyle ou de manière, qui eft différent dans chaque homme. Cependant il y a cette diftinction à faire entre le Goût & la manière, que celle-ci peut être bonne ou mauvaife, & qu'on en juge fuivant fa perfection ; tandis que le Goût peut être réveillé par une moindre perfection. Comme on appelle un mets doux ou amer, quoiqu'il ait peu de l'une ou de l'autre de ces qualités, de même auffi un tableau peut être de bon Goût, fans cependant être parfait. Le Goût dans la peinture peut, comme le Goût phyfique, devenir bon ou mauvais, car l'œil contracte, ainfi que la langue, des Goûts particuliers & vicieux. Des boiffons fortes, des mets trop relevés ufent le palais, au lieu que des alimens délicats & légers en confervent la fineffe. Il en eft de même en fait de peinture : l'exagérarion & la caricature gâtent le Goût de l'art ; mais le beau & le fimple accoutument l'œil à des fenfations délicates. Le Goût que quelques hommes ont pour ce qui eft outré, vient de ce que leurs facultés intellectuelles & visuelles font grossières ; mais ceux qui aiment ce qui est trop froid , ont en général le sentiment trop délicat : & cette différence dans la manière de voir se trouve aussi bien parmi les artistes que parmi les amateurs.

ARTICLE III.

Usage & Règles du bon Goût.

LE meilleur Goût qui puisse naître de l'étude de la nature , c'est le Goût moyen ; car il plaît à tous les hommes en général. Le Goût est ce qui détermine le choix du peintre ; & c'est par le choix qu'il fait qu'on connoît si son Goût est bon ou mauvais. Le bon Goût est celui qui est également éloigné de tous les défauts ; & le mauvais se trouve dans tous les extrêmes.

Les ouvrages de l'art qu'on appelle communément de bon Goût, font ceux où les objets principaux font distincts & bien exprimés , ou ceux qui font exécutés d'une manière si facile & si légère , que le travail s'y trouve caché : l'une & l'autre espèce nous plaisent également , & nous donnent une haute idée de l'artiste qui les a faits , parce qu'on croit qu'il n'a rien ignoré en faisant ainsi le choix des objets principaux , ou qu'il a su beaucoup pour exécuter ses ouvrages avec tant de facilité.

Le grand Goût consiste à choisir les grandes & principales parties de l'homme & de toute la nature , & à

rejeter ou à cacher celles qui font foibles & fubordon-
nées , lorfqu'elles ne font pas abfolument néceffaires.

Le Goût médiocre eft celui où les grandes & les moindres
parties font également traitées ; de forte que le tout eft
foible & prefque fans Goût.

Le Goût mefquin s'occupe de toutes les petites parties ; ce qui rend l'ouvrage petit & froid.

On donne le nom de bon Goût à ce qui exprime ce
que la nature offre de plus beau. Il eft au-deffus du Goût
médiocre, & fublime à côté du mauvais Goût, qui ne
prend dans la nature que ce qu'elle a de mefquin & de
commun. La même comparaifon peut fe faire pour le
gracieux, l'expreffif, ainfi que pour tous les autres genres.

Le Goût eft ce qui détermine l'artifte à faire choix d'un
objet principal, & à prendre ou à rejeter ce qui peut y avoir
un rapport, bon ou mauvais : voilà pourquoi lorfque dans
un tableau tout eft exécuté d'une même manière , on dit
que l'artifte a tout-à-fait manqué de Goût , parce qu'il
n'offre rien de pittorefque ni de diftinct , & que par conféquent l'ouvrage eft fans effet & fans expreffion. Le
choix du peintre décide du ftyle de l'ouvrage : c'eft ce
qu'il faut appliquer au coloris, au clair-obfcur , au jet des
draperies , & aux autres parties de la peinture ; de forte que
lorfqu'il fait choifir le plus beau & le plus grand dans chacune de ces parties , il produit immanquablement des ouvrages du plus grand Goût. Le beau eft ce qui rend toutes les
qualités gracieufes d'une chofe , & le mauvais ce qui n'en
montre que les parties défagréables. Il faut donc étudier
chaque chofe pour voir ce qu'on voudroit y trouver ,
pour enfuite choifir les parties qui répondent le mieux

aux objets qu'on veut représenter ; & c'est de cette manière qu'on produira des choses véritablement belles. Qu'on examine, d'un autre côté, ce qui est mauvais dans un objet, & qu'on voudroit qui n'y fût point ; c'est ce qu'il faut rejeter, car cela seroit désagréable.

C'est en examinant ainsi les qualités des choses qu'on trouvera l'expression : rien ne peut être expressif s'il n'est point rendu avec les qualités qui le caractérisent naturellement. Le bon est en général ce qui est utile, & ce qui flatte agréablement nos sens ; & le mauvais est dans chaque chose la partie qui blesse nos yeux & qui révolte notre jugement, en causant une sensation désagréable. Notre esprit est choqué de tout ce qui n'est pas d'accord avec sa cause & avec sa destination ; comme lorsqu'un objet est contraire à sa destination, ou quand nous ne pouvons pas trouver la cause de son existence, ou que nous ne savons pas enfin pourquoi il a telle ou telle forme. Tout ce qui affecte trop fortement les nerfs optiques offense la vue ; ce qui fait que quelques couleurs, & les jours, & les ombres trop tranchans fatiguent l'ame. Les hachures trop fortes, de même que les couleurs trop vives & trop contrastées nous sont désagréables, par la raison qu'elles font passer trop subitement nos yeux d'une sensation à une autre, & causent par-là une tension violente des nerfs qui blesse nos yeux. Voilà pourquoi aussi l'harmonie nous est si agréable, parce qu'elle tient un milieu entre les extrêmes. Comme l'art de la peinture est très-difficile, il n'y a point encore eu d'artiste dont le Goût ait été également parfait dans toutes les parties. S'il a bien choisi dans l'une, il aura fort mal réussi dans une autre, & dans quelques-unes même il n'aura mis aucun choix. C'est par où l'on diftingue le Goût des plus grands maîtres même, comme nous le verrons dans la fuite.

ARTICLE IV.

Influence du bon Goût fur l'Imitation.

L'IMITATION eft la première partie de la peinture, & par conféquent la plus néceffaire, mais non pas la plus belle. Ce qui eft le plus utile n'eft pas toujours ce qui flatte davantage la vue. Le befoin prouve l'indigence, de même que le fuperflu marque l'abondance. Or, comme la peinture eft, en général, plus un objet de luxe que de befoin, & qu'on regarde une chofe comme bonne ou mauvaife d'après fa première caufe, on doit préférer en peinture l'agréable à l'utile. Voilà pourquoi ce qui approche de l'idéal eft regardé comme plus parfait que ce qui fe borne à une imitation purement individuelle ; mais comme l'art eft formé de ces deux parties, le plus plus grand maître eft fans contredit celui qui pofsède à la fois l'une & l'autre. Voici l'analogie qu'il y a entre ces deux parties, & la manière dont elles peuvent être réunies : l'idéal, qui eft la première caufe du Goût, eft comme l'ame, & l'imitation peut être comparée au corps. Cette ame ou cette caufe doit choifir dans le fpectacle entier de la nature les parties qui font les plus belles, fuivant le concept que l'efprit s'en forme, fans néanmoins produire des chofes nouvelles & non-poffibles; car l'art feroit alors dégradé, puifqu'il perdroit, pour ainfi dire, fon corps , & que fes beautés deviendroient inintelligibles pour le fpectateur. Je dis donc que par l'idéal j'entends l'art de choifir dans la nature ce qu'elle offre de plus beau , & non l'invention de chofes nouvelles. Si un tableau eft compofé des plus belles parties qu'offre la nature , mais de forte néanmoins que chaque partie paroiffe naturelle & vraie , le bon Goût fe trouvera dans tout l'ouvrage , fans qu'on ait négligé la partie de l'imitation.

Il nous refte ici une autre obfervation à faire , favoir qu'il y a une grande différence entre le Goût du peintre & ce qu'on appelle communément *Manière*. Le Goût confifte dans le choix , mais la manière eft une efpèce de fiction ou d'impofture; il y en a de deux fortes : l'une qui confifte à omettre plufieurs parties , & l'autre à inventer des chofes nouvelles. On trouve des exemples de l'une & de l'autre ; favoir, des artiftes qui , en cherchant le grand Goût , ont omis tant de parties, qu'ils ont dénaturé l'effentiel de la chofe même ; & ceux qui , en voulant corriger & embellir les objets, ont fait les grandes parties beaucoup plus grandes , & les petites beaucoup plus petites ; de forte qu'ils ont paffé les bornes de la nature , tant dans les formes, que dans les jours & les ombres , & les autres parties de l'art. Le bon Goût qui approche le plus de la perfection , confifte à choifir dans la nature le meilleur & le plus utile , & à rejeter le gratuit & le fuperflu , en ne confervant que l'effentiel de chaque chofe. De cette manière , tout ce

qu'on

qu'on produira fera vrai & de bon Goût ; puifqu'on n'aura fait que rendre la nature plus belle , fans la changer ou l'altérer.

ARTICLE V.

Hiftoire du Goût.

Comme aucune production de l'homme n'eft parfaite, & que Dieu ne lui a laiffé que la faculté de choifir ; que par conféquent tout le mérite de fes actions confifte dans le choix , on doit regarder comme le plus grand artifte celui qui poffède la connoiffance la plus approfondie de la valeur de chaque chofe ; connoiffance qui lui fert à diftinguer ce qui eft parfait de ce qui n'eft que médiocre , & qui le met à même de commencer par la partie la plus effentielle pour y fixer tout fon efprit , & pour chercher à l'exécuter comme la plus digne de fon attention. C'eft donc ce choix , plus ou moins bon, qui caractérife le mérite de tous les artiftes , depuis le tems des anciens Grecs jufqu'à nos jours. Les plus grands maîtres font ceux qui ont le mieux connu ce que la nature offre de meilleur & qui s'y font entièrement appliqués. Ceux d'un ordre moyen ne fe font de même attachés qu'aux chofes médiocres , & ont penfé que c'étoit en elles que confiftoit la perfection de l'art. Les petits génies n'ont été frappés que des petites chofes , & fe font imaginés que c'étoient ces détails qui conftituoient

Tome I. O

l'art. Enfin, la folie des hommes les a conduits du petit à
l'inutile, de l'inutile au mauvais, du mauvais au fantaftique
ou chimérique. Parmi les anciens, ce font les Grecs
qui les premiers ont connu le Goût (Je ne parle point
ici des premiers inventeurs de l'art, mais de ceux qui
l'ont porté au plus haut degré de perfection & de bon
Goût.) Ils fe rappelloient fans ceffe que les arts avoient
été faits pour l'homme ; que l'homme cherche à rapporter tout à lui méme ; que par conféquent la figure
humaine devoit être leur premier modèle. Ils s'appliquèrent
donc principalement à cette partie de la nature. Et comme
l'homme eft lui-même un objet plus noble que fes vêtemens, ils le repréfentèrent prefque toujours nud, excepté
les femmes, que la décence exige qu'on vêtiffe. Recon-
noiffant donc que l'homme eft le chef-d'œuvre de la
nature, à caufe de la belle harmonie de fa conftruction & de la belle proportion de fes membres, ils s'appliquèrent fur-tout à étudier ces parties. Ils s'apperçurent
auffi que la force de l'homme réfulte de deux mouvemens principaux ; favoir, celui de replier fes membres
vers le corps, leur centre commun de gravité ; & celui
de les écarter de nouveau de ce centre en les étendant ;
ce qui les engagea à étudier l'anatomie, & leur donna
la première idée de la fignification & de l'expreffion.
Leurs mœurs & leurs ufages leur furent en cela d'un
grand fecours : en voyant les luteurs dans l'arêne, ils
furent naturellement conduits à y penfer ; & en y réflé-
chiffant ils reconnurent la caufe de ce qu'ils voyoient.
Enfin, ils s'élevèrent par l'imagination jufqu'à la Divinité, & cherchèrent dans l'homme les parties qui s'ac-

cordoient le mieux avec les idées qu'ils s'étoient formées
de leurs dieux; & c'eſt par cette route qu'ils parvinrent
à faire un choix. Ils s'étudièrent à écarter de la nature divine toutes les parties qui marquent la foibleſſe
de l'humanité. Ils formèrent, à la vérité, leurs dieux
d'après l'image de l'homme, parce que c'étoit la figure
la plus noble & la plus parfaite qu'ils connuſſent; mais
ils cherchèrent à les exempter des foibleſſes & des beſoins de l'humanité; & c'eſt ainſi qu'ils parvinrent à la
Beauté. Enſuite ils découvrirent par degrés un être mitoyen
entre la nature divine & la nature de l'homme; & c'eſt
en réuniſſant ces deux parties qu'ils imaginèrent la figure
de leurs héros. L'art atteignit alors à ſon plus haut degré de perfection; car par ces deux natures différentes,
la divine & l'humaine, ils trouvèrent auſſi dans
les formes & dans les attitudes toutes les expreſſions
caractèriſtiques du bon & du mauvais. D'après ces réflexions & ces combinaiſons, ils parvinrent à connoître
les acceſſoires, tels que les draperies, les animaux, &c.
Ils n'eſtimèrent cependant chacune de ces parties que
ſuivant ſa valeur, auſſi long-tems que l'art fut cultivé
par de grands génies; mais lorſqu'il fut exercé par des
ames étroites & vénales, & que ce ne furent plus les
philoſophes, mais les riches & les rois qui en furent les
juges, ils introduiſirent, peu-à-peu, les petites parties
dont j'ai parlé plus haut; juſqu'à ce qu'enfin ils com-
poſèrent des chimères bifares dont l'exiſtence eſt impoſſible: ce qui produiſit les bambochades & le genre
groteſque. Depuis ce tems l'art ne fut plus dirigé par le
jugement, mais ſe trouva abandonné au haſard! Quand

il fe trouvoit un homme puiffant dont le Goût étoit bon, on voyoit auffi-tôt paroître des artiftes qui cherchoient à imiter les Beautés des anciens. Cependant la Beauté, dans les ouvrages de l'art, ne fut plus dèslors le produit du génie, mais des yeux. C'eft de cette manière qu'ils imitèrent les anciens, fans connoître les caufes qui les avoient déterminés. La différence qui en réfulte dans les ouvrages, c'eft que les chofes que l'imitation feule produit font toujours très-inégales en ellesmêmes; car tandis qu'une partie paroît faite par un grand maître, l'autre femble être l'ouvrage d'un ignorant. Le peintre doit donc chercher non-feulement à imiter les productions d'un autre artifte, mais encore les caufes mêmes qui l'ont fait agir, en fe pénétrant de fes principes. Lorfqu'il y a eu de fuite quelques hommes puiffans qui avoient le Goût bon, ainfi que cela eft arrivé fous le règne de quelques empereurs Romains; on a vu alors un foible crépufcule éclairer les arts, mais qui a bientôt difparu. C'eft ainfi que le talent & le Goût fe font élevés & font tombés fucceffivement plufieurs fois; & qu'ils ont enfin entièrement difparu, quand les artiftes, faute d'encouragement, ont commencé à travailler par fimple routine, comme fi l'art eût été un métier. Alors la peinture fut généralement méprifée, & ce mépris l'empêcha de s'élever plus haut, jufqu'à ce qu'enfin elle tomba dans l'oubli, parce qu'étant uniquement le figne de l'abondance & du génie elle ne trouva pas, comme plufieurs autres arts, une reffource dans les befoins de l'homme. Je parle ici de ces tems où la guerre défoloit le globe & particulièrement l'Europe; de ces tems malheureux qu'on peut regarder comme le fommeil du monde, qui ne s'eft paffé qu'en rêves funeftes, & pendant lequel l'art fut entièrement négligé, ainfi que tout ce qui eft louable. Quand l'ordre fut rétabli, les arts parurent fortir du néant. Au commencement, le peu de Grecs opprimés, échappés au glaive, qui n'avoient confervé quelque connoiffance de la peinture que par l'ufage des tableaux dans les églifes Catholiques, emmenèrent cet art en Italie; mais il étoit fi imparfait qu'à peine pouvoit-on y reconnoître la feule intention de repréfenter un objet; & leur état d'opprobre ne leur permit pas de le perfectionner.

Mais lorfque les Italiens, qui, dans ce tems là, étoient opulens & heureux, prirent du goût pour la peinture, cet art commença peu-à-peu à fortir des ténèbres, par les efforts de quelques artiftes, & principalement par les talens de Giotto. Cependant comme le choix n'eft que le réfultat de la connoiffance ou de la comparaifon des chofes, ceux qui précédèrent Raphaël, le Titien, & le Corrége, ne s'attachèrent qu'à la fimple imitation; de forte qu'il n'y eut alors aucun Goût: un tableau reffembloit, pour ainfi dire, à un cahos. Les uns tâchèrent d'imiter la nature fans y réuffir; les autres parvinrent à imiter la nature, & voulurent effayer d'y faire un choix, mais cela leur fut de même impoffible. Enfin, du tems des trois grandes lumières de la peinture, Raphaël, le Corrége & le Titien, cet art fut élevé par ces maîtres jufqu'au choix, ainfi que la fculpture l'a été par Michel-Ange; & c'eft du choix que naquit le Goût. Mais comme cet art eft une imitation de toute la nature, il eft trop

vafte pour que l'efprit de l'homme puiffe l'embraffer tout
entier , par conféquent il reftera toujours imparfait
entre fes mains. Le plus grand défaut des artiftes qui précédèrent les trois grands maîtres que nous venons de
nommer fut donc que celui-ci omettoit une partie , celui-
là une autre , & que le choix du troifième étoit toujours
mauvais. Mais chacun de ces trois célèbres maîtres prit
une partie différente à laquelle il s'appliqua particulièrement , & crut que l'art confiftoit dans cette partie.
Raphaël s'attacha à l'expreffion qu'il trouva dans la compofition & dans le deffin ; le Corrége préféra le gracieux ,
qu'il découvrit dans certaines formes , mais fur-tout dans
le clair-obfcur ; le goût du Titien lui fit préférer l'apparence de la vérité qu'il dut principalement à l'emploi
des couleurs. Ainfi le plus grand de ces trois artiftes fut
celui qui pofféda la partie la plus effentielle : or , comme
fans contredit l'expreffion eft la feule partie de la peinture
qui foit utile , on ne peut pas difputer le premier rang à
Raphaël. Après quoi fuit le gracieux , ainfi le Corrége
eft le fecond ; & comme la vérité eft plutôt un befoin
qu'un ornement , le Titien ne doit être regardé que comme
le troifième. Tous les trois néanmoins ont été de grands
maîtres , parce que chacun a poffédé une partie effentielle de l'art ; & tous les autres peintres qui font venus
après eux n'ont eu que quelques parties de ce qu'ils ont
poffédé en entier ; c'eft pourquoi le Goût de tous ces
artiftes doit être regardé comme inférieur à celui de ces
trois maîtres.

Mais comme l'idéal eft la partie la plus fublime de
l'art en général , on ne peut nier que les anciens Grecs

ont surpassé tous les modernes , parce que le choix de leur Goût renfermoit toute la perfection à laquelle l'homme peut atteindre. Si l'on veut savoir par quelle route ils sont parvenus à cette perfection , je crois qu'il faut en attribuer la cause à ce qu'ils ne se sont pas permis (pour me servir d'une comparaison) de cultiver un trop vaste champ , & que par ce moyen ils ont pu , avec le même degré d'intelligence des modernes , fouiller plus avant , & approcher davantage du centre de la perfection. Une autre cause de ce que cela a pu avoir lieu chez les anciens , & ne peut subsister chez nous , c'est celle dont j'ai déjà parlé plus haut ; savoir, que chez eux , c'étoient les sages , & que chez nous ce sont les ignorans & les aveugles qui jugent de l'art ; car un homme d'esprit n'examine & ne juge les productions de l'homme qu'avec les yeux de l'homme ; au lieu que l'ignorant ne fait que blâmer , & se fait un plaisir de nuire. Comme les anciens cherchoient donc plus que nous la perfection , ils s'attachèrent particulièrement à une partie , en commençant par le plus nécessaire , & préférèrent de porter cette partie à la perfection , plutôt que d'entreprendre beaucoup & de ne rien produire de parfait ; tandis que nous préférons au contraire de plaire aux ignorans , & méprisons les suffrages des gens instruits , qui semblent stériles pour nous ; parce qu'une basse condescendance pour les amateurs , vaut aujourd'hui mieux que le génie & la vraie connoissance de l'art. Nous devons la perfection de l'art aux peuples qui préféroient le génie aux richesses , chez qui le philosophe étoit le premier citoyen , & qui mettoient l'artiste au rang des philosophes. C'est dans de telles contrées, & parmi des hommes de cette trempe, que les arts parviennent au plus haut degré de perfection. Mais comme on ne trouve plus de ces contrées heureuses & de ces sages peuples, il est difficile de rendre aujourd'hui aux arts leur ancienne splendeur. Si cependant l'artiste veut, malgré ce défaut général, chercher encore à parvenir au bon Goût dans la peinture, je lui indiquerai la route qu'il doit suivre, & hors de laquelle il lui est, pour ainsi dire, impossible d'y atteindre.

ARTICLE VI.

Méthode que doit suivre l'artiste moderne pou rparvenir au bon Goût.

IL y a deux routes différentes pour parvenir au bon Goût, si l'on y marche conduit par le jugement; mais l'une est plus pénible que l'autre. La plus difficile est celle qui consiste à faire un choix dans la nature même de ce qui est le plus utile & le plus beau; la seconde, qui est plus aisée, se borne à étudier les ouvrages où ce choix a déjà été fait.

C'est par la première route que les anciens ont atteint à la perfection, c'est-à-dire, à la Beauté & au bon Goût; la plupart des modernes qui ont suivi les trois grands maîtres que nous avons nommés, y sont parvenus par la seconde route. Mais ces trois artistes eux-mêmes l'ont trouvée, partie en suivant la première route, & partie

par

par une méthode qui tient de l'une & de l'autre, c'est-
à-dire, par l'étude de la nature & par l'imitation. Il est
plus difficile de parvenir au bon Goût par la nature que
par l'imitation, parce que la première route demande une
espèce d'esprit philosophique pour bien juger de ce qui
dans la nature est bon, meilleur ou parfait ; tandis que
cela est plus facile en imitant les ouvrages de l'art ; car
l'on parvient plus aisément à connoître les productions
de l'homme que celles de la nature. Il ne faut cependant
pas abuser de cette méthode, mais étudier les chefs-
d'œuvre des grands maîtres avec le même soin & dans
le même esprit qu'ils ont étudié eux - mêmes la
nature ; sans quoi l'on ne pénétrera point au - delà de
l'écorce, & l'on ne pourra discerner les causes de la
Beauté de leurs ouvrages. Mais comme l'homme en nais-
sant est très-foible, & qu'on doit lui présenter une nourriture analogue à ses forces, jusqu'à ce que devenu ro-
buste, il puisse enfin se nourrir d'alimens plus solides ;
le maître en doit agir de même en enseignant l'art à ses
élèves, dont l'esprit n'est pas encore formé. Il ne commencera donc pas par leur présenter les parties les plus
difficiles & les plus sublimes de l'art ; cela les rendroit
stupides ou vains ; car l'élève se flatte ordinairement de
tout savoir, lorsqu'il a retenu les leçons de son maître.
L'élève doit d'abord se nourrir du lait le plus pur de
l'art, c'est-à-dire qu'il doit étudier les ouvrages les plus
parfaits des grands maîtres. En conséquence je commencerai par établir ce qu'on doit penser des productions des
plus célèbres artistes, & sous quel point de vue il faut
les considérer.

Tome I.   P

Le premier soin du jeune artiste sera de ne prendre que les meilleurs modèles, en rejetant tout ce qui est mauvais, qu'il se gardera bien d'étudier, & plus encore d'imiter. Il ne doit s'attacher d'abord qu'à copier ce qui est beau, sans chercher les causes de la Beauté; par ce moyen il obtiendra la justesse de l'œil, qui est une des principales parties de l'art. Lorsqu'il sera parvenu à cette justesse, il commencera à réfléchir avec attention sur les ouvrages des plus grands maîtres, & à chercher les raisons qui les ont déterminés : ce qu'il pourra faire de cette manière.

Qu'il examine, par exemple, les tableaux de Raphaël, du Titien & du Corrége, & qu'il médite sur ce qu'il trouvera de beau dans chaque ouvrage. Si dans les productions du même maître il remarque quelques parties qui par-tout sont bien pensées & bien exécutées, il est certain que ce sont celles dont l'artiste s'est principalement occupé, & qui ont fixé son choix. Mais si dans quelques ouvrages il découvre des parties d'un beau faire, qui ne sont pas également bien exécutées dans tous les ouvrages du même maître, c'est une preuve que ce n'est pas dans ces parties qu'il a le plus excellé; qu'elles n'ont pas été les objets de son choix, ni son but principal; que par conséquent elles ne sont pas non plus la cause de la Beauté & du Goût qui règnent dans ses productions.

La peinture a deux parties dans lesquelles peut consister la Beauté; savoir, la forme & les couleurs. A la forme appartiennent aussi les lumières & les ombres. Par la forme on exprime toutes les passions de l'homme, & les divers mouvemens qui en sont les effets; & par les

couleurs les qualités des chofes , telles que la morbideffe , la dureté , la fécherefle , l'humidité , &c. Je dis,
par exemple, que Raphaël a poffédé l'expreffion au fuprême degré , & que c'eft-là la caufe de fa Beauté. On
la trouve dans tous fes ouvrages , dans fes plus médiocres comme dans fes plus beaux. Il a même affez bien
entendu l'emploi des jours & des ombres , & il eft quelquefois auffi d'un bon ton de couleur. Cependant ces Beautés ne font pas chez lui le fruit de la réflexion , mais
d'une fimple imitation de la nature : la partie de l'expreffion eft donc celle qu'il faut étudier chez Raphaël.

La perfection de l'expreffion confifte à repréfenter la
colère , la joie , la trifteffe & les autres paffions , de
manière qu'elles ne peuvent pas en exprimer une autre ,
& avec la force & au degré qu'il convient à la fituation
actuelle des perfonnages , afin qu'on puiffe reconnoître
l'hiftoire par l'expreffion des figures , & qu'il ne faille pas
chercher à trouver par l'hiftoire l'expreffion qui convient
aux perfonnages.

Si l'on médite les ouvrages du Corrége , on y trouvera plus de grace que dans ceux de tous les autres
maîtres. Le peintre doit donc favoir en quoi confifte
cette grace , & ce qui la conftitue véritablement. C'eft
par l'organe de la vue que la peinture nous plaît ; or ,
les yeux aiment le repos & la tranquillité. Il n'y a point
dans la peinture de parties plus propres à procurer cette
tranquillité aux yeux & à les flatter davantage , que
celles du clair-obfcur , & de l'harmonie ; & c'étoit là
en quoi confiftoit principalement le talent du Corrége.
Qu'on étudie tous fes ouvrages , & on y trouvera ces

parties exactement obfervées. En cherchant à ménager ces effets du repos pour les yeux , il trouva la grandeur des formes , parce que les petites formes fatiguent plus la vue que les grandes ; & c'eſt en quoi confiſte la cauſe de la Beauté de ſes ouvrages.

Le Titien enfin chercha la vérité , mais par une différente route que Raphaël. Raphaël a repréſenté l'homme ſous tous ſes aſpects ; mais il s'eſt principalement attaché à rendre les paſſions de l'ame & les cauſes de l'homme & de ſes actions. Le Titien chercha la vérité dans les parties individuelles de l'homme & des autres objets ; c'eſt pourquoi il a tâché d'exprimer la qualité & la nature de chaque choſe par les couleurs qu'il employoit , comme il y eſt en effet parvenu. Dans ſes ouvrages , chaque choſe a la couleur qui lui eſt propre : ſa chair paroît être véritablement compoſée de ſang , de graiſſe , d'humeur vitale , de muſcles & de veines , &c. ; & c'eſt par ce moyen qu'il a produit la plus grande vérité. Voilà donc la partie qu'il faut chercher chez lui , & qu'on trouvera dans tous ſes chefs-d'œuvre & même dans tous ſes ouvrages médiocres.

Telles étoient donc les cauſes des effets & des Beautés de ces trois grands maîtres ; & c'eſt de cette manière qu'il faut chercher & étudier dans tous les ouvrages des artiſtes la cauſe de leur perfection. J'ai indiqué la route qu'il faut ſuivre pour cet examen , quand j'ai dit : Qu'on doit obſerver quelle eſt la partie qu'un artiſte a toujours préférée , & qui ſe trouve bien exécutée dans tous ſes ouvrages. Par ce moyen on parviendra à la connoiſſance des motifs qui l'ont déterminé , & qui par conſéquent étoient une

fuite néceffaire de fon caractère & de fa manière de
voir. Je vais maintenant expliquer de quelle manière le
caractère influa fur le Goût particulier de ces fameux artiftes. C'étoient des hommes inftruits , & qui avoient ,
comme je l'ai dit plus haut , un efprit philofophique.
Ils virent qu'un feul individu n'eft pas parfait dans toutes
les parties ; c'eft pourquoi ils choifirent chacun en particulier la partie qu'ils regardoient comme la plus parfaite , & par laquelle ils pouvoient faire la plus grande
impreffion , d'abord fur eux-mêmes , & enfuite fur les
autres. Tous trois avoient donc le même but , qui étoit
de plaire & d'émouvoir. Cependant on ne peut pas émouvoir par des objets purement matériels , à moins qu'on
ne faffe fentir la caufe qui leur donne de l'action ; il faut
par conféquent que l'artifte ait été lui-même ému par ces
objets dans la nature. Voilà ce qu'ont fait ces grands
maîtres qui n'ont rendu que ce qu'ils ont fenti eux-
mêmes. C'eft à leur caractère naturel qu'il faut attribuer
le choix que chacun d'eux a fait d'une partie différente.
Raphaël a fans doute été doué d'un caractère modéré &
d'un efprit actif & élevé , qui lui ont toujours infpiré
de grandes idées , & lui ont fait préférer la partie de
l'expreffion. Le Corrége avoit un efprit doux & délicat,
qui lui fit rejeter tout ce qui étoit trop expreffif &
trop fortement prononcé , & qui le porta à choifir le gracieux & le fuave. Le Titien doit avoir eu moins de génie
que les deux autres ; & comme tout homme préfère ce
qui eft le plus analogue à fon caractère , il a fans doute
été plus frappé de la partie individuelle ou vifible de l'art
que de la partie idéale. Raphaël doit par conféquent être

regardé comme le plus grand de ces trois célèbres artistes.

J'ai dit plus haut que le Goût vient de ce qu'après avoir fait choix de telles ou telles parties , on rejete ou néglige toutes les autres qui n'ont pas les qualités requifes ; car le Goût dans l'art reffemble encore en ce point à celui du palais. Comme on donne le nom de doux , d'aigre , d'amer , à ce qui n'a pas d'autre goût qu'un de ceux-là , ou qui du moins y domine le plus ; de même on dit dans l'art qu'une chofe eft d'un goût gracieux , expreffif ou vrai , lorfque ces parties ne font pas confondues enfemble , quand une feule y règne principalement , & qu'on a rejeté de l'ouvrage tout ce qui n'y a pas un rapport direct & effentiel. C'eft de cette manière que Raphaël , en compofant fes ouvrages , a d'abord commencé par l'expreffion , de manière qu'il n'a pas fait agir une feule partie du corps fans néceffité , & fans que ce mouvement ne fignifiât quelque chofe ; il n'a de même donné aucun coup de pinceau ni tracé aucun trait , tant de fes figures que de chaque partie de fes figures , fans quelque caufe qui contribuât à l'expreffion principale. Depuis l'état naturel de l'homme ou du premier jet de fes figures , fi nous pouvons nous exprimer ainfi , jufqu'à leur moindre mouvement , tout concourt dans fes ouvrages à la caufe principale. Et comme il a rejeté tout ce qui n'étoit pas expreffif , il a rendu fes ouvrages pleins d'expreffion & de Goût. Ce qui fait que les tableaux de Raphaël ne plaifent cependant pas généralement à tout le monde , c'eft que fes beautés font des beautés pour l'efprit & non pour les yeux ; que par conféquent elles ne peuvent plaire aux yeux qu'après qu'elles ont touché

l'ame , & c'eft alors feulement qu'on peut les apprécier.
Or , comme beaucoup de perfonnes n'ont qu'une foible
perception intellectuelle , il leur eft quelquefois impoffible d'appercevoir les beautés de ce peintre. Comme Raphaël avoit choifi l'expreffion pour partie principale , il
a donné à chaque figure une expreffion différente , autant que le fujet le comportoit ; & comme il a employé
cette expreffion dans toutes les parties de la peinture ,
ainfi que je le ferai voir plus bas , il s'eft formé de l'expreffion un Goût qui lui étoit propre & particulier. C'eft
de la même manière , c'eft-à-dire en rejetant tout ce qui
ne concouroit pas à fon but principal , que le Corrége
eft parvenu à poff. éder le Gout du gracieux , & le Titien
celui du vrai.

Pour ne laiffer à mes lecteurs aucune obfcurité fur cette
matière , je vais entrer dans des détails plus particuliers
fur le Goût de chacun de ces trois artiftes , & je tâcherai d'expliquer mes idées le plus clairement qu'il me fera
poffible, par toutes les parties de la peinture , en indiquant
la manière dont j'ai trouvé la caufe de leur Goût dans leurs
ouvrages en général , & dans chaque partie en particulier. Je commencerai par le *deffin* ; après quoi je parlerai
du *clair-obfcur* , enfuite du *coloris* , & enfin de la *compofition* , de la *draperie* & de l'*harmonie* , pour appuyer ce
que j'ai déjà dit de chacun de ces grands maîtres en particulier.

TROISIÈME SECTION.

EXEMPLES DU GOÛT.

ARTICLE PREMIER.

Réflexions fur le deffin de Raphaël, du Corrége & du Titien,
& des caufes qui les ont déterminés dans leur choix.

RAPHAEL ne fut pas toujours femblable à lui-même ;
il ne fit d'abord que s'effayer dans l'art avant de pouvoir
bien exprimer fa penfée ; il eut cependant le bonheur de
naître dans l'enfance & dans la vraie innocence de l'art.
Il commença donc par copier la fimple vérité, ce qui
lui donna une grande jufteffe de l'œil, qui dans la fuite
lui fervit de pierre fondamentale pour élever le magnifique édifice de fon art. Jufqu'alors il avoit ignoré qu'il
y eût un choix ; mais quand il eût vu à Florence les
ouvrages de Léonard de Vinci & les cartons de Michel-
Ange, fon génie prit l'effor, & fon efprit élevé ne fe
borna plus à la fimple imitation. Les ouvrages de ces
deux maîtres avoient déjà une efpèce de choix & une
certaine grandiofité ; cependant comme ils n'étoient pas
encore affez beaux par eux-mêmes, ils ne pouvoient
fervir à indiquer à Raphaël la route qu'il devoit prendre
pour trouver le choix ; parce qu'un objet, pour fe

communiquer

communiquer à d'autres , doit non-feulement être bon , mais parfait. Il refta donc quelque tems dans une efpèce d'obfcurité , & n'avança qu'à pas incertains & chance-lans ; mais lorfqu'il vit à Rome les ouvrages des anciens , fon efprit trouva, pour la première fois , des modèles analogues à fon caractère, & propres à échauffer fon génie. Comme il avoit déjà acquis la juftefle de l'œil , qui lui fervoit de principe fondamental , il ne lui fut pas dif-ficile d'imiter les antiques , comme il avoit imité jufqu'a-lors la nature. Cependant il n'abandonna pas l'étude de la nature , mais apprit dans les ouvrages des anciens à faire un choix dans la nature. Il remarqua qu'ils ne l'a-voient point fuivie dans tous fes petits détails , & qu'ils n'y avoient pris que ce qu'elle offre de plus beau & de plus néceffaire , en rejetant tout ce qui eft fuperflu & gratuit. C'eft ainfi qu'il s'apperçut qu'une des principales caufes de la Beauté des ouvrages anciens confifte dans la régularité des proportions. Il commença donc par cor-riger cette partie de l'art. Il vit que dans la charpente du corps de l'homme , l'emmanchement des os , & le jeu libre de leurs articulations font les caufes de la grace de fes mouvemens ; & que les anciens avoient porté la plus grande attention à cette partie. C'eft de cette ma-nière qu'il chercha à connoître les caufes de la Beauté des anciens , & ne fe contenta pas de la feule imitation des objets , ainfi que l'ôht fait plufieurs grands maîtres qui font venus après lui.

Il ne faut pas douter que fi Raphaël eût eu à repré-fenter des figures purement idéales , il ne fe fût encore approché davantage de la perfection des anciens. Mais comme les mœurs de son siècle différoient beaucoup des mœurs des anciens Grecs, & que les idées élevées s'étoient changées en idées basses & communes, il n'y trouva rien d'analogue à la grandeur de son génie. Il se contenta donc de l'expression qu'il trouva en partie dans les ouvrages des anciens, mais plus encore par l'étude de la nature. Des premiers il prit les formes principales; mais il choisit encore plus souvent dans la nature ce qui en approchoit davantage, & l'imita; après quoi son génie le porta à rechercher la cause de chaque forme. Il reconnut par-là que certains traits du visage servent à certaines expressions, & désignent aussi une certaine espece de caractère; & qu'à une certaine espèce de visage doivent se rapporter, en général, les formes des autres parties du corps, tels que les pieds, les mains, &c., qu'il réunit ensemble avec beaucoup de discernement; & donna par ce moyen une grande régularité aux mouvemens de ses figures. Quand il passa ensuite au dessin, il porta de nouveau son attention aux choses les plus essentielles ; c'est-à-dire, premièrement à la proportion, ensuite aux formes principales, puis aux os & aux articulations, aux principaux muscles & nerfs, enfin aux muscles du second ordre, aux veines & aux rides même, quand elles étoient nécessaires. On s'apperçoit cependant que dans tous ses ouvrages les parties principales sont toujours celles dont il s'est le plus occupé & celles qui sont les plus dominantes; & si dans le dessin de Raphaël quelque partie est moins soignée que les autres, c'est qu'elle est la moindre de toutes. Ses plus médiocres ouvrages nous fournissent encore des preuves de son génie; car lorsqu'il n'a fait qu'indiquer un sujet

par quelques traits, ce font toujours les principaux, &
ce qui y manque eft peu de chofe en comparaifon de ce
qu'on y trouve. Sa manière de tracer même eft pleine d'expreffion : fa chair eft convexe, fes mufcles font bien placés,
fes os font angulaires ; ainfi chaque chofe eft plus ou
moins prononcée, felon que le fujet le demande, & tout
eft vrai chez lui.

Je crois en avoir affez dit du deffin de Raphaël pour
ceux qui veulent fe donner la peine de réfléchir ; paffons
maintenant au deffin du Corrége.

Le Corrége vint onze ans après Raphaël, & l'art fe
trouvoit encore alors dans la même fimplicité. Il commença auffi par imiter uniquement la nature ; mais comme
il fut plus touché du gracieux que de la perfection, il
trouva la grace dans la régularité, & purgea fon deffin
de toutes les parties tranchantes & angulaires. En s'avan-
çant dans la carrière, & lorfque par l'étude des jours
& des ombres, il fe fut apperçu que les grandes
maffes contribuent à rendre un ouvrage gracieux, il
rejeta toutes les petites parties, agrandit les formes,
chercha à éviter les lignes droites & les angles aigus,
& imprima par-là une certaine grandiofité à fon deffin,
qui cependant n'eft pas toujours d'accord avec la vérité.
Ses contours font variés & ondoyans, mais fon deffin
eft, en général, peu correct, quoique large & élégant.
Il ne faut donc pas que le peintre rejete tout-à-fait cette
manière, mais qu'il cherche plutôt à tirer quelque miel
de ces fleurs ; c'eft-à-dire, qu'il doit prendre les Beautés
du Corrége quand elles font d'accord avec la nature, &
lorfque le fujet le permet. Comme le Corrége a fouvent

deffiné des parties d'après de belles chofes, il eft parvenu à la Beauté par l'imitation.

Le Titien, qui eft venu dans le même tems, n'a fait qu'imiter la nature, dans ce qui regarde la partie du deffin. Quand il l'a trouvé belle il l'a copiée de même; car tous les peintres de ce tems-là poffédoient une parfaite juftelfe de l'œil; & fi tous avoient fait un choix avec autant d'efprit que Raphaël, leur deffin auroit été auffi beau que le fien. Nous pouvons maintenant quitter cette matière, pour parler de la manière dont ces trois artiftes ont fait ufage du clair-obfcur.

ARTICLE II.

Réflexions fur le clair-obfcur de Raphaël, du Corrége & du Titien.

R APHAEL ne connut d'abord le clair-obfcur que par imitation, en copiant la nature; mais comme l'imitation fans choix ne peut rien produire de beau, cette partie de fes ouvrages étoit auffi fans Beauté. Il ne s'apperçut qu'il y a une certaine grandiofité dans les jours & les ombres, que lorfqu'il vit à Florence les ouvrages des peintres qui s'y trouvoient alors. Il apprit de Barthelemi de Saint Marc, & par les ouvrages de Maffaccio, que fur une partie faillante il ne doit pas y avoir de plis fortement fentis, ni aucune ombre qui femble la couper. Il ne continua plus dès-lors à imiter fans choix la nature,

mais chercha la partie qu'on appelle *Masse*, & ménagea
les grands clairs pour les parties les plus apparentes,
tant dans les figures nues que dans les drapées; ce qui
répandit sur ses ouvrages une telle netteté, qu'on peut
distinguer de fort loin toutes ses figures ; partie fort
essentielle dans la peinture. Lorsqu'il fut arrivé à Rome,
& qu'il y eut vu les antiques , il se fortifia de plus en
plus dans ce Goût ; & c'est en les imitant qu'il parvint à
donner de la rondeur à chaque partie ; mais il n'a pas été
au-delà. On ne peut nier qu'il ne se soit souvent attaché
à la distribution des masses ; mais comme il a toujours
eu pour objet principal l'expression & la vérité , il s'est
contenté de la partie du clair-obscur qui vient de l'imitation, & n'a pas cherché celle qui est idéale. Il avoit
coutume de faire tomber les plus grandes lumières & les
plus fortes ombres sur les figures du premier plan ,
comme si les draperies & tous les autres objets eussent
été d'une même couleur. Il porta la lumière de chaque
couleur de ses figures du premier plan jusqu'au blanc,
& toutes les ombres jusqu'au noir. Cette habitude lui vint
de ce qu'il dessinoit le sujet entier de son tableau d'après
de petits modèles, & de ce qu'il en faisoit rarement des
esquisses coloriées. De cette manière il s'accoutuma à
placer les jours & les ombres sur ses figures, comme si
elles eussent été ombrées d'après des statues ; c'est-à-dire,
que plus elles se trouvoient placées sur le devant du
tableau, plus il renforçoit les lumières & les ombres,
en les dégradant à mesure que les figures fuyoient. Voilà
ce que les plus grands maîtres dans cette partie de la

peinture n'ont pas fait , & c'eft en quoi il ne faut pas
toujours imiter Raphaël , mais plutôt le Corrége.

Le Corrége ne fit auffi d'abord que calquer fes ouvrages
fur la nature ; mais comme il avoit le goût très-délicat ,
il ne put fouffrir la manière dure de fes maîtres. Il commença d'abord par rejeter toutes les petites parties , &
à fondre toutes fes couleurs ; mais par les formes trop
étroites de la fimple nature , il fe vit contraint de placer
les jours & les ombres fi proche les uns des autres , que
fes yeux fe trouvèrent encore bleffés par ce contrafte
trop fubit , & fon goût délicat le porta à pénétrer
plus avant dans la nature. Il trouva que tout ce qui eft
grand eft agréable à la vue , parce qu'elle y trouve de
la tranquillité & un mouvement doux. Il commença donc
par agrandir toutes fes formes principales ; mais comme
il vît que trop de lumière le forçoit à rendre trop de
chofes en voulant imiter la nature , il plaça fes objets
de manière qu'il ne s'en trouvoit qu'une très-petite partie
d'éclairé ; de forte que la moitié de fes figures fe trouvoit
dans le jour , & que l'autre moitié reftoit dans l'ombre.
Cependant comme , en général , l'homme n'aime pas l'obfcurité , il fentit que les réflets de lumière contribuent
beaucoup à rendre un ouvrage gracieux ; c'eft par ce
moyen qu'il parvint à rompre les ombres ; de forte qu'a-
vec peu de lumières & beaucoup de réflets , il obtint de
grandes maffes , & peu de petites parties , & parvint à
bien détacher les objets fans avoir rien de trop dur ; ce
qui rend fes ouvrages fi gracieux. Comme il reconnut qu'on
peut donner de la Beauté à tous les objets & à toutes les

couleurs, par une plus forte ou une plus foible impreſſion
des jours ou des ombres ; ce ne fut jamais ſans la plus
grande néceſſité qu'il négligea d'éclairer les objets , pas
même dans les parties ombrées. De cette manière il donna
à ſes ouvrages autant d'expreſſion que Raphaël , en les
rendant beaucoup plus gracieux ; & plus ils ſont éloignés de la vue, plus ils ont d'expreſſion & de force.
Mais avant d'avoir porté ſon goût à cette perfection , les
bords de ſes parties éclairées furent un peu trop tranchans , ainſi que cela ſe trouve dans la nature même ,
lorſque la lumière eſt forte , & qu'elle tombe de côté.
A la fin cependant il porta ſon art au point de rendre
les jours & les ombres très-moëlleux & très-agréables. Il
ne répandit pas , comme Raphaël , la lumière ſur tout
le tableau , mais plaça les jours & les ombres où il crut
qu'ils feroient le meilleur effet. Si le jour tomboit naturellement ſur l'endroit qu'il vouloit avoir éclairé, il l'imitoit
tel qu'il le voyoit ; ſinon il plaçoit dans cet endroit un
corps clair ou opaque , de la chair , une draperie , ou
tout autre objet qui pouvoit produire le degré de lumière
qu'il ſouhaitoit ; & c'eſt par ce moyen qu'il parvint à la
Beauté idéale du clair-obſcur. A cette partie du clair-
obſcur il joignit une eſpèce d'harmonie ; c'eſt-à-dire ,
qu'il diſtribua ſon clair-obſcur de façon que la plus grande
lumière & la plus forte ombre ne ſe préſentoient que ſur
une ſeule partie de ſes tableaux. Son goût délicat lui
apprit que la trop forte oppoſition des lumières & des
ombres cauſe une grande dureté ; c'eſt pourquoi il ne
plaça pas, comme pluſieurs autres artiſtes , qui (ainſi que
lui , ont cherché la Beauté dans la partie du clair-obſcur)

le noir à côté du blanc ; mais il paſſa par gradation
inſenſible d'une couleur à une autre , en mettant le gris-
obſcur à côté du noir , & le gris-clair à côté du blanc ;
de ſorte que ſes ouvrages furent toujours d'une grande
douceur. Il ſe garda bien auſſi de mettre enſemble & de
ſuite de fortes maſſes de jour & d'ombre. S'il avoit à faire
une partie très-éclairée ou fortement ombrée , il n'en
plaçoit pas immédiatement une autre de la même eſpèce à côté , mais il laiſſoit entre-deux un grand inter-
vale de demi-teinte , par laquelle il ramenoit , pour ainſi
dire , l'œil d'une grande tenſion au repos. Par cet équilibre des couleurs , l'œil du ſpectateur éprouve conti-
nuellement des ſenſations différentes , & ne ſe fatigue
point à contempler un ouvrage où il trouve toujours des
Beautés nouvelles ; c'eſt pourquoi je regarde le Corrége
comme le plus grand maître dans cette partie de la peinture. L'entente du clair-obſcur eſt plus néceſſaire qu'on
ne le croit généralement , puiſque les connoiſſeurs & les
ignorans en ſont également frappés , & s'apperçoivent
facilement ſi elle eſt obſervée ou non dans un tableau ;
mais il n'y a que les gens inſtruits qui puiſſent juger du
deſſin. Quand le clair-obſcur ſe trouve ménagé dans un
ouvrage avec autant d'eſprit que dans ceux du Corrége ;
c'eſt-à-dire , que lorſqu'il influe ſur les autres parties de
l'art , il ſuffit ſeul alors pour le rendre précieux. Je con-
ſeille donc aux peintres de bien étudier le clair-obſcur
du Corrége , & de chercher à l'imiter.

Le Titien , qui de même a eu pour principe d'imiter
la nature , n'a pas mis beaucoup de choix dans ſon clair-
obſcur ; & ce qu'on trouve quelquefois de beau chez

lui

lui , n'eft pas l'effet de fon étude dans cette partie ; mais
comme il chercha à imiter la nature dans fes couleurs, il
s'apperçut qu'il ne pouvoit y parvenir, fans bien obferver
le degré de lumière. C'eft par ce moyen qu'il trouva qu'un
ciel , pour paroître naturel , doit être clair , parce que la
propriété de l'air eft d'être diaphane ; que la terre n'eft pas
fi claire que l'air , & que la chair l'eft davantage que la
terre. Ces réflexions lui firent quelquefois obtenir une
efpèce de Beauté dans le clair-obfcur ; mais il ne la dut,
ainfi que je l'ai déjà dit, qu'à la propriété des couleurs
qu'il fut bien employer. Comme il a pouffé l'imitation
de la nature au plus haut degré , on ne peut pas le regarder comme abfolument ignorant dans la partie du
clair-obfcur ; je dis feulement qu'elle n'a pas été la caufe
de la Beauté de fes ouvrages , & que l'entente des couleurs locales a été fa principale partie. Son clair-obfcur
eft fouvent fort dur , parce qu'il cherchoit les contraf-
tes ; & quelquefois il a été trop léché : ce qui prouve
qu'il ne s'eft pas effentiellement occupé de cette partie ,
& qu'il ne l'a poffédée qu'autant qu'elle étoit néceffaire pour
exprimer les qualités des objets.

ARTICLE III.

Réflexions sur le coloris de Raphaël, du Corrége & du Titien.

COMME j'ai commencé, dans la marche que je me
suis prefcrite, à donner le premier rang à Raphaël, je
parlerai encore d'abord de lui, quoiqu'il ne doive être
regardé que comme le dernier des trois grands maîtres dans
la partie du coloris. Raphaël, fuivant l'ufage de fon
tems, apprit d'abord à peindre en détrempe : comme il
eft plus difficile d'être bon colorifte dans ce genre que
dans tout autre, fon goût dans cette partie fut auffi
mauvais que celui de fes maîtres. Enfuite il peignit à
frefque, genre qui ne permet guère de fe fervir de la
nature, & où il faut beaucoup travailler d'imagination ;
ce qui fut caufe qu'il fe forma un certain ftyle qui s'é-
cartoit un peu de la délicateffe de la nature. Chez Bar-
thelémi de S. Marc à Florence, fon pinceau devint plus
vigoureux, fes couleurs plus animées, fa touche moins
léchée ; fes ouvrages à frefque acquirent fur-tout un
grand degré de perfection ; mais il refta néanmoins, en
comparaifon des deux autres grands maîtres, toujours
épais & rembruni dans le ton de fes couleurs. Je ne m'arrêterai donc pas plus long-tems à lui ; il fuffira de dire que
le coloris n'eft pas la partie dans laquelle il faut l'imiter,
mais pour laquelle on doit choifir le Titien.

Le Corrége commença d’abord par peindre à l’huile ;
& comme ce genre de peinture eſt plus ſuſceptible d’une
touche délicate & ſuave , analogue à ſon caractère , il
donna tout de ſuite un ton moëlleux à ſes tableaux ; l’é-
tude du clair-obſcur lui ayant appris que ſi les couleurs
ne ſont pas moëlleuſes & tranſparentes , elles ne peuvent
pas repréſenter une ombre naturelle. Il chercha donc les
couleurs de cette eſpèce , & une manière de glacer qui
fit paroître les parties ombrées véritablement obſcures.
Ce qui fait que les couleurs ſombres , qui ne ſont pas
moëlleuſes , ne peuvent pas repréſenter une ombre réelle ,
c’eſt que le rayon de lumière réfléchit ſur leur ſuperficie , &
que parconſéquent elle repréſente bien une partie obſcure ,
mais en même tems éclairée ; tandis que les couleurs moëlleuſes laiſſent paſſer les rayons de lumière , ce qui fait
que leur ſuperficie reſte réellement obſcure. Il vit auſſi
qu’il étoit d’autant plus néceſſaire d’empâter fortement
les rehauts des jours , qu’ils doivent être d’une touche
propre à recevoir encore un nouveau degré de clarté de
la lumière du jour ; ce qui lui fit appercevoir que toutes
les ombres appartiennent aux ténèbres , ainſi que tous
les jours à la lumière ; que toutes les ténèbres ſont noires ,
mais que la lumière qui vient du ſoleil n’eſt pas tout-à-
fait blanche , mais jaunâtre ; & que les réflets de lumière
doivent tenir de la couleur des corps dont ils partent. Par
ce moyen il parvint à la vraie connoiſſance de l’emploi
des couleurs dans les trois parties ; ſavoir , les jours , les
ombres & les réflets. C’eſt ſur-tout la couleur des ombres
du Corrége qu’il faut admirer ; car par un goût décidé
pour la magie du clair-obſcur , il fit ſes jours trop purs

& trop clairs ; ce qui les rend un peu lourds , & fait que fa chair n'eft pas affez tranfparente. En cela le Corrége alla au-delà de la vérité , en fuivant plutôt fon goût pour le clair-obfcur , que l'exemple que lui donnoit la nature.

Le Titien , qui naquit auffi dans ce fiècle d'imitation , fe fervit d'abord de couleurs à l'huile , & fut porté tout de fuite , par fa perfpicacité naturelle , à faifir le vrai caractère des objets ; & comme il peignit auffi bien fes figures que fes payfages d'après nature , il obtint un coloris qui approche le plus de la vérité. L'habitude de peindre le portrait le forma davantage encore dans cette partie , par le befoin qu'il eut de faire les acceffoires , & d'y mettre de l'harmonie. Comme il s'apperçut que les objets qui font beaux dans la nature font fouvent un mauvais effet dans la peinture , il chercha à parvenir au choix dans l'imitation de la vérité , & il remarqua qu'il y a des objets dont les couleurs locales font très-belles , mais qui font dégradées par les reflets , par la porofité des corps , par les différentes teintes de la lumière , &c. Il vit auffi que dans chaque objet il y a une infinité de demi-teintes ; ce qui le conduifit à la connoiffance de l'harmonie. Enfin , il obferva que dans la nature chaque objet offre un accord particulier de tranfparence , d'opacité , de rudeffe & de poli ; & que tous ces objets diffèrent dans le degré de leurs teintes & de leurs ombres. C'eft dans cette diverfité qu'il chercha la perfection de fon art. Dans la fuite il prit dans chaque partie le plus pour le tout ; c'eft-à-dire , que d'une carnation qui avoit beaucoup de demi-teintes , il ne formoit qu'une seule demi-teinte ; & qu'il n'employoit presqu'aucune demi-teinte dans celle où il y en avoit peu. Quand le rouge dominoit , il ne donnoit presque point d'autre teinte (cependant en imitant toujours la nature) , & ainsi des autres couleurs. Par ce moyen il parvint à posséder un coloris supérieurement beau ; c'est donc dans cette partie qu'il a été le plus grand maître , & dans laquelle on doit l'imiter. Par l'étude de la distribution des principales couleurs , il acquit la connoissance des principales masses , ainsi que Raphaël y étoit parvenu par le dessin , & le Corrége par le clair-obscur.

ARTICLE IV.

Réflexions sur la composition de Raphaël , du Titien &
du Corrége.

IL n'est pas nécessaire de faire mon apologie de ce qu'en parlant de la composition ou de l'ensemble des figures, je nomme d'abord Raphaël , car c'étoit la principale partie de ce grand maître. Raphaël touché de la vérité , la chercha en lui-même , & la trouva toujours avec l'expression. Il commença à travailler avec la plus grande simplicité , & fut d'abord froid, mais correct, jusqu'à ce qu'il eût acquis , avec l'âge , plus d'énergie & des passions plus fortes. Son esprit, qui , comme je l'ai déjà dit, étoit philosophique , ne fut pas touché des petites choses , mais seulement de celles qui ont quelque expression. Il

fut plus frappé de ce que la nature humaine offre de bon ,
que de ce qu'elle offre de mauvais. Il étoit tellement
né pour la vérité, qu'il ne put jamais s'élever au-deſſus
d'elle, & en cherchant dans l'homme ce qu'il y a de
meilleur, il ne put pas, comme les anciens Grecs, embellir la nature. L'eſprit des Grecs ſemble avoir plané entre
la terre & le ciel ; Raphaël n'a marché qu'avec majeſté
ſur la terre. Il conçut les premières idées de l'expreſſion
figurée en voyant les ouvrages de Maſſaccio, & les cartons de Léonard de Vinci ; & c'eſt d'après eux qu'il con-
ſidéra la nature ſous toutes ſes faces ; mais il s'attacha
particuliérement aux affections de l'ame & à leurs effets
ſur le corps. Le premier ſoin de Raphaël, quand il vouloit compoſer un tableau, étoit de penſer à l'expreſſion ;
c'eſt-à-dire, quel devoit en être le ſujet, & quelles paſſions
devoient animer les perſonnages qu'il vouloit employer.
Enſuite il calculoit le degré de ces paſſions, & déterminoit les perſonnages auxquels il falloit les donner ; quelles
eſpèces de figures il pouvoit employer & en quel nombre ;
à quelle diſtance il falloit les placer de l'objet principal
pour concourir à l'expreſſion générale ; & par ce moyen
il concevoit l'étendue de ſon ouvrage. Si le champ qu'il
devoit remplir étoit grand, il prévoyoit combien l'objet
principal ou l'expreſſion des principaux groupes avoit
de rapport avec les autres ; ſi l'action ſe bornoit au moment actuel ou ſi elle devoit s'étendre au-delà ; ſi elle
étoit d'une expreſſion forte ou foible ; ſi elle avoit été
précédée de quelque événement antérieur, ou bien ſi elle
devoit être ſuivie de quelqu'autre ; ſi c'étoit un événement tranquille & ordinaire, ou bien un tumulte extraor-

dinaire, une scene agréable, d'une tranquillité lugubre, ou d'une tristesse tumultueuse.

Après avoir réfléchi sur tous ces détails, Raphaël choisissoit ce qui étoit le plus nécessaire pour disposer son objet principal, auquel il donnoit la plus grande vérité & la plus grande clarté possible ; après quoi il faisoit suivre ses autres idées, selon leur importance ; en plaçant toujours les choses les plus nécessaires avant celles qui l'étoient moins. De cette manière, ses ouvrages, sans manquer aucune partie essentielle, n'en avoient aucune d'inutile, & le beau s'y trouvoit toujours ; tandis que chez les autres artistes le nécessaire manque souvent, parce qu'ils ont cherché la Beauté dans les choses inutiles. Lorsqu'il passoit à chaque figure en particulier, il ne cherchoit pas d'abord, comme les autres peintres, l'attitude la plus pittoresque qu'il pouvoit lui donner, sans prendre garde si ces figures convenoient au sujet ou non ; mais il réfléchissoit sur ce qui devoit se passer dans l'ame d'un homme qui se trouveroit dans la circonstance actuelle que l'histoire représentoit. Ensuite, Raphaël songeoit à l'effet que telle ou telle passion pouvoit faire sur le personnage qu'il représentoit ; & quelle partie du corps devoit être mue pour l'exprimer. C'est à cette partie qu'il donnoit alors le plus d'action, en laissant oisives celles qui n'y étoient pas nécessaires : voilà pourquoi l'on trouve, dans les tableaux de ce maître, de ces figures tranquilles & droites qui sont aussi belles que celles dont le mouvement est très-marqué dans une autre partie du tableau ; parce que cette attitude simple & tranquille sert à exprimer la situation intérieure de

l'ame ; & que les autres, qui font en action, repréſen-
tent des mouvemens extérieurs. Ainſi on trouve l'eſprit
de Raphaël dans chaque ouvrage , dans chaque groupe,
dans chaque figure , dans chaque membre, dans chaque
articulation , & juſques dans les cheveux & dans les draperies, comme je le remarquerai ailleurs. S'il fait parler
quelqu'une de ſes figures, on s'apperçoit ſi ſon ame eſt
calme , ou ſi elle parle avec véhémence. Celle qui penſe
a véritablement l'air d'un homme qui médite ; & l'on
diſtingue dans toutes les paſſions, ſuſceptibles d'être fortement rendues , ſi elles ne font que commencer , ſi elles
font à leur plus haut période, ou bien ſi elles finiſſent.
On pourroit faire un livre entier à ne parler que de
l'expreſſion que Raphaël a ſu donner à ſes figures ; mais
je crois en avoir dit aſſez pour quiconque veut ſe
donner la peine de penſer , & je ne me ſuis déjà que
trop étendu pour ceux qui ne veulent pas étudier, qui
d'ailleurs ne me comprendroient pas. Je n'écris point pour
ceux que la pareſſe domine ; & qui prennent pour prétexte, comme on le fait ſouvent, qu'il eſt impoſſible de
connoître les Beautés de Raphaël à moins que d'être à
Rome ; car je puis aſſurer que ceux qui ſont en état
de réfléchir, pourront faire toutes les remarques que je
viens d'indiquer d'après les gravures que Marc Antoine,
Auguſtin de Veniſe & d'autres, nous ont données des
ouvrages de ce grand maître: quoique la partie de l'expreſſion y ſoit néceſſairement affoiblie. Je dis donc que
Raphaël eſt parvenu à l'expreſſion par les moyens dont
nous venons de parler ; c'eſt-à-dire, en rejetant tout
ce qui n'en étoit pas ſuſceptible ; ou que lorſqu'il en a
fait

fait ufage , il a fu rendre ces parties auffi néceffaires au bon Goût que le pain & l'eau le font à un repas fomptueux.

Le Corrége , formé par les Graces , ne pouvoit fouffrir aucune expreffion trop forte. L'expreffion de la douleur , par exemple , reffemble chez lui à un ènfant en pleurs prêt à rire , & le terrible à la colère d'une jeune fille amoureufe. Son ame nâgeoit toujours dans des fenfations agréables , & prêt à les multiplier , le gracieux feul l'affectoit dans tout ce qu'il avoit à repréfenter ; il fembloit même redouter toute expreffion trop fentie. Il fut le premier qui inventa des tableaux pour une autre caufe que pour la fimple vérité ; & il n'y eut avant lui aucun artifte qui eut pour objet principal de donner de la grace à l'enfemble d'un fujet. Les contours trop maigres & trop refferrés de fes prédéceffeurs ne pouvoient fuffire à fon efprit célefte. En agrandiffant les maffes des jours & des ombres , tel qu'un fleuve qui franchit fes limites , il entraîna fes fpectateurs dans la vafte mer du gracieux , & en a conduit beaucoup , par le chant de fes firènes , dans le pays de l'erreur. Ceux qui chercheront à imiter fa manière , fans être doués , comme lui , d'une ame fenfible , ne pourront rien produire de beau. Le Corrége commença par étudier la nature ; mais il franchit bientôt fes bornes. Son Goût naturel le porta à éviter les angles trop aigus & trop obtus. On diroit d'abord qu'il a eu le deffein de faire quelque chofe de gracieux ; mais fes productions ne font que le fruit du fentiment , & non pas de la réflexion. Il chercha plus à placer fes figures de manière à pouvoir faire ufage de

grandes maffes de jours & d'ombres , qu'à leur donner
de l'expreffion : fi ce n'eft une expreffion agréable qu'il
ne dut qu'au fentiment feul. On peut donc en conclure
que le Goût délicat & gracieux lui étoit naturel, car il
a évité avec foin tout ce qui ne l'étoit pas. Le Corrége
doit par conféquent nous fervir de guide pour le ftyle
gracieux ; mais il faut l'éviter lorfque l'expreffion eft néceffaire ; & je préviens les artiftes de ne point chercher
à l'imiter fi leur caractère n'eft point parfaitement analogue à celui de ce grand maître. Lorfqu'un artifte fent
qu'il peut adopter la manière de faire de celui qu'il
veut prendre pour modèle, il pourra auffi alors penfer
& exécuter de même que lui : finon il vaut mieux qu'il
travaille d'après ce qu'il fent par lui-même.

Le Titien eut, en général, peu d'énergie, & dut plus
aux règles de l'art qu'à fon génie : c'eft pourquoi il n'eft
pas à imiter dans cette partie. S'il a quelquefois peint
une belle figure, il eft à croire que ce fut plutôt par
un effet du hafard que de fon Goût ; puifqu'à côté de
cette figure il fe trouve ordinairement quelque chofe de
fort mauvais.

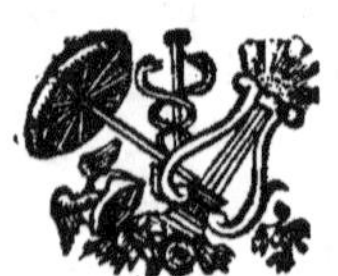

ARTICLE V.

Réflexions fur les draperies de Raphaël , du Corrége &
du Titien.

EN parlant des draperies , je ne puis me difpenfer
de faire encore l'éloge de Raphaël. Ce grand artifte
commença par imiter fon maître dans la manière d'en
faire le jet , qu'il perfeétionna par l'étude qu'il fit des
ouvrages de Mafaccio, mais plus encore par ceux de
Barthélemi de Saint-Marc. Il quitta enfin entiérement
le Goût de l'école de fon maître , lorfqu'il eut vu les an
tiques , & fe fervit alors des règles du bas-relief; ce qui
lui donna un grand Goût dans le jet de fes draperies. Il
s'apperçut que les anciens n'avoient pas regardé les draperies comme une partie principale , mais feulement
comme un acceffoire, pour en couvrir le nud, & non
pour le cacher; & qu'ils ne l'avoient pas couvert avec de
fimples lambeaux , mais de draperies néceffaires : de forte
qu'un vêtement n'étoit ni trop ample ni trop mefquin ,
mais convenable à la grandeur & à l'attitude de chaque
figure & analogue au fujet. Il vit auffi qu'ils avoient
placé les grand plis fur les grandes parties du corps ;
qu'ils n'avoient pas haché ces grandes parties par de
petites chofes ; & que quand ils avoient été obligés de
le faire par la nature des vêtemens , ils avoient fait ufage
de quelques petits plis & leur avoient donné fi peu d'é-

lévation, qu'ils ne pouvoient signifier quelque partie
principale. Voilà pourquoi Raphaël fit ses draperies
larges, c'est-à-dire, sans plis inutiles, avec des échan-
crures ou courbures à l'endroit des articulations, sans cependant paroître couper la figure en deux. Il régloit la
forme des plis sur le nud que couvroit la draperie ; &
si la partie ou le muscle étoit grand, il formoit de même
de grandes masses. Lorsque la partie se présentoit en raccourci, il la couvroit bien de la même quantité de plis
que si elle eût été droite ; mais ces plis se présentoient
alors tous en raccourci. Dans son meilleur tems il chercha à ne faire sentir qu'un seul côté d'une partie du
corps dans une draperie libre ; quelquefois néanmoins
il a fait sentir toute la rondeur des parties sous des
plis libres. Quand la draperie étoit volante, c'est-à-dire,
lorsqu'elle ne couvroit rien, il s'est bien gardé de
lui donner la grandeur ou la forme de quelque partie du
corps ; mais il la représentoit par de grands yeux, des
plis profonds, & par une forme tout-à-fait éloignée
d'une partie quelconque du corps. Il n'a pas cherché
dans ses draperies à ne placer que des plis élégans, mais
seulement ceux qui étoient nécessaires pour bien représenter la partie que la draperie devoit couvrir. Il a rendu
les formes de ses plis aussi différentes que le font les
muscles du corps, sans cependant les faire jamais ni carrées ni rondes ; car la forme carrée dans les plis fait un
très-mauvais effet, excepté quand elle se trouve coupée,
& forme deux triangles. Raphaël a de même donné de
plus grands plis aux parties saillantes du corps qu'à celles
qui fuient ; & il n'a jamais placé de longs plis sur une

partie raccourcie , ni des plis courts à forme triangulaire
fur une partie longue. Les grands yeux & les coupes
profondes n'étoient placés que fur les inflexions ; & il
ne mettoit point à côté l'un de l'autre deux plis d'une
même grandeur , d'une même forme , d'une même élévation. Ses draperies volantes font d'une beauté admirable ;
on voit qu'elles ont toutes dans leur mouvement une
caufe générale , favoir l'air. Elles ne font pas comme fes
autres draperies , tirées & comme applaties par leur poids ;
mais chaque pli eft , par fa difpofition naturelle , placé
à côté d'un autre. Il laiffe quelquefois appercevoir les
bords de fes draperies , & fait fentir que fes figures ne
font pas habillées d'un fimple fac. Tous fes plis ont une
caufe , foit le poids fpécifique de l'étoffe même , ou l'ar-
rondiffement des parties du corps. On apperçoit fouvent
chez Raphaël quelle attitude fes figures avoient auparavant ; car il a encore cherché à leur donner cette expreffion. On découvre par les plis de la draperie , fi un bras
ou une jambe s'eft trouvé , avant l'action actuelle , replié ou allongé ; fi un membre replié s'eft étendu , s'il
s'étend encore actuellement , ou s'il eft étendu & va fe
replier. Il a pris garde que lorfque les draperies de fes
figures principales ne couvrent les membres qu'à demi ,
elles coupaffent ces parties obliquement ; qu'en général
les draperies euffent des formes triangulaires , & que les
plis femblables au tout fuffent auffi difpofés en triangle.
La caufe de cette forme triangulaire des plis vient de ce
que toute draperie cherche à s'élargir ; comme cependant
fon propre poids la force à fe replier fur elle-même , elle
s'étend d'un autre côté : ce qui forme des triangles.

Lorsque j'ai dit que Raphaël, à l'exemple des anciens, n'a regardé la draperie que comme un accessoire ; j'ai voulu faire entendre que, comme il reconnut que le corps que couvre la draperie & les mouvemens de ses membres sont les seules causes & le principe de la situation actuelle & du changement des plis dans les draperies, il a étudié de nouveau ces causes, s'est conformé à leur nature, & a jugé digne de son art d'y employer le travail & le choix, qu'il a néanmoins su cacher. En voilà assez pour les Artistes qui étudient ses ouvrages, & qui voudront les comparer avec ce que je viens d'en dire.

De même que Raphaël a tout rapporté au Goût de l'expression, le Corrége a cherché à faire servir ses draperies au genre gracieux. Il s'écarta bientôt de l'usage de ses prédécesseurs ; & comme il peignoit souvent d'après de petits modèles drapés de chiffons ou même de papier, il chercha plus les masses, & dans les masses il préféra le gracieux à la disposition des plis : c'est pourquoi ses draperies sont larges & légères ; mais les plis en sont mal distribués. Lorsqu'il a quelquefois peint d'après nature, il n'a pas été heureux dans le jet des draperies, dont il a le plus souvent caché ou coupé ses figures ; mais il a été savant dans les couleurs de ses étoffes, qui sont presque toujours moëlleuses, & souvent sombres, pour rendre ses chairs plus claires, & leur donner plus d'éclat.

Le Titien a été supérieur dans la partie des draperies, ainsi que dans toutes les autres qui tiennent à l'imitation. Il les a peint belles & d'une grande vérité, avec des couleurs franches & brillantes ; sur-tout les linges

qu'il a fu rendre d'une blancheur éclatante : le tout cependant fans aucun Goût dans le choix des plis , mais
tels que la nature les lui offroit : il ne faut donc pas
l'imiter dans cette partie.

ARTICLE VI.

Réflexions fur l'harmonie de Raphaël , du Corrége & du
Titien.

Nous allons maintenant examiner les ouvrages de ces
trois maîtres dans la partie de l'harmonie. Si l'ordre que
j'ai obfervé jufqu'à préfent ne me forçoit pas à commencer par Raphaël , je pourrois le paffer ici fous filence.
Comme il n'a jamais fongé au délicat & au gracieux ,
mais toujours à l'expreffion , il n'a point réuffi dans la
partie de l'harmonie ; & fi l'on en trouve quelque trace
dans fes ouvrages , c'eft plutôt un effet de l'imitation de
la nature , que le fruit de fes talens dans cette partie.

: Le Corrége au contraire y a excellé. En cherchant le
gracieux , il trouva bientôt l'harmonie , qui en eft la
fource , & qui elle-même naît d'un fentiment fin & délicat. Comme le Corrége ne pouvoit rien fouffrir de ce
qui offre de trop fortes oppofitions , il devint un grand
maître dans l'harmonie , qui n'eft que l'art de trouver
un terme moyen entre deux extrêmes , tant dans le deffin
que dans le clair-obfcur & dans le coloris. Le Corrége ,
comme nous l'avons déjà remarqué à l'article du deffin ,

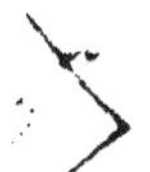

évitoit toutes les formes triangulaires & carrées, & donnoit à fes contours une ligne ondoyante ; effet de fon
Goût pour l'harmonie. Tout angle eft formé par le concours de deux lignes droites fans aucun centre ; cette
forme ne pouvoit donc convenir au Corrége, qui fépara
les lignes droites par une ligne courbe, & rendit par ce
moyen fes contours harmonieux. Il plaça de même un
efpace entre chaque partie, tant des jours & des ombres
que du coloris. Il remarqua auffi mieux qu'aucun autre
peintre, qu'après une certaine tenfion les yeux ont befoin
de repos ; c'eft pourquoi après avoir placé une couleur
franche & dominante, il avoit foin de la faire fuivre
d'une demi-teinte ; & lorfqu'il vouloit de nouveau employer une partie brillante, il ne revenoit pas tout de
fuite au degré de teinte d'où il étoit parti, mais conduifoit l'œil du fpectateur par une gradation infenfible
au même degré de tenfion ; de forte que la vue étoit,
pour ainfi dire, réveillée de la même manière qu'une
perfonne endormie eft tirée du fommeil par le fon d'un
inftrument agréable ; de façon que ce réveil reffemble
plutôt à un enchantement qu'à un repos interrompu.
Quand je dis que le Corrége a paffé du fort au doux &
du doux au moyen, c'eft pour faire comprendre qu'on
peut paffer tout d'un coup, fans peine, de l'attention
au repos, mais non pas du repos à l'attention, fans
éprouver un fentiment défagréable. La raifon pour laquelle
je commence par le fort, & non (comme on pourroit
le dire) par le moyen que je place le dernier ; c'eft
parce que le peintre doit s'attacher d'abord aux parties
faillantes de fes figures, pour penfer enfuite à celles qui

le

le font moins ; de même qu'il s'occupera d'abord des figures principales , fur la ligne de terre de fon tableau , pour paſſer après , par gradation , à celles qui fuient ; car les parties grandes , belles & expreſſives doivent toujours être employées fur le premier plan du tableau , ou à l'endroit principal du fujet. Je commence donc par le fort ; & comme tout doit fe rapporter au fujet principal , en affoibliſſant tous les acceſſoires ; de même la principale figure du tableau doit avoir la plus forte expreſſion , tandis que les perfonnages fecondaires peuvent être plus tranquilles. C'eſt ce que le Corrége a fupérieurement bien obfervé dans le coloris & dans le clair-obſcur ; mais dans le deſſin , il a fait un mauvais uſage du gracieux & de l'harmonie. Cependant comme le deſſin n'eſt pas la partie dans laquelle l'harmonie eſt la plus néceſſaire , nous pouvons lui paſſer ce défaut , puiſqu'on lui doit tout ce qu'il y a de gracieux dans la peinture ; car avant le Corrége il ne régnoit aucune harmonie dans cet art. Il jouit donc de la gloire d'avoir été l'inventeur de cette partie qu'il a portée au plus haut degré de perfection , & dans laquelle il n'a jamais été furpaſſé ni même égalé. Je me bornerois même à ne parler ici que de lui feul , fi je n'avois pas promis d'examiner les ouvrages des trois grands maîtres de l'art , pour ce qui regarde chacune de ces principales parties ; il eſt donc tems de paſſer au Titien.

Le Titien n'avoit d'autre efpèce d'harmonie que celle qu'il acquit par l'imitation de la nature. On ne peut donc le comparer au Corrége , qui avoit médité fur cette partie :

il s'eſt contenté de l'uniformié, & c'eſt par-là qu'il a paru poſſéder quelque harmonie.

Qu'on ne tire cependant aucune conféquence erronée de ce jugement. Tout ce que les autres ont dit, & tout ce que je viens d'avancer moi-même, doit être lu avec difcernement. Quand je dis qu'un de ces grands maîtres n'a pas poſſédé telle ou telle partie, je veux faire entendre feulement qu'il n'y étoit pas auſſi habile que dans les autres, qu'il poſſédoit fupérieurement. Il en eſt de même quand je ne fais point l'éloge des Beautés des autres maîtres de l'art, ou lorfque je les paſſe fous filence. Mon intention n'eſt point de déprimer leurs ouvrages ; je me fers feulement des expreſſions que je crois néceſſaires, pour faire comprendre à mes Lecteurs la différence qu'il y a même entre les plus grands génies ; car rien ne fort aſſez parfait des mains de l'homme pour qu'on ne puiſſe trouver quelque chofe de plus parfait encore. Si je dis donc qu'en général tous les peintres qui ont fuivi ceux dont nous avons parlé, n'ont poſſédé que quelques parties de l'art, ce n'eſt point pour les méprifer, mais feulement pour marquer la préférence que méritent les premiers. De même, lorfque je critique l'harmonie & le coloris de Raphaël, ce n'eſt pas à dire pour cela que chez lui ces parties foient abfolument mauvaifes, mais feulement qu'elles ne font pas auſſi parfaites que chez le Corrége & le Titien ; car, lorfqu'on le compare à Michel-Ange, à Jule Romain, & même aux Caraches, il eſt très-beau dans ces mêmes parties. J'en dis autant du Corrége, qui, fans contredit, étoit fupérieur au Tintoret dans les draperies, & à Rubens

& à Jordans dans le deſſin. Le Titien eſt très-foible dans le clair-obſcur, quand on le compare au Corrége ; mais il eſt ſupérieur, dans cette partie, à tous les autres peintres. On doit donc regarder ces trois artiſtes comme les plus grands maîtres de l'art, puiſqu'ils ont été habiles dans toutes les parties en général, & ſupérieurs dans quelques-unes en particulier. Ils ont différé dans leur Goût, parce qu'ils ont choiſi des moyens différens. Raphaël poſſédoit le Goût de l'expreſſion ; le Corrége préféra le ſtyle gra-cieux ; le Titien aima le vrai : c'eſt-à-dire, que Raphaël prenoit dans la nature ce qu'elle a d'expreſſif; le Corrége ce qu'elle offre de gracieux, & que le Titien ſe contenta de la vérité. Cependant, comme ces trois peintres ont cherché la vérité, quoique par des routes différentes, ils ſe ſont ſouvent rencontrés ; car tout eſt dans la nature : l'expreſſion s'y trouve auſſi bien que la grace. Ces trois grands maîtres ont eu chacun un Goût différent, parce qu'ils ne mêloient pas ces parties enſemble, comme le fait la nature ; mais chacun d'eux a fait choix de la ſienne dans tout l'enſemble. Quand, en imitant la nature, ils trouvoient quelquefois une partie dans laquelle un autre les ſurpaſſoit, ſans qu'elle fût contraire à leur objet principal, ils rendoient cette partie très-belle, quoiqu'elle ne leur fût pas particulière : voilà pourquoi Raphaël a ſouvent eu toute la grace du Corrége, & toute la vérité du Titien ; de même que le deſſin du Corrége eſt quelquefois auſſi beau que celui de Raphaël, & ſon coloris auſſi vrai que celui du Titien ; comme on peut dire encore que le Titien a quelquefois deſſiné avec à-peu-près autant de force que Raphaël, & peint

T ij

avec autant de grace que le Corrége. Cependant
comme cela ne leur eſt arrivé que rarement, & que l'on
ne trouve pas ſouvent de ces écarts heureux dans leurs
ouvrages, j'ai penſé devoir diſtinguer leur Goût par les
parties dans leſquelles ils ont principalement excellé.

ARTICLE VII.

Comparaiſon du Goût des Anciens avec celui des Modernes,
& des cauſes qui ont déterminé les premiers dans leur choix.

CONCLUSION.

COMME aujourd'hui chaque peintre, pour ainſi dire,
fait choix d'un genre différent, & qu'il y cherche la plus
grande perfection poſſible, il faut croire que les anciens
en ont agi de même. Une ſeule cauſe les a cependant
toujours guidés, depuis la renaiſſance de l'art, ſavoir,
l'imitation de la nature : elle ſeule a été leur but, quoiqu'ils l'aient cherché par des routes particulières. Les anciens Grecs, malgré les différences qu'on trouve dans
leurs ouvrages, n'avoient cependant auſſi qu'un même but
principal ; mais il étoit beaucoup plus élevé que celui des
modernes. Comme leurs idées étoient plus ſublimes, ils
prirent un terme moyen entre la perfection divine & la
perfection humaine ; c'eſt-à-dire, la Beauté pour objet

principal , & l'expreſſion ſeule de la vérité : voilà pourquoi toutes leurs productions ont cette parfaite Beauté ,
qui n'eſt jamais altérée par aucune expreſſion trop forte.
Je crois donc que, ſans ſe tromper , on peut dire que le
Goût des anciens étoit celui de la Beauté & de la perfection ; car quoique leurs ouvrages, comme productions
de l'homme , aient des défauts , on y trouve cependant
le Goût de la perfection. De même que le vin conſerve
encore le goût de vin , quoique mêlé avec de l'eau , leurs
chefs-d'œuvre , malgré les bornes circonſcrites de l'eſprit
humain , ne tendent pas moins à la perfection ; je regarde
donc leur Goût comme celui qui approche le plus de la perfection. En général , on remarque dans les ouvrages des
anciens la même différence dans le degré de leur Beauté
& de leur expreſſion , que chez les modernes ; mais non
pas dans celui de leur Goût. On peut diſtinguer en trois
claſſes les monumens que les anciens nous ont laiſſé de
leur art ; c'eſt-à-dire , que dans toutes les ſtatues que nous
avons de l'antiquité , il y a trois différens degrés de
Beauté. Celles de la dernière claſſe ont au moins toutes
le Goût de la Beauté , mais ſeulement dans les parties
eſſentielles ; celles de la ſeconde claſſe ont déjà de la Beauté
dans les parties ſimplement utiles ; & dans celles de la claſſe
la plus parfaite , on trouve la Beauté dans toutes les parties,
depuis celles qui ſont abſolument néceſſaires , juſqu'à
celles qui ſont ſuperflues : ces ſtatues ſont par conſéquent
parfaites. Or , comme la Beauté en elle-même n'eſt que
la perfection de chaque concept , & que nous donnons
le nom de belles , tant aux choſes purement idéales qu'aux

individuelles, quand ces chofes font parfaites ; il faut
de même confidérer les ouvrages des anciens fous ces
points de vue ; c'eft-à-dire, que leur Beauté ne fe trouve
pas toujours dans la même partie, mais confifte feulement
en ce que la partie qu'ils ont choifie eft rendue dans toute
fa Beauté. Les chefs-d'œuvre du degré fupérieur font le
Laocoon & le *Torfe* ; l'*Apollon du Belvedere*, & le *Gladiateur
de Borghèfe*, font des ouvrages du fecond degré ; les productions du troifième degré font fans nombre : nous ne
dirons rien des ouvrages médiocres. Les grands maîtres de
l'antiquité avoient des idées infiniment plus élevées que
les modernes ; & leur manière de faire étoit beaucoup
plus large, parce que leurs idées fe formoient fur la perfection, & que dans leur exécution ils ne s'attachoient
pas, comme les modernes, à une partie de la nature,
mais à la nature entière.

De même que les modernes fe font propofés un feul
but dans un ouvrage, les anciens ont obfervé dans chaque
partie féparée les différentes caufes pour lefquelles la nature l'a formée. Parmi les modernes, le Corrége a choifi
le genre gracieux, Raphaël celui de l'expreffion. Comme
le tendon d'un mufcle, par exemple, eft d'une plus grande
expreffion que la chair, Raphaël indiquoit davantage les
tendons que la chair ; tandis que le Corrége rendoit la
chair plus apparente que le tendon. Mais les anciens ex-
primoient également l'un & l'autre, parce qu'ils favoient
que la chair & les mufcles ont chacun leur genre de
Beauté particulière. Les modernes ont par conféquent
affoibli une partie pour rendre l'autre plus expreffive &

plus sentic ; c'est ce que les Grecs ne faisoient pas : ils changeoient feulement ces parties felon la fignification qu'elles devoient avoir. Lorfque leur figure repréfentoit un homme , ils y mettoient tout ce que l'humanité comporte ; mais quand elle repréfentoit un dieu , ils y omettoient tout ce qui tient trop à l'humanité , pour n'y laiffer que ce qui appartient à la nature divine : c'eft de cette manière qu'ils fe conformèrent en tout à l'expreffion & à la vérité. Quand ils repréfentoient des hommes , ils tâchoient de ne rien omettre , mais feulement de rendre les parties effentielles pour l'expreffion plus fenfibles que celles qui font inutiles.

Je conclus donc par dire que le peintre qui veut trouver le bon Goût , c'eft-à-dire , le meilleur Goût , pourra l'acquérir en étudiant ces quatre modèles ; favoir , dans les *Antiques* , le Goût du *beau* ; dans *Raphaël* , le Goût de l'*expreffion* ou de la *penfée* ; dans *le Corrége* , le Goût du *gracieux* & de l'*harmonie* ; dans *le Titien* , le Goût de la *vérité* ou du *coloris*. Il doit cependant fe perfectionner dans ces différentes parties par une étude conftante de la*Nature*. Tout ce que j'ai avancé dans cet ouvrage n'a été dit que dans la vue d'être utile , afin que les jeunes artiftes appriffent à connoître la manière de juger de leur propre Goût. Car ce qu'il y a de plus difficile dans l'art de penfer , c'eft de ne point tomber dans l'erreur. Comme de tout tems on a cherché à imiter les grands maîtres dont nous avons parlé , fans que les plus habiles artiftes aient pu les furpaffer , on doit regarder comme une vérité de fait , que ces trois hommes illuftres ont fuivi la meilleure route pour parvenir à la perfection; voilà aussi pourquoi je me suis servi de leur exemple, & que j'ai enseigné le moyen de connoître leurs Beautés, & de les imiter. L'artiste qui voudra s'appliquer sans relâche, & réfléchir mûrement à ce que je viens de dire, pourra un jour se complaire dans ses propres ouvrages, & parvenir au bon Goût.

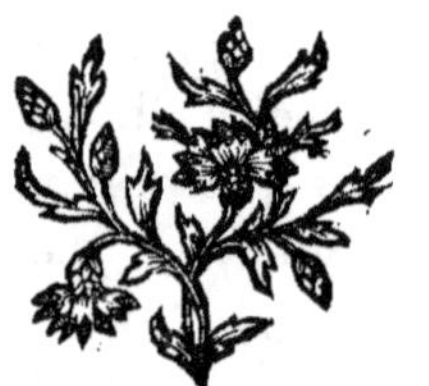

OBSERVATIONS

OBSERVATIONS

DE

M. LE CHEVALIER D'AZARA,

SUR LE PRÉCÉDENT TRAITÉ

DE M. MENGS.

OBSERVATIONS

D E

M. LE CHEVALIER D'AZARA,

SUR LE PRÉCÉDENT TRAITÉ

DE M. MENGS.

M. MENGS compofa fon Traité *fur la Beauté & fur le Goût dans la Peinture*, avant de paſſer en Eſpagne. C'eſt fon premier ouvrage littéraire ; il l'écrivit en Allemand, & le fit imprimer dans cette langue. Comme la Beauté étoit fon objet favori, il ne ceſſa jamais d'y méditer, ainſi qu'on pourra s'en convaincre par ſes autres écrits que je publie aujourd'hui. Perſonne, fans doute, n'a mieux difcerné & rendu la Beauté dans la pratique de l'art, & n'en a fait un plus heureux choix que M. Mengs ; mais féduit par la métaphyſique de M. Winckelmann, fon ami, il fe livra, dans la théorie, aux rêves des Plato-

V ij

niciens ſur cette partie ſublime de la peinture. Mes idées ſur cet objet ont toujours été fort différentes de celles de mes deux amis ; c'eſt ce qui m'a engagé à les expoſer au Lecteur, afin qu'il puiſſe juger qui de nous a approché le plus de la vérité. Il importe peu qu'on raiſonne différemment ſur la Beauté & ſur ſon origine : elle reſtera toujours ce qu'elle eſt, ſans rien perdre de ſon prix.

C'eſt en puiſant dans les écrits de M. Mengs, en profitant de ſes entretiens & de l'amitié qui me lioit à lui, que je me ſuis vu en état de raſſembler les obſervations que je préſente au public ; en convenant de bonne-foi que tout ce qu'on y trouvera d'utile, je le dois à M. Mengs, & que ce n'eſt qu'à moi ſeul qu'on doit imputer les idées fauſſes ou erronées qu'on pourra y remarquer.

§. I.

Des différentes opinions ſur la Beauté.

UN grand nombre d'auteurs ont écrit ſur la **Beauté** ; je crois néanmoins qu'on eſt encore fort éloigné de ſavoir ce qui la conſtitue véritablement. Platon, qui en a beaucoup parlé, a jeté peu de lumière ſur ce ſujet ; & ſuivant ſa méthode ordinaire de donner une exiſtence, &, pour ainſi dire, une individualité à tout ce que ſon imagination lui repréſentoit, il l'a fait décrire par Socrate, comme une belle fille, qui étoit une de ſes interlocuteurs. C'eſt à la même origine que les Graces, les

Mufes , & tout le cortége de la poéfie Grecque doivent leur exiftence. Cependant le fyftême de Platon , indiqué par M. Mengs , ne laiffe pas d'être ingénieux , lorfqu'il dit : Que nos ames exiftoient avant d'être unies à nos corps , & qu'antérieurement à cette union elles étoient douées d'une connoiffance parfaite de toutes chofes , mais qu'après avoir été liées à la matière , elles en avoient perdu la mémoire ; & que lorfque nous apprenons quelque chofe , ce n'eft que par un acte de réminifcence de ce que nous favions déjà ; que comme dans ce premier état l'ame avoit une connoiffance certaine & pofitive de la Beauté , elle ne fait que fe rappeller cette idée , lorfque, dans notre exiftence actuelle , elle nous charme & nous ravit dans les objets matériels & vifibles *. Qu'il eft malheureux qu'un fyftême auffi ingénieux pêche contre la vérité !

Saint Auguftin , qui fut célèbre Platonicien , a donné, dit-on , un Traité fur le Beau , qui s'eft perdu. Il paroît néanmoins par quelques idées éparfes dans fes autres écrits , que , felon lui , « le rapport exact des parties » d'un tout entr'elles , qui les conftitue *un* , eft le carac- » tère diftinctif de la Beauté » : *Omnis porrò Pulchritudinis forma unitas eft.* Les adeptes initiés dans les myftères des nombres comprendront peut-être ce que cela veut dire.

Wolff & Leibnitz , qui n'ont pas toujours formé d'auffi beaux rêves que Platon , difent que tout ce qui plaît eft

---

* Platon , dans le Phédon.

beau , & que ce qui déplaît eft laid On ne peut certainement pas confondre plus mal-adroitement la caufe avec l'effet , c'eft-à-dire , la Beauté avec la fenfation agréable qui en eft le réfultat.

D'autres prétendent que la Beauté confifte dans la *variété*, dans l'*unité*, dans la *régularité*, dans l'*ordre*, & dans la *proportion*. C'eft ce qui s'appelle vouloir expliquer une chofe abftraite , par une autre qui l'eft encore davantage. Car fi la Beauté eft difficile à définir & à comprendre , la régularité , l'ordre , &c. ne le font pas moins.

Le fyftême de Hutchefon & de fes partifans , qui ont imaginé un fens interne , par le moyen duquel ils penfent que nous diftinguons le Beau , de même que le fens de la vue nous fert à voir les couleurs & les formes , eft, felon moi , le plus mauvais & le moins ingénieux de tous. Il reffemble au fubterfuge de certains poëtes , qui, embarraffés fur la manière de parvenir au dénouement d'une tragédie , ont recours à un prodige. Suivant ces philofophes , il feroit néceffaire de créer autant de fens internes qu'il y a des idées abftraites qui peuvent entrer dans la tête de l'homme. La *vertu*, l'*ordre*, &c. auroient donc auffi leurs organes particuliers , par lefquels ils s'introduiroient dans l'entendement , ainfi que la Beauté.

Le Traité du Beau du Père André , Jéfuite , que M. Diderot trouve fi bien écrit , fi bien étendu , fi bien lié , ne me paroît cependant pas mieux développer que les autres en quoi confifte la Beauté. Il la divife & la fous-divife à l'infini , & tout fe réduit enfin à dire , que les diverfes fortes de Beautés proviennent de la *régula-*

rité, de l'*ordre*, de la *proportion*, &c. ; ce qui revient encore à expliquer une chofe obfcure par une autre moins intelligible.

M. Diderot, après avoir rejeté plufieurs idées fur la Beauté, finit enfin par avancer les fiennes ; mais il eſt à craindre qu'il ne périſſe parmi les mêmes écueils où les autres ont fait naufrage. L'analyfe de fon fyſtême m'écarteroit ici inutilement de mon fujet ; il fuffira de jeter un coup-d'œil fur le réfultat qu'il en tire lui-même ; le voici : « J'appelle donc Beau hors de moi, tout ce qui contient » en foi de quoi réveiller dans mon entendement l'idée » de rapports ; & Beau par rapport à moi, tout ce qui » réveille cette idée ». Je laiſſe au Lecteur à apprécier la fublimité de cette définition.

Dans un petit ouvrage qui parut, il y a quelques années, à Rome, & qui eſt dédié à M. Mengs, on attribue l'origine de la Beauté à l'amour-propre. Mais ce n'eſt là que renverfer les idées ; puifque la Beauté eſt une qualité inhérente à l'objet qui nous paroît beau, & non pas à la perfonne qui en reçoit l'impreſſion.

Si la Beauté pouvoit fe définir, perfonne, felon moi, ne l'auroit mieux fait que Cicéron ; mais la fimplicité avec laquelle il s'exprime à ce fujet, n'aura, fans doute, pas été du goût de ceux qui cherchent à tout quinteſſencier. « La Beauté du corps humain, » dit ce grand orateur, « confifte dans une certaine harmonie des proportions, » jointe au charme du coloris ». *Et ut corporis eſt quædam apta figura membrorum cum coloris quâdam fuaviate, eaque dicitur pulchritudo ; ſic in animo opinionum judiciorumque*

æquabilitas , & conſtantia , cum firmitate quâdam & ſtabili-
*tate.... Pulchritudo vocatur *.

A peine y a-t-il un auteur qui ait écrit ſur cette matière , ſans avoir formé un ſyſtême particulier ; & ce
ſeroit perdre ſans fruit mon tems que de vouloir les examiner tous. Ceux dont je viens de parler ſuffiſent pour
faire connoître la diverſité des opinions ſur cette matière.
Il eſt tems d'expoſer la mienne ; cependant je me bornerâi
uniquement à la Beauté qui eſt relative à l'art du deſſin.

Dans ſa jeuneſſe M. Mengs regardoit la Beauté comme
une choſe véritablement exiſtante par elle-même , & crut
qu'il pourroit la définir ; mais il n'avoit pas prévu la
difficulté de cette entrepriſe , & fut obligé de ſe borner
à donner quelques notions de ſes effets. Je me haſarderai
néanmoins à mettre ſous les yeux du Lecteur ce que je
crois pouvoir dire de plus probable ſur un ſujet auſſi
difficile à traiter * *.

---

* *Cicero , Tuſcul. IV.* C'eſt-là à-peu près la penſée d'un auteur
Italien , qui dit : Que la Beauté n'eſt qu'une proportion bien entendue des différentes parties entr'elles , & un rapport exact de ces
parties avec le tout ; de manière que cela forme un enſemble qui ne
laiſſe rien à deſirer pour ſa perfection. *Veri precetti della pittura , da
Armenini.* Note du Traducteur.

* * Le lecteur nous ſaura gré , ſans doute , de lui rappeller ici ,
par analyſe , les idées contenues dans le *Diſcours philoſophique ſur
le Beau ,* de M. Panckoucke , que M. d'Azara n'auroit pas manqué
de citer avec éloge s'il l'avoit connu.

Après avoir jeté un coup-d'œil ſur les ſentimens de Platon ,
du Père André , de Winckelmann , de Hogarth & de Pope , M.

§.

§. II.

Manière dont on peut se former une idée de la Beauté.

QUAND nous voyons un corps qui remplit parfaitement toutes les fonctions pour lesquelles il a été destiné,

---

Panckoucke dit : Que le Beau est fixe, invariable, immuable, &
que les idées différentes qu'on s'en forme ne tiennent qu'à un défaut de lumières & de développement. Après quoi il pose pour
principes : 1°. que l'esprit humain n'est susceptible que d'un certain développement : 2°. qu'il y a eu dans les tems antérieurs, &
qu'il y a encore aujourd'hui des nations qui ont atteint ce dernier
degré de développement dans plusieurs genres : principes que l'auteur discute ingénieusement, en s'appuyant sur des exemples, &
dont il se sert ensuite pour fixer les idées sur le Beau ; en prou-
vant que dans chaque genre on a des modèles du Beau, & que
ces modèles sont fixes & invariables, étant adoptés généralement
dans les sociétés civilisées par les personnes qui ont acquis tout le
développement dont l'esprit humain est susceptible, & que tous
les peuples ne tarderoient point à adopter, s'ils parvenoient à
ce même degré de perfection. L'idée du Beau ne nous est point
naturelle, puisqu'il n'y a point d'idées innées ; & nous ne l'ac-
quérons qu'à force de voir & de comparer ; voilà pourquoi cette
idée ne peut subsister que parmi les nations civilisées, qui se font
toujours formées, & qui se formeront toujours la même idée du
Beau, qui n'est donc pas une qualité relative, comme on l'a prétendu. D'ailleurs c'est moins dans la nature que dans la tête des
artistes qu'existent les modèles du Beau, qui n'a point été formé

nous difons que c'eft un corps fain ; & en généralifant cette idée , nous appellons *fanté* l'état où fe trouve ce corps. Ce mot *fanté* ne fert donc qu'à faire connoître l'idée abftraite que l'efprit s'eft formée des corps qui fe trouvent dans cet état. Vouloir lui donner une autre fignification , c'eft tomber dans le Platonifme , qui place tous les objets dans nos idées : erreur dont M. Mengs n'a pas pu fe garantir. En fuivant la même analogie , nous dirons donc que la Beauté eft une idée purement abftraite ; & c'eft l'idée que nous nous formons des chofes, douées de certaines qualités , qui les rendent belles , ainfi que nous le ferons voir dans la fuite : donc elle n'exifte que dans notre entendement.

§. I I I.

Ce qui fait qu'une chofe nous paroît belle.

LA Beauté des objets confifte fans contredit dans l'union de la perfe´tion & de la grace. Nous appellons

---

d'un feul trait , mais de la réunion de différentes parties. Le Beau n'a point de degrés ; une chofe ne pouvant être ni plus ni moins belle , & dans chaque genre les belles chofes font femblables, quoique fur une échelle différente. Ce ne font point quelques qualités particulières qui conftituent la Beauté , qui réfide fur-tout dans l'exaˆte proportion des parties & de l'enfemble. *Note du Traducˆteur.*

parfaite une chofe à laquelle il ne manque rien , & qui n'offre rien de gratuit ou de fuperflu ; & nous donnons le nom de gracieux à tout ce qui fait une impreffion douce & agréable fur notre efprit. L'homme le moins inftruit même eft en état de juger de l'impreffion matérielle que reçoivent fes organes par le fens de la vue ; mais la per-fection ne peut être fentie & appréciée que par celui qui a obfervé & étudié avec foin les qualités & les propriétés des chofes , qui en a fait une exacte comparaifon , & qui enfin eft en état de juger s'il n'y a rien de fuperflu , ou s'il n'y manque rien relativement à leur deftination : équilibre qui conftitue leur véritable état de perfection. Ce n'eft donc que par une étude conftante & bien approfondie, qu'on peut parvenir à la connoiffance du Beau ; & l'on peut pofer comme un principe certain, que le choix de la Beauté, ou le jugement qu'on en portera , fera toujours en raifon de l'intelligence de l'artifte ou de l'amateur *.

Le mauvais ou le laid , qui eft le contraire de la

------

* Le Beau que préfente l'art , dit un auteur Allemand , eft bien plus fûr & plus déterminé pour nous que le Beau de la nature. Dans chaque ouvrage de l'artifte , fon intention peut nous être con-nue ; nous pouvons favoir jufqu'à quel point fon imitation ap-proche du modèle , ou s'en écarte ; mais rarement connoiffons-nous l'intention du Créateur dans les ouvrages de la nature.... Dans les ouvrages de l'art , nous avons deux données , le modèle & l'imi-tation ; dans les ouvrages de la nature , nous n'avons qu'une donnée : c'eft l'objet lui-même , dont nous ne jugeons jamais que relative-ment à notre façon de voir , de fentir & d'être. *La Beauté , Conte ,* par M. *Nicolaï.* Note du Traducteur.

Beauté, provient de l'imperfection, qui produit des fentimens défagréables ; & nous en jugeons d'après les mêmes principes qui fervent à nous faire connoître la Beauté.

§. I V.

De la différence qu'il y a entre le Beau & le Gracieux.

LE Gracieux n'eft pas toujours beau par fa nature, quoique, en général, le Beau foit gracieux. Ce qui plaît à l'un ne plaît pas toujours aux autres ; fouvent même ce qui nous a charmé dans un tems ne nous fait plus plaifir dans un autre tems : ce qu'il faut attribuer à ce que le Goût eft un effet des fens, & non de l'entendement. Auffi n'y a-t-il aucune chofe, quelqu'imparfaite qu'elle puiffe être, qui ne plaife à quelqu'un.

« Il ne faut pas difputer des goûts, » dit le proverbe ; c'eft-à-dire, que celui qui aime une chofe a véritablement du Goût pour cette chofe ; & cette propofition eft inconteftable. Mais fi l'on prétendoit en conclure qu'indifféremment tous les Goûts font bons, ce feroit en tirer une fauffe conféquence.

Une femme qui mange du plâtre, de la terre, ou d'autres pareilles matières, a fans contredit du Goût pour ces chofes-là ; mais c'eft un goût dépravé. De même M. de la Mothe, qui préféroit les bambochades qu'on vend au Pont-Marie, à Paris, aux chefs-d'œuvre de Raphaël, avoit un très-mauvais Goût.

Quand on dit qu'une chofe nous plaît davantage qu'une autre, on n'eft pas tenu de rendre compte de cette pré-férence ; mais lorfqu'on avance que tel objet eft plus beau que tel autre, il faut pouvoir en déduire la raifon. Il y a des perfonnes qui aiment mieux les vers de Lucain que ceux de Virgile : cela ne les rend que ridicules ; mais fi l'on prétendoit en conclure que les vers de la Pharfale font plus beaux que ceux de l'Enéïde, il faudroit pouvoir le prouver. On voit tous les jours des perfonnes qu'une couleur flatte plus qu'une autre, fans qu'on puiffe leur difputer ce Goût ; mais fi l'on pouffoit cette affection jufqu'à foutenir que le verd eft plus beau que le bleu, on pafferoit pour un aveugle, à moins qu'on n'en démon-trât la caufe. Si quelqu'un prenoit de l'amour pour une femme qui auroit les traits & la barbe d'un homme, per-fonne, fans doute, ne chercheroit à lui faire comprendre combien ce Goût eft fingulier ; mais on riroit de celui qui oferoit prétendre que les traits mâles & une paire de mouftaches conftituent la Beauté du fexe. Cela nous prouve que, pour avoir une notion exacte de la Beauté, & pour pouvoir en juger, il eft néceffaire d'avoir des fens exercés & un jugement fain ; tandis que les fens feuls fuffifent pour nous bien déterminer dans notre Goût. Le Goût de l'un ne doit pas décider du Goût des autres ; cependant il y a des Goûts qui font bons, & d'autres qui font mau-vais, ridicules, extravagans, groffiers.

Nos mœurs & notre ignorance même ne nous per-mettent pas de nous repréfenter l'enthoufiafme avec le-quel les Grecs fe laiffoient tranfporter par la Beauté, dont ils avoient conçu une fi haute idée, qu'ils la regar-

doient comme divine; auffi y facrifioient-ils tout dans les
ouvrages de l'art; & dans l'expreffion même des plus
fortes paffions, ils avoient foin qu'elle n'altérât point
les formes heureufes de la belle nature. Virgile a dépeint
Laocoon comme un taureau qu'une bleffure mortelle rend
furieux, & qui remplit l'air de fes mugiffemens; tandis
qu'Agefandre, plus fage, a fu exprimer le plus haut
degré de douleur, fans nuire à la Beauté.

Je pourrois citer des exemples fans nombre de la valeur
que les Grecs attachoient à la Beauté; mais il fuffira de
dire que, dès les premiers tems, la Beauté avoit fixé,
dans l'Elide, les yeux du gouvernement, & qu'il y avoit
des juges pour diftribuer des prix aux plus belles perfonnes
des deux fexes. A Sparte, à Naxe, & ailleurs, on pra-
tiquoit le même concours. Pour mériter ces prix, les
concurrens devoient fe préfenter devant les peintres & les
ftatuaires, qui, fans contredit, font des juges compétens
dans cette matière. Anacréon dit que la nature après avoir
épuifé tous fes tréfors en formant l'homme & les autres
animaux, à qui elle donna en partage la force, l'agilité,
l'efprit & les autres qualités eftimables, il ne lui refta
plus pour orner la femme que la Beauté, qui eft un
don bien plus précieux, & qui prévaut fur tous ceux
dont elle a doué l'homme.

Ce peuple délicat pouffa le rafinement jufqu'à
établir auffi des prix pour ceux qui donnoient les
baifers les plus doux & les plus amoureux. Ils exaltèrent
enfin leur efprit jufqu'à s'imaginer que les ames qui habitent des corps bien conformés, les quittent avec plus de
regret que celles qui fe trouvent dans des corps mal-faits,

& qu'elles n'en fortent qu'infenfiblement , afin de les laiffer dans une efpèce de fommeil ou de fonge agréable *.

D'ailleurs, l'idée que les Grecs avoient de la Beauté naturelle de l'homme , étoit bien différente de celle que les modernes s'en font formée, puifqu'elle confiftoit dans la perfection , dans une jufte proportion des membres , dans le coloris , dans une certaine tranquillité , & dans une grandiofité qui , en cachant , pour ainfi dire , les imperfections de la nature humaine , donnoit à leurs figures un air divin ; tandis que nous n'eftimons belles que celles qui tiennent le plus de l'homme , & qui laiffent appercevoir davantage fes foibleffes , & même fes défauts **. Des traits fans régularité , fans fymétrie ; des membres fans proportion ; un air commun & fans nobleffe , & d'autres femblables incorrections , peuvent chez nous former la Beauté , pourvu que le coloris foit bon , que les yeux aient de l'ame & de la vivacité , que les formes foient élégantes & fveltes , & que le tout enfin ait beaucoup de mouvement & d'expreffion ; fur-tout fi cette expreffion dénote le defir ou une paffion érotique. Nous ne fommes que matière & action ; les Grecs étoient tout fentiment & repos.

---

* *Philoftrat. Icon. lib. I, c.* 4.

** M. Cochin paroît avoir été dans les principes que M. d'Azara reproche ici aux modernes. Il prétend que les artiftes qui fe livrent au fyftême de la *prétendue nobleffe idéale* , n'ont prefque jamais à eux que cinq ou fix têtes de différens genres , qu'ils répètent par-tout ; mais que ceux qui fuivent la nature à travers quelques irrégularités , fur lefquelles, lorfqu'ils font en effet de vrais artiftes , ils répandent de l'agrément par la belle manière de le rendre ; que ceux-là , dis je , uniffent à la variété la vérité & la Beauté. *Sur le Coftume , p.* 37.*Note du Traducteur.*

§. V.

Du Goût dans la Peinture.

LE mot *Goût* , dans la peinture ; eſt purement mé-
taphorique , & l'on s'en ſert par comparaiſon au goût
du palais, qui eſt un de nos ſens. La ſaveur ou le goût
eſt l'impreſſion que le ſens reçoit ; & nous le jugeons bon
ou mauvais, ſuivant qu'il eſt relevé ou fade, agréable
ou déſagréable.

Les arts contribuent autant à charmer nos ſens qu'à
former notre eſprit. Les ſens reçoivent leurs impreſſions ;
l'entendement les diſtingue , & la raiſon en juge. Dans la
peinture, c'eſt le ſens de la vue qu'on compare au goût
du palais, & les objets viſibles aux ſaveurs.

On peut donc aſſurer qu'une perſonne n'a aucun Goût
pour la peinture , quand ſes yeux ne peuvent pas diſtinguer exactement les objets viſibles , & que ſon eſprit eſt
incapable d'en juger avec diſcernement ; de même qu'on
dit que celui qui confond toutes les ſaveurs , n'a point
de palais. On donne le nom d'homme de Goût , en
peinture, à celui qui, du premier coup-d'œil , diſtingue
ce qui eſt beau & ce qui eſt mauvais ; mais celui qui préfère
les choſes mauvaiſes & ridicules à ce qui eſt bon , doit
néceſſairement paſſer pour un homme qui a le Goût dépravé.

Nous diſons de même qu'un peintre a le Goût mauvais,
lorſque ,

lorfque , parmi les objets que lui offre la nature , il choifit, en général , pour fon art, ceux qui font mauvais ; tandis qu'au contraire l'artifte qui prend ce qu'elle préfente de meilleur, paffera pour avoir le Goût bon & épuré ; & celui qui ne fait pas diftinguer le bon du mauvais , mais qui fe contente de copier les objets tels qu'il les voit , doit être regardé pour n'avoir aucun Goût : c'eft là , fans doute , la claffe la plus nombreufe des peintres. Il s'enfuit donc auffi que , comme le Goût dont nous parlons eft le réfultat du génie , du difcernement & de l'étude , il faut en conclure que celui qui le poffède eft doué d'un juge- ment fain ; & que quiconque a le Goût mauvais , a auffi l'efprit mal tourné ; tandis que l'artifte qui eft privé de tout Goût , eft un ignorant ftupide. On peut en dire autant des amateurs qui veulent juger de la peinture , &, en un mot, de tous ceux qui prétendent parler des arts.

En continuant ce parallèle du goût du palais avec celui des arts , nous devons obferver que , comme dans le premier il y a des chofes qui ont beaucoup de faveur , d'autres qui en ont moins ou qui n'en ont aucune , la nature nous offre de même des objets qui font une forte impreffion fur les nerfs optiques ; d'autres dont ils font foiblement affectés ; d'autres enfin qu'on ne diftingue que confufément. Ainfi donc , de même que pour flatter le palais on unit enfemble plufieurs ingrédiens , afin d'aug- menter ou d'améliorer la faveur d'un mets , le peintre ju- dicieux doit pareillement raffembler tous les objets qui peuvent fe prêter mutuellement de la Beauté , pour pro- duire des ouvrages de bon Goût , & qui plaifent à la vue & à l'efprit.

Tome I.   Y

§. V I.

Pourquoi la Beauté nous plaît dans les ouvrages de l'art, &
quelle est l'espèce de plaisir qu'il en résulte.

IL y a des personnes qui croient que le plaisir que nous
cause la peinture provient de l'illusion, c'est-à-dire, de
l'erreur où nous jete la vue d'un tableau. Ils s'imaginent,
sans doute, que nous croyons appercevoir réellement les
objets que cette peinture représente ; ainsi qu'ils pensent
que nous pleurons à une tragédie ou rions à une comédie,
parce que nous nous persuadons véritablement être pré-
sens aux événemens que nous voyons représenter sur la
scène : d'où ils concluent que le tableau est d'autant
plus beau, que l'imitation est plus parfaite.

Ce raisonnement est faux dans ses principes, ainsi que
dans sa conséquence. Nul homme doué du moindre jugement, ne peut supposer, pas même pour un instant,
que les objets qu'il voit dans un tableau, soient des
objets réels. Je dis plus, s'il étoit possible que cela fût
vrai, la peinture feroit le plus souvent un effet totalement contraire à celui qu'elle fait & qu'elle doit faire.
Comment, par exemple, une personne dont les nerfs font
délicats & le cœur fenfible, pourroit-elle foutenir la vue
du tableau du Maffacre des Innocens, que des foldats
brutaux déchirent en pièces d'une manière fi barbare ?
Seroit-il poffible qu'une femme aimable, que la vue d'une

araignée ou d'une fouris fait évanouir , prît plaifir à voir placé au pied de fon lit la figure d'un monftrueux dragon , prêt à dévorer la belle Andromède ? Ce n'eft donc point par l'illufion que la peinture nous attache principalement. Ajoutons à cela qu'un excellent tableau ne nous paroît pas toujours tel au premier coup-d'œil ; mais qu'il nous plaît d'autant plus, que nous l'examinons avec plus d'attention & de foin.

Que l'imitation eft d'autant plus belle qu'elle eft plus exacte ; voilà une feconde erreur, qui eft une fuite de la première. Qu'eft-ce que l'imitation a de commun avec la Beauté ? L'imitation a, fans doute, fon mérite particulier ; mais, fi l'original n'eft pas beau , la copie ne peut certainement pas être belle, quelque reffemblante qu'elle foit d'ailleurs. La Beauté confifte donc , comme nous croyons l'avoir prouvé, dans l'union de la perfection & de la grace ; & tout ce qui n'a pas ces deux qualités, ne peut pas être beau.

Tous les tableaux de l'école Flamande , pour ainfi dire, font des imitations parfaites de la nature. Cependant quiconque a le moindre Goût ne peut y trouver une véritable Beauté. Ce font , fans contredit , de belles copies pour ceux qui s'arrêtent au mécanifme de l'art , & qui n'y cherchent rien de plus ; & l'on peut appliquer ici un axiôme de Quintilien : *Adeo in illis quoque eft aliqua vitiofa imitatio, quorum ars omnis conftat imitatione.*

Mais en quoi confifte donc, demandera-t-on, le Goût, produit par la Beauté ? C'eft - là une queftion fort compliquée , & qui feule exigeroit une longue difcuffion ; je me flatte cependant de pouvoir en donner une idée aſſez claire , ſi le Lecteur veut bien me ſuivre avec un peu d'attention.

Le beſoin de penſer eſt eſſentiel pour notre ame , qui ne peut exiſter ſans cette faculté ; & c'eſt en exerçant cette faculté qu'elle jouit : elle doit donc naturellement chercher des objets qui puiſſent l'attacher , & c'eſt ce deſir de les trouver qu'on appelle *curioſité*. Lorſque l'ame ſuſpend cet exercice, ou qu'elle s'en occupe trop long-tems de ſuite , il en réſulte *l'ennui*, qu'on éprouve toutes les fois que par complaiſance , ou par quelque égard , on eſt obligé de s'arrêter à des choſes qui ne nous font pas plaiſir. Rien ne pèſe plus à l'ame que cette ſituation déſagréable , & il n'y a point de peine , point de fatigue , point de péril même auquel elle ne ſe ſoumette pour s'en affranchir : de manière qu'on peut dire que le deſir d'éviter l'ennui eſt le principal reſſort du cœur humain. Ce que nous nommons amuſemens , divertiſſemens , tels que les ſpectacles , la poéſie , la muſique , la peinture , &c. qui forment & entretiennent la ſociété , n'ont point d'autre origine que cette crainte de l'ennui : voilà auſſi pourquoi chaque individu en particulier tâche d'occuper ſon eſprit le plus agréablement & avec le moins de fatigue poſſible. Au reſte , l'ame ne peut exercer ſes facultés que de deux manières : l'une , en recevant par les ſens les impreſſions des objets extérieurs ; l'autre , en réfléchiſſant & en méditant ſur les idées que la mémoire lui fournit , & en les combinant de différentes manières. Mais ce dernier moyen eſt trop pénible pour la plupart des hommes , dont bien peu ſont en état de jouir du bonheur en ſe renfermant en eux-mêmes.

Ce qui plaît le plus généralement aux hommes , c'eſt la jouiſſance des impreſſions que les objets font ſur les ſens. Ces impreſſions ſont ou agréables ou déſagréables par deux motifs : le premier conſiſte dans la vibration plus ou moins forte des nerfs de nos organes ; l'autre , dans les idées que les objets font naître : je ne parlerai ici que du premier. Une couleur trop vive , un ſon trop fort , donnent une violente fibration aux nerfs optiques & auditifs ; ils occaſionnent par conſéquent des ſenſations déſagréables. Il eſt donc néceſſaire que cette commotion des nerfs ſoit douce , modérée , & qu'elle ne les agite qu'autant que le permet leur délicateſſe. Si l'impreſſion n'eſt pas aſſez forte pour émouvoir les nerfs au degré néceſſaire , alors , au contraire , il n'en réſulte aucune vibration , ou du moins elle eſt ſi foible , que l'ame ne peut la diſtinguer : on ſent bien , à la vérité , une ſenſation confuſe , mais dont il ne réſulte ni peine , ni plaiſir.

Nous pouvons donc en conclure que ce ſont les ſenſations modérées qui occupent le plus agréablement notre ame ; & il s'enſuit naturellement que ce ſont les objets qui produiſent le mieux cet effet qui nous paroiſſent les plus agréables. Si à cela il ſe joint un certain rapport ou une certaine convenance entre les objets & les ſenſations , qui produiſe avec facilité & clarté des idées qui y ſoient analogues , il en réſultera l'*évidence ;* & c'eſt cette évidence ou cette clarté qui ſatisfait notre ame , parce qu'elle lui procure des ſenſations agréables , ſans peiner l'eſprit par la conception des idées ; car l'on ſait que l'ame eſt moins en état de ſouffrir la fatigue que le corps.

Or , puifque la Beauté confifte dans la perfection &
dans le plaifir qui en réfulte , le fentiment agréable qui
en eft la fuite , provient donc des fenfations douces ;
ainfi que de l'évidence ou de la clarté avec laquelle l'efprit
peut appercevoir fa perfection.

Si de plus l'objet agréable poffède quelques autres
qualités , de celles que nous appellons rapport , analogie ,
fympathie , &c. (qu'il n'eft pas de mon objet d'expliquer
ici) qui fur-tout ont lieu entre deux perfonnes de différent fexe ; alors la Beauté , outre l'effet dont nous venons
de parler , produit dans l'ame un treffaillement de joie , &
la tranfporte, pour ainfi dire, hors d'elle-même, ce qui produit cette paffion ou cet enthoufiafme qu'on appelle *amour*.

De la vue en peinture , de cette même Beauté réfulte
une impreffion plus modérée , parce qu'elle n'a point cette
qualité fympathique ; par conféquent , elle émeut plus
doucement les fens , & occupe agréablement l'efprit , fans
le troubler ni le peiner.

---

§. V I I.

Des qualités néceffaires au Peintre pour parvenir à la con-
noiffance du Beau.

DES organes délicats , une ame fenfible , & un efprit
dépourvu de préjugés , font les qualités les plus effentielles que doit poffeder un peintre ; car fans la première ,
le Beau ne lui fera aucune impreffion ; fans la feconde ,

il ne pourra pas s'en enflammer l'imagination ; & en manquant la troifième, il aura le malheur de fe tromper fouvent dans fon choix, en prenant une chofe pour une autre. L'artifte qui voudra rendre la Beauté, doit d'abord s'en pénétrer lui-même, & l'envifager fous toutes fes faces.

J'ai déjà dit, & je ne me lafferai point de le répéter, qu'une imitation ne peut pas être belle, en tant que fimple imitation, fi l'objet imité n'eft pas beau par lui-même. Le grand fecret de l'art confifte donc, ainfi que l'obferve M. Mengs, à favoir bien choifir & bien imiter les belles parties & celles qui font néceffaires, en négligeant les mauvaifes & les inutiles. Le Guerchin, le Caravache, Velafques, & une infinité d'autres peintres, *fervum pecus*, ont très-bien copiés les objets, & ont fu leur donner tout le relief & toute la vigueur qui pouvoient leur imprimer un air de vérité ; mais ils ont manqué dans le choix. Il ne faut donc pas chercher dans leurs ouvrages la Beauté, & moins encore la grace, qui n'eft que la Beauté rendue d'une manière plus agréable & plus délicate. Leurs tableaux font, fans doute, une forte impreffion fur les fens ; mais ils ne font qu'effleurer l'ame fans y laiffer aucune trace.

De tous les objets que préfente l'univers, il n'en eft point pour l'homme qui foit plus fufceptible de Beauté que l'homme même ; parce qu'il n'y a rien qu'il connoiffe mieux & qu'il aime davantage. Qu'eft-ce donc qui conftitue la Beauté de l'homme ? Je crois que c'eft l'affemblage de fes bonnes qualités rendues fenfibles, telles que la force, la fanté & la modération ; & dans la femme, la fanté, la modération & la modeſtie. Ces qualités ſe reconnoiſſent par différens ſignes caractériſtiques : la ſanté par le coloris, la force par des membres bien muſclés, la modération par le repos de l'attitude & la ſimplicité des formes ; enfin la modeſtie de la femme par une attitude tranquille, jointe à des formes plus rondes & plus délicates que celles de l'homme.

Lorſque l'artiſte ſera parvenu à exprimer ces qualités avec la convenance néceſſaire, & de la manière la moins compliquée, en omettant tout ce qui eſt inutile, meſquin, ſans expreſſion, ou étranger au ſujet, il peut être aſſuré qu'il aura atteint le plus haut degré de Beauté ; pourvu néanmoins qu'il n'ait point négligé les autres parties de ſon art, telles que la compoſition & l'exécution.

§. VIII.

Des choſes qui nuiſent le plus à la Beauté, & quelle en eſt la cauſe.

Nous avons déjà vu que la Beauté eſt diamétralement oppoſée à la laideur, qui conſiſte dans l'imperfection, & dont l'effet eſt un dégoût qu'elle cauſe aux ſens. Il y a, outre cela, des choſes qui, ſans être directement contraires à la Beauté, y nuiſent cependant, ou qui du moins la rendent moins évidente & moins diſtincte : ce ſont les parties inutiles & les petits détails.

Les

Les parties inutiles , sans être mauvaises par elles-mêmes , contribuent néanmoins à dégrader la Beauté. Par gratuit ou inutile , on entend , en peinture , tout ce qui ne contribue pas à la perfection , & sans quoi l'on peut s'en former une idée claire & exacte. Dans un tableau , par exemple , dont le sujet se passe dans un édifice , il faut soigneusement se garder de représenter ce qui ne sert qu'à la décoration. On ne doit même pas rendre avec autant de soin l'architecture de ces fabriques , que les figures principales , ni y placer un plus grand nombre de figures ou d'autres objets que l'action ne le demande ; sans cela le sujet devient plus difficile à comprendre ; de sorte que l'esprit doit y porter plus d'attention , & par conséquent se fatiguer davantage. Plusieurs peintres néanmoins sont tombés dans cette erreur , en s'occupant bien plus des accessoires que du sujet principal ; de manière qu'on pourroit leur dire ce qu'Apelle répondit à celui qui lui demanda son sentiment sur un tableau représentant Hélène , qu'il avoit fait : « Jeune homme , si tu n'as pu la peindre belle , » du moins as-tu cherché à la faire riche ».

Les petits détails sont les vrais écueils où les peintres ordinaires font naufrage. Les petites parties des choses ne sont pas à la portée de nos sens , & ne doivent par conséquent pas être rendues. Un peintre qui voudroit distinguer , comme au microscope , tous les pores de la peau , tous les cheveux de la tête , & tous les poils de la barbe , tomberoit nécessairement dans le ridicule , & seroit digne de l'école des Goths. Il brilleroit , sans doute , dans la partie de l'imitation ; il trouveroit même

Tome I.   Z

des amateurs pour l'admirer ; mais la raifon le condam-
neroit , à caufe que cette exactitude outrée dans les petits
détails , diftrait l'attention du fujet principal , & détruit
toute idée de plaifir , en caufant à l'efprit une véritable
fatigue , au lieu de la fatisfaction dont il croyoit jouir.

Un femblable défaut a déjà été critiqué par Horace ,
qui accufe un artifte d'avoir manqué de jugement , en
rendant avec une minutieufe exactitude les ongles & les
cheveux d'une figure , fans avoir pu mettre bien enfemble les parties les plus effentielles : *Totum componere
nefciet.*

C'eft le mécanifme de nos yeux qui fait que les petits
détails dans la peinture & dans les autres arts fatiguent
& peinent l'efprit , au lieu de le charmer , & de lui donner une idée de la Beauté : en voici une courte explication.

Chaque fois que nous confidérons un objet , nous
fommes obligés de rectifier trois erreurs de l'organe vi-
fuel. La première confifte en ce que nous ne voyons jamais les objets à l'endroit où ils font véritablement ;
favoir, hors de nous. La feconde provient de ce que les
objets fe préfentent renverfés à nos yeux ; c'eft-à-dire ,
que ce qui eft à la droite nous paroît à la gauche , &
que ce qui eft en haut femble être en bas. La troifième
réfulte de ce que nous voyons toutes les chofes doubles.
Cependant l'efprit , guidé par l'expérience , nous apprend
à voir les objets tels qu'ils font réellement dans la nature.
C'eft le fens du toucher qui nous conduit à connoître la
vérité ; & il faut convenir que nous apprenons à voir
comme nous apprenons à lire & à écrire. On juge auffi

de la grandeur des objets par la réflexion , que nous devons pareillement au fens du toucher ; & comme chaque idée de grandeur n'eft que relative , felon l'angle que forme dans l'œil l'objet qu'on regarde ; le tact nous a appris que cet objet eft plus grand ou plus petit qu'un autre : connoiffance qui , étant rectifiée par une expérience continuelle , nous enfeigne à juger de la grandeur des objets , fuivant leur diftance. L'œil reffemble à un miroir , & les objets viennent fe peindre fur la rétine comme dans une glace ; c'eft-à-dire , que nous voyons les objets dans nos yeux mêmes , & non à l'endroit où ils font placés hors de nous.

C'eft par la petite ouverture de la pupille qu'entrent les rayons de lumière qui partent des objets ; & comme , en général , les objets font plus grands que cette ouverture , les rayons vifuels ne peuvent y entrer qu'en fe croifant ; voilà pourquoi ceux qui partent d'en-bas vont frapper la partie fupérieure de la rétine , & que ceux d'en-haut font reçus par la partie inférieure. C'eft , comme nous l'avons dit , le fens du toucher qui remédie à cet inconvénient , en nous enfeignant la véritable pofition des objets ; de forte que , quoique nous voyons en effet les objets doubles & renverfés , nous croyons cependant les appercevoir fimples & dans le droit fens ; nous nous perfuadons même que cette fenfation , qui provient d'un raifonnement de l'efprit , inftruit par le fens du toucher, eft une fenfation réelle , produite par les nerfs optiques.

Tout cela eft d'une telle clarté , que nous penfons qu'il eft inutile d'en rapporter d'autres preuves. C'eft donc fur

Z ij

ces vérités que je fonde mon ſyſtême touchant la peine que cauſe la vue des objets qui ſont trop petits. Tout objet plus grand que l'ouverture de la pupille ſe peint renverſé ſur la rétine ; cependant l'ame conclut que l'objet eſt dans une poſition droite. L'habitude que nous avons contractée de juger ainſi des choſes que nous voyons, ne pourroit être détruite que par une habitude également longue & conſtante du contraire ; ce qui, à un certain âge, nous coûteroit beaucoup de peine & de tems. En ſuppoſant maintenant qu'un objet plus petit que l'ouverture de la pupille aille tomber ſur la rétine, il faut néceſſairement que l'image de cet objet y entre alors dans ſa poſition naturelle, parce que les lignes que forment les rayons de lumière ne ſe croiſent pas en y entrant ; & l'ame ſe trouvera par conſéquent trompée, ſi elle ſuit ſa méthode de raiſonner d'après l'inſtruction qu'elle a reçue du ſens du toucher. Elle ſera donc en contradiction avec elle-même, & obligée d'avoir recours à de nouvelles réflexions pour ſe former une idée de la véritable poſition de ces objets. Mais elle ne pourra y parvenir ſans de pénibles efforts, à cauſe qu'il eſt difficile de ſe déſaccoutumer d'une habitude conſtante, ſans beaucoup de fatigue & de ſoins.

C'eſt donc dans ce que nous venons de dire que conſiſte tout le mécaniſme de la vue, lorſque nous contemplons de très-petits objets. La meſure de grandeur que doit avoir un objet pour entrer dans ſa véritable poſition, au fond de notre œil, dépend de la grandeur de l'ouverture de la pupille ; mais c'eſt à ceux qui s'occu-

pent de l'optique à traiter ce fujet , ainfi qu'à examiner
fi les enfans ont cette ouverture de la pupille plus petite
que les vieillards.

§. I X.

Du Clair - Obfcur.

CEUX qui ne favent pas ce que c'eft que le clair-
obfcur , (& combien de peintres n'y a-t-il point qui
l'ignorent) penfent qu'il confifte dans le blanc & dans le
noir , à caufe qu'on emploie ordinairement le blanc pour
peindre les parties claires , & le noir pour rendre les
parties fombres , parce que la première couleur approche
le plus de la lumière , & la feconde des ombres. Mais
ce n'eft pas là ce qui conftitue le clair-obfcur, qui ne
dépend pas des couleurs mêmes , mais de l'art de les
employer & de diftribuer avec intelligence les jours &
les ombres.

Une furface qui n'eft pas parfaitement plane & unie ,
réfléchit de chaque point raboteux des rayons de lumière ,
dont les angles font différens entr'eux , parce que l'angle
d'imerfion que forme la réflexion de ces rayons eft toujours égal à leur angle d'incidence ; & comme chaque
point d'un champ inégal eft d'une différente élévation ,
il faut de néceffité qu'il en réfulte des rayons dont les
angles diffèrent entr'eux. Le fens du toucher a encore
rectifié cette fenfation , de la même manière que les autres

dont nous venons de parler dans le chapitre précédent; de ſorte que l'ame juge plus ou moins ſaillans les différens points de la ſurface , d'après les différens rayons de lumière qui en partent , c'eſt-à-dire , d'après les angles que forment ces rayons ; & c'eſt-là ce qui nous donne l'idée de la rondeur & du relief des objets.

Les objets en relief réfléchiſſent les rayons de lumière différemment qu'une ſurface plane ou qu'une concave, ce qui fait qu'ils paroiſſent plus éclairés ; & comme chaque angle diffère infiniment peu de celui qui le précède ou qui le ſuit immédiatement, on paſſe par une gradation inſenſible de l'un à l'autre ; car ſi l'œil devoit aller rapidement d'un grand angle à un petit , les objets lui paroîtroient interrompus ou découpés , & le clair-obſcur feroit totalement détruit. L'art conſiſte donc à ſavoir diſtribuer les couleurs de manière qu'elles réfléchiſſent la lumière , ainſi que le Goût & la raiſon le preſcriront , ſuivant l'effet qu'elles doivent produire dans un lieu déterminé , ſans confondre un objet reluiſant & poli aveo un corps ſaillant ou arrondi , quoiqu'ils réfléchiſſent , à la vérité , les uns & les autres beaucoup de lumière ; mais comme ces corps ſont très-différens entr'eux , ils doivent être rendus d'une manière différente.

On doit obſerver auſſi que les rayons de lumière ne ſont pas tous de la même force , parce que chaque couleur eſt d'une différente intenſité. Il faut donc remarquer de quelle couleur eſt compoſée une maſſe , afin de lui donner un ton qui ſoit analogue à ſa force.

L'artiſte pourra bien s'inſtruire de quelques-unes de ces règles par la pratique ; mais ſans une bonne théorie, il ne fera jamais que travailler en tâtonnant, & ce n'eſt que difficilement qu'il pourra produire quelque chofe de beau.

Les peintres qui ne connoiffent que la fimple pratique ou le mécanifme de leur art, & auxquels j'ofe donner le nom d'ignorans, prétendent néanmoins opérer avec la plus grande perfection, en imitant purement les accidens de lumière, & en copiant les jours & les ombres de la manière que les préfente la nature, c'eſt-à-dire, comme un fluide qui fe répand par-tout, & qui éclaire toutes les parties fur lefquelles il tombe en ligne directe, & qui laiffe toutes les autres dans l'obfcurité. En fuivant cette méthode, ils font les parties éclairées trop claires, & les parties ombrées trop fombres. Ils parviennent, en effet, à donner un grand relief aux parties frappées de la lumière, & penfent avoir atteint par-là à la perfection du clair-obfcur. Mais ils devroient fonger que la dégradation en doit être imperceptible, parce que tout ce qui eſt trop tranchant & d'un contraſte trop heurté, au lieu de plaire, bleffe la vue.

Le Corrége & M. Mengs ont tous deux connu la manière d'éviter ces défauts de la direction de la lumière. Jamais ils n'employoient une feule grande maffe de lumière pour éclairer leurs tableaux ; mais ils méditoient avec beaucoup de foin quelles parties de leurs compofitions méritoient le plus d'être éclairées & faillantes, & diſtribuoient enfuite fur chacune de ces parties la lumière de la manière la plus convenable, pour que les jours éclairaffent tout le tableau, en ne laiffant rien d'abfolument obfcur; de manière qu'il femble que la vue fe promène entre leurs figures , & s'y arrête , enchantée par l'harmonie que produiſent les contraſtes de ces différentes lumières & ombres. C'eſt ainſi que ces grands artiſtes ont évité l'effet déſagréable qu'on trouve dans les ou_ vrages des peintres , qui n'ont employé qu'une ſeule maſſe de lumière , comme ſi elle entroit par une fenêtre ou par un trou pour éclairer leurs tableaux.

Ces deux célèbres maîtres ſavoient de même que la lumière frappe non-ſeulement les objets en ligne droite , mais qu'elle réfléchit auſſi d'un objet ſur un autre , à qui elle communique ainſi , d'une manière immédiate , ſes rayons. Ce qui leur a fourni le moyen ingénieux d'éclairer par des reflets toutes les parties qui ne pouvoient pas recevoir une lumière directe ; & c'eſt par cette magie qu'ils ſont parvenus à donner une telle clarté , une telle har- monie & un tel relief à leurs chefs-d'œuvre , que l'œil en eſt charmé , ſans ſavoir ni d'où , ni de quelle manière la lumière y tombe.

Ce qui rend encore plus merveilleux les ouvrages de ces deux artiſtes , c'eſt leur intelligence dans la perſpective aërienne. Les rayons de lumière que les objets renvoient aux yeux ſont forts ou foibles , à raiſon de leur diſtance , de leur grandeur & de la denſité de l'air intermédiaire ; de ſorte qu'un objet voiſin de l'œil doit faire une plus forte impreſſion que celui qui en eſt éloigné , & les con- tours doivent en être plus diſtincts & plus ſentis que ceux du ſecond. C'eſt la perſpective linéaire qui nous apprend de quelle manière les objets ſe préſentent à nos yeux , vus d'une diſtance déterminée ; & la perſpective aërienne nous enſeigne le degré de lumière que ces mêmes objets

doivent

doivent réfléchir vers nous , à raifon de leur éloignement. La première de ces fciences a des règles fondées fur les mathématiques ; la feconde porte autant fur l'obfervation & fur l'étude phyfique de la nature de la lumière & de la conftruction de l'œil , que fur la perception de nos fens , ce qui la rend plus compliquée & plus difficile ; mais c'eft néanmoins de la connoiffance approfondie de ces chofes que dépend , en grande partie , la perfection de la peinture.

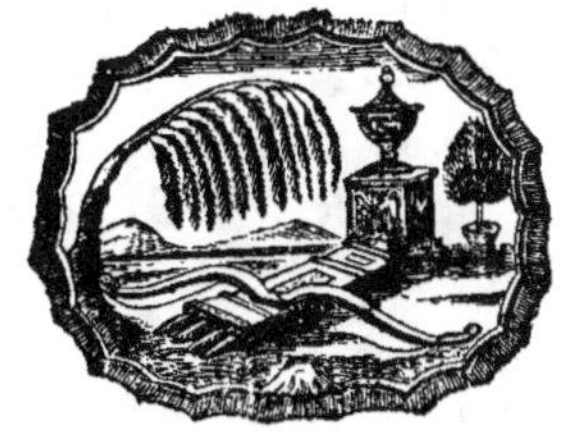

§. X.

De la Beauté de la Compoſition.

CE ſeroit une préſomption de ma part que de vouloir parler de la compoſition, après ce que M. Mengs en a dit. Je me bornerai donc ici à faire quelques réflexions ſur la Beauté de l'enſemble de la compoſition, puiſqu'on s'eſt contenté juſqu'à préſent de parler de ſes différentes parties en particulier.

Nous avons déjà remarqué qu'en peinture un objet eſt beau, quand il réunit en lui l'idée de la perfeḋion & du gracieux, & quand l'eſprit le diſcerne facilement & avec la moindre application poſſible, c'eſt-à-dire, lorſque cet objet ſe préſente d'une manière évidente à nos ſens; car cette évidence eſt la ſource de la Beauté.

La compoſition eſt l'art de choiſir, de diſpoſer & de bien agencer les différentes parties qui forment un tout. Le peintre, ainſi que le poëte, eſt le maître d'inventer & d'orner de la manière qu'il lui plaît le ſujet qu'il a choiſi; mais ni l'un ni l'autre ne doit s'écarter des règles de la vraiſemblance & de la Beauté. Le poëte jouit de l'avantage de pouvoir montrer ſucceſſivement ſon ſujet ſous ſes différens aſpeḋs; tandis que le peintre eſt renfermé dans des bornes plus circonſcrites, puiſqu'il eſt obligé de choiſir un ſeul moment de l'aḋion, dans lequel il doit la répréſenter & la renfermer exaḋement, ſans s'arrêter ni à ce qui précède , ni à ce qui fuit. Il faut de plus que ce moment foit le plus effentiel du fujet , & celui par lequel on puiffe s'en former facilement une idée complète ; afin qu'on reconnoiffe (comme l'a fort bien remarqué M. Mengs) fans peine le fujet par les perfonnages , fans qu'il foit befoin de chercher dans le fujet quels peuvent en être les perfonnages.

Il fuit donc de ce que nous venons de dire qu'une compofition ne peut pas être belle , fi elle ne rend pas l'intention de l'artifte avec une clarté affez grande pour que l'homme médiocrement inftruit puiffe la comprendre du premier coup-d'œil, fans fe fatiguer l'efprit. La Beauté doit offrir moins de difficulté encore à être reconnue. C'eft un très-grand défaut quand le fujet a befoin d'être expliqué; mais c'eft le comble du mauvais Goût que de divifer l'action ou de la repréfenter fucceffivement. Je pourrois citer un grand nombre d'exemples de tous ces défauts, fi je ne craignois pas qu'on m'imputât de faire la fatyre de quelques artiftes connus. Je me bornerai donc, pour le moment, à pofer, comme une vérité de fait, qu'aucune production de l'art ne peut être belle fi la clarté & l'évidence n'y règnent pas ; & que la moindre peine que l'efprit doit employer à diftinguer le fujet d'un tableau , en dégrade la Beauté qui pourroit s'y trouver d'ailleurs dans l'exécution.

§. X I.

De l'Expreſſion.

SI je voulois m'étendre ſur tout ce qu'il y a à dire de l'expreſſion dans les ouvrages de l'art, je ferois obligé d'écrire un gros volume. Ceux qui voudront approfondir cette matière, doivent étudier ce qui en eſt dit dans pluſieurs endroits des œuvres de Cicéron, d'Horace, de Séneque, de Pline, de Philoſtrate, & particulièrement du judicieux Quintilien, dont on trouve une compilation, aſſez indigeſte, dans le *Traité de la Peinture des Anciens*, par Junius. Mon but eſt de ne m'arrêter ici à l'expreſſion, qu'autant qu'elle contribue à la Beauté.

Par expreſſion j'entends la manière de faire connoître les paſſions de l'ame, par le moyen de ſignes extérieurs. L'union de l'ame avec le corps eſt ſi intime, que l'une ne peut éprouver aucune ſenſation qu'elle n'excite un mouvement ou une altération dans une partie quelconque de l'autre. Or, comme le peintre doit repréſenter ſes figures en action, il faut qu'il l'exprime par l'attitude que l'ame feroit naturellement prendre au corps, & par les mouvemens qu'elle lui feroit faire, ſi elle étoit réellement dans la ſituation où les perſonnages ſont cenſés ſe trouver. Mais comme ces mouvemens ſont plus ou moins marqués ; c'eſt-à-dire, que les uns ſont violens & forcés, les autres gracieux & nobles ; d'autres enfin, communs & guindés, c'eſt le Goût qui doit diriger le peintre dans le choix de ceux qui contribuent le plus à la Beauté ; & l'on reconnoîtra ſon talent par la manière de les rendre avec l'exactitude convenable. Il ne doit pas être moins attentif à employer des traits & des formes qui n'altèrent pas la Beauté. Si la paſſion qu'il veut exprimer eſt violente, & ſi pour cela il copie fidèlement quelque modèle ordinaire, il produira une figure commune & mauvaiſe, laquelle, en faiſant une trop forte impreſſion ſur les nerfs, cauſera de la peine au lieu d'un ſentiment agréable. Il ne doit donc point perdre un ſeul inſtant de vue ce grand principe dans lequel conſiſte tout le myſtère de l'art ; ſavoir, que l'objet de la peinture eſt de plaire à l'eſprit & de charmer les ſens, en leur procurant toujours un nouveau plaiſir, ſans jamais les fatiguer.

Un artiſte qui aura à peindre une violente douleur, ne manquera preſque jamais de repréſenter ſon perſonnage avec une bouche exceſſivement ouverte, des yeux hagards & convulſifs, des muſcles & des membres contractés, & tous les traits altérés. Il eſt vrai qu'en cela il imite fidèlement la nature, ſans qu'il puiſſe néanmoins prétendre aux éloges des vrais connoiſſeurs de l'art, puiſqu'il n'aura produit qu'un mauvais ouvrage ; car il n'eſt pas poſſible de conſerver les belles formes, en altérant & défigurant de cette manière les traits & les muſcles. Le groupe de Laocoon & de ſes fils offre, ſans contredit, l'exemple de la plus grande douleur à laquelle la nature humaine puiſſe être ſoumiſe ; cependant les artiſtes qui ont exécuté cet immortel ouvrage ont ſu l'exprimer & la varier de telle ſorte, que dans le même

tems qu'ils nous donnent l'idée de la plus haute ſouf-
france , ils n'y ont mis aucun mouvement , aucun trait
convulſif qui nuiſe à la beauté des formes. Dans le père
on voit un corps en proie aux plus affreux tourmens ;
mais en même tems une ame forte & ſupérieure a ſon
infortune , tel qu'un rocher vainement battu par les flots.
Les deux fils, moins robuſtes, nous font voir une plus forte
impreſſion de la douleur ; cependant ni leur bouche ,
ni leurs yeux , qui ſe tournent vers leur père , comme
s'ils vouloient implorer ſon ſecours , (ſentiment naturel
à leur âge & à la ſituation où ils ſe trouvent) leurs yeux
& leur bouche , dis-je , ainſi que leurs muſcles n'offrent
aucune altération aſſez grande pour en défigurer la Beauté·

Le groupe de Niobé eſt un autre exemple de la manière
grande & noble avec laquelle les Grecs avoient l'art de repréſenter les plus violentes ſituations de l'ame , ſans altérer ni
dégrader les formes du corps. La Deſcente de croix de M.
Mengs , & ſur-tout ſon Chriſt mourant , deux tableaux qui
ſont dans le cabinet de ſa majeſté Catholique , doivent , ſans
contredit , être regardés de même comme des modèles ſublimes , au-deſſus du genre forcé ou altéré. Il faut donc
poſer comme un principe certain que l'art des Grecs étoit :
« de faire le plus poſſible , par les moyens les plus ſim-
» ples & les plus faciles ».

Les autres paſſions de l'ame , qui ne produiſent pas
des effets auſſi ſenſibles , ſont plus difficiles encore à rendre ; parce que , pour en faire connoître les cauſes , il
faut que le peintre ſoit philoſophe , & qu'il connoiſſe
le labyrinthe du cœur humain ; qu'il joigne à cela une
notion aſſez grande de l'anatomie pour être inſtruit du

jeu que chaque affection de l'ame produit fur les mufcles : connoiffances qu'on ne peut acquérir fans un bon
jugement , & fans de profondes études. Les Grecs poffédoient ces qualités au point que dans leurs ftatues on
s'apperçoit à peine qu'ils aient fongé à l'expreffion , &
néanmoins chaque partie y rend ce qu'elle doit exprimer. Elles ont , en général , cette tranquillité qui en
laiffe appercevoir toute la Beauté fans aucune altération ;
& le mouvement doux & modéré de la bouche & des
yeux , qui fert à faire connoître le fentiment intérieur
qui les occupe actuellement , émeut l'ame en même tems
qu'il charme les fens.

Parmi les modernes (nous ne pouvons nous empécher
de le dire) , il y a une certaine fecte de peintres & d'a-
mateurs qui regardent comme pleines d'expreffion les
figures dont l'attitude eft violente & même forcée , ce
qui , avec beaucoup de peine , produit peu d'effet :
Goût dépravé , qui ne provient que de la pareffe de réfléchir & d'une profonde ignorance de l'art. L'expreffion
des mouvemens d'un homme du peuple , excités par une
violente paffion , qui met en contorfion tous fes membres , ainfi que le fpectacle dégoûtant d'un cadavre ou
du fang qui coule à grands flots d'une bleffure , ne
prouvent, en général , que peu de talent & de jugement ;
puifqu'il fuffit , pour y parvenir , d'avoir des yeux , &
de favoir en faire ufage. Mais il faut de grandes études
& une bonne philofophie pour bien connoître les refforts
de l'ame en la furprenant , pour ainfi dire , fur le fait
dans fes plus fecrètes opérations ; & pour pouvoir , en
même tems , exprimer tout cela fans altérer les formes de

la Beauté. Toutes ces connoiſſances ne ſuffiſent cependant pas encore pour s'élever au plus haut degré de perfection ; il faut penſer auſſi à la convenance , c'eſt-à-dire , au caractère que doit avoir chaque perſonnage qu'on veut peindre ; car un héros ou un grand prince ne ſe laiſſe point aller à la colère comme un homme du peuple ; & une divinité doit être exempte des paſſions des mortels , ou du moins les avoir plus modérées. De plus , il eſt néceſſaire que l'expreſſion provienne de la vérité , & non de l'imitation ; car il y a une grande différence , ainſi que l'a dit M. Mengs , entre une perſonne véritablement agitée d'une violente paſſion quelconque , & le comédien qui le contrefait. Térence avoit déjà remarqué cette nuance, il y a pluſieurs ſiècles , quand il a dit :

Ex animo omnia ,
Ut fert natura , facias , an de induſtria.

La peinture des portraits offre d'autres vices dont quelques nations entières ſont affectées. Il eſt rare qu'on veuille être peint tel que Dieu nous a créé , ou que le peintre ſe contente de copier bonnement ſon original. Il faut une attitude qu'on appelle *élégante* ou *pittoreſque* , ſans ſavoir pourquoi. On prend beaucoup de peine à faire faire des grimaces ridicules à la bouche ; les yeux ſont tournés hors de leur orbite ; le corps eſt dans une poſition forcée & déſagréable ; on le repréſente renverſé en arrière ou vu en raccourci , & le tout pour parvenir à cette prétendue élégance. Enfin , on met tout en uſage pour que le portrait ne reſſemble en rien à l'original , & pour altérer

-rer la vérité des formes naturelles, fans laquelle néan-
-moins rien ne peut être beau ou agréable.

Toutes les belles figures & ſtatues antiques (à l'excep-
-tion de celles qui demandent abſolument une certaine at-
-titude), ont la tête un peu inclinée vers la poitrine. Il
paroît qu'en général les anciens ont regardé cette poſition de la tête comme la plus propre à fixer l'attention
du ſpectateur ; parce que de cette manière les ſtatues
ſemblent vouloir l'inviter à converſer avec elles. Elle
ſert auſſi à écarter l'idée, toujours odieuſe, de vanité
& de hauteur que paroît indiquer un front élevé &
une tête jetée en arrière : *Eſt odioſa omnis ſupinitas*, dit
Quintilien.

Pour ne pas trop m'étendre, je terminerai ce chapitre
par obſerver que l'expreſſion ne ſe borne pas à rendre
ſeulement les paſſions de l'ame par les traits du viſage.
Chaque membre en particulier, l'attitude de la figure,
les draperies, le ſite, l'architecture, les arbres, le ciel
ou l'air, la lumière même, en un mot, tout ce qui
entre dans la compoſition d'un tableau eſt ſuſceptible de
contribuer à l'expreſſion ; de même que tout doit auſſi y
concourir à la Beauté.

§. X I I.

Du grand Style, du Style mediocre, & du Style meſquin.

QUAND, dans la peinture, on applique l'épithète de
grand au ſtyle ou à une figure, il ne faut pas entendre

par-là la dimenfion de la chofe défignée. Il en eft de même du ftyle médiocre, &c. parce que la valeur de la peinture ne fe mefure pas à la toife. Le grand ftyle eft, comme l'obferve M. Mengs, celui où le peintre a fait choix de grandes parties, en omettant les médiocres & les petites. Chaque chofe dans la nature eft compofée de quelques parties principales, d'autres plus petites, & ainfi de fuite à l'infini. Notre vue ne peut pas difcerner les premiers élémens des chofes ; le peintre ne doit donc point fe propofer de les copier, & moins encore de les rendre avec leurs couleurs. Le vifage de l'homme, par exemple, eft compofé d'un front, de fourcils, d'yeux, d'un nez, de joues, d'un menton, d'une barbe, qui forment fes grandes parties, & dont chacune en renferme beaucoup d'autres plus petites. Si le peintre ne cherche qu'à bien repréfenter les parties principales dont nous venons de parler, il aura un grand ftyle ; s'il s'arrête de même aux fecondes, fon ftyle ne fera que moyen ou médiocre ; & lorfqu'enfin il entre jufques dans les plus petits détails, fon ftyle deviendra petit, mefquin & même ridicule. On peut donc tomber dans le ftyle mefquin en peignant une figure coloffale ; de même qu'on peut avoir un grand ftyle en repréfentant de petits objets.

Or, comme la peinture ne fert qu'à rendre l'apparence vifible des chofes, elle aura atteint fon but toutes les fois qu'elle nous en donnera une idée claire, évidente & qui ne fatigue point l'efprit : voilà auffi ce qui fait que le grand ftyle eft beau.

Quelques peintres célèbres fe font formés une fauffe idée de la grandiofité, & ont cherché à y parvenir par des routes tortueufes, qui n'ont fervi qu'à les en écarter. Michel-Ange, par exemple, auroit corrompu, par fon afcendant,

le Goût de fon fiècle , fi Raphaël ne s'y fût oppofé par
fon Goût plus judicieux. Michel-Ange , pendant la longue
durée de fa vie , n'a jamais fait aucun ouvrage de peinture , de fculpture , ni peut-être même d'architecture ,
avec l'intention de plaire ou de produire la Beauté ,
qu'il ne connoifloit , fans doute , pas , mais uniquement
pour faire briller fon favoir. On voit que dans toutes fes
figures il a cherché les attitudes les plus violentes , les
plus forcées , ou celles qui étoient le plus propres à faire
paroître fes connoiflances dans l'anatomie ; aufli a-t-il fortement prononcé les mufcles & l'emplacement des os ,
comme s'il eût craint que le fpectateur n'auroit pas reconnu
fon talent fans ces formes lourdes & chargées. Cet
artifte croyoit néanmoins avoir un grand ftyle , quoiqu'à
la lettre il n'a eu qu'un petit ftyle , qui d'ailleurs eft
outré & pefant. Ses contours ont cependant été admirés
& même loués avec enthoufiafme par de prétendus con-
noifleurs , qui donnent à fon ftyle les noms de *fier* , de
terrible , & qui plus eft de *divin*. Au refte , on prodiguera à
cette manière de Michel-Ange les épithètes qu'on voudra ,
fans que cela la rende ni grande , ni belle. Livré à l'am-
bition de pafler pour favant , cet artifte ne s'eft jamais
occupé de plaire ni de charmer l'ame par la Beauté. Il fuffit
de voir fon fameux Jugement dernier , pour fe convaincre
de ce que je dis , & jufqu'où l'extravagance peut égarer
un artifte dans la compofition de fes ouvrages. M. Falconet , qui ne fe trompe pas toujours , a eu raifon de
dire que le célèbre Moyfe de Michel-Ange reflemble plutôt à un forçat qu'à un légiflateur infpiré. Le Dolce ,
dans fes dialogues , a remarqué les mêmes défauts dans

cet artiſte , ſans néanmoins en connoître la véritable
raiſon. Mais ſi , par bonheur , on trouve un amateur qui
faſſe uſage de ſa raiſon en parlant de Michel-Ange , il
y en a mille autres qui , les yeux fermés , ſoutiennent
que cet artiſte a été divin dans toutes les parties de ſon
art.

Ses ouvrages méritent pourtant d'être étudiés , pour
ſe former dans la correction du deſſin & dans la connoiſſance de l'anatomie , en ſe rappellant néanmoins toujours
que ce ne ſont là que des moyens , qui ſeuls ne conſti-
tuent pas le vrai but de la peinture.

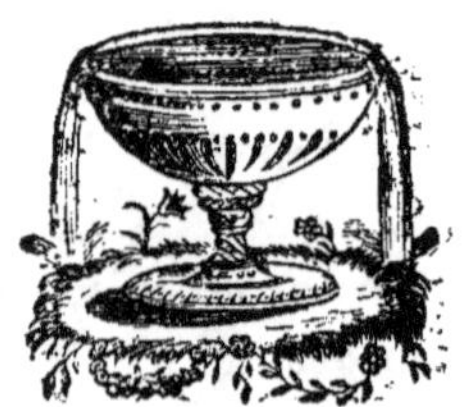

REFLEXIONS

SUR RAPHAEL, SUR LE CORRÉGE,

SUR LE TITIEN,

Et sur les Ouvrages des Anciens.

AVERTISSEMENT

DE M. D'AZARA.

Qu'on ne penfe pas, d'après le titre de ce Traité, que ce n'eſt qu'une répétition de ce que M. Mengs a dit dans ſes *Réflexions ſur la Beauté & ſur le Goût dans la Peinture.* Le but en eſt ſans contredit le même ; mais on y trouvera tant de choſes nouvelles, & des principes ſi grands & ſi clairement rendus, qu'on ne regrettera pas le tems qu'on emploiera à cette lecture.

Le manuſcrit d'après lequel nous publions ce Traité, eſt rempli de répétitions & d'omiſlions de choſes eſſentielles ; ce qui ne nous a pas permis d'y donner une forme exacte & méthodique, car cela nous auroit obligé d'en changer toute la contexture ; & de dénaturer par conféquent le ſtyle original de l'auteur, à qui nous laiſſons parler ſon langage, afin que le Lecteur puiſſe en tirer une plus grande utilité, malgré les répétitions qui s'y trouvent ; leſquelles d'ailleurs ne peuvent déplaire, ni aux artiſtes, ni aux vrais amateurs.

RÉFLEXIONS

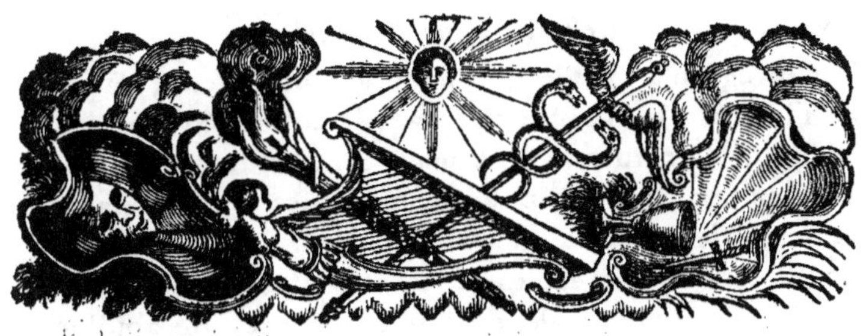

REFLEXIONS

SUR RAPHAEL, SUR LE CORRÉGE,

SUR LE TITIEN,

& fur les Ouvrages des Anciens.

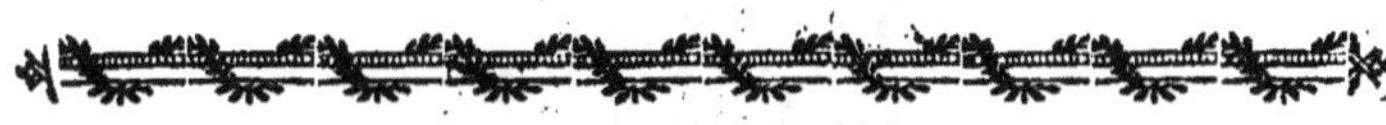

CHAPITRE I.

INTRODUCTION.

RAPHAEL mérite fans contredit de tenir le premier rang parmi les plus grands peintres, non parce qu'il eſt celui qui a réuni le plus de parties de ſon art ; mais parce qu'il en a poſſédé les plus eſſentielles. La peinture, comme on fait, a différentes parties ; favoir, le deſſin, le clair-obſcur, le coloris, l'imitation, la compoſition & l'idéal. Or, Raphaël s'eſt diſtingué dans le deſſin, dans la compoſition, & même auſſi dans l'idéal ; tandis que le Corrége n'a excellé que dans le coloris feul , & que le Titien n'a bien réuffi que dans le coloris & dans l'imitation de la nature. On ne peut donc refufer la palme à Raphaël , puifqu'il a poffédé les parties les plus importantes & les plus fublimes de fon art. Le Corrége en a choifi les plus agréables & les plus attachantes. Le Titien s'eft contenté de ce qui eft de néceffité abfolue, c'eft-à-dire , de la fimple imitation de la nature.

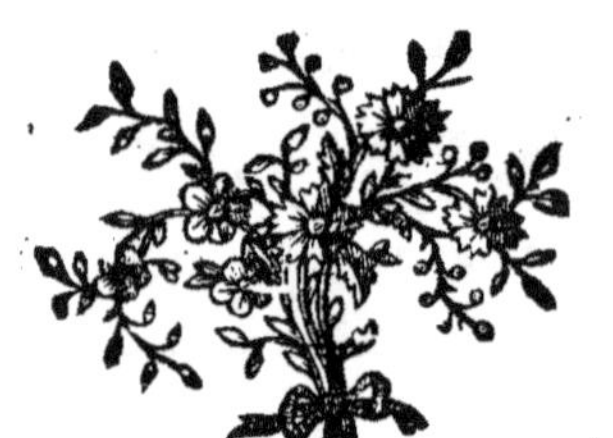

I.

Règles générales pour juger du mérite des peintres.

Pour bien apprécier le degré de mérite des perfonnes qui ont cultivé un art ou une fcience, il faut connoître à fond cet art ou cette fcience même. La peinture a différentes parties, tant générales que particulières, dont quelques-unes font effentiellement néceffaires pour conftituer un peintre, & dont quelques autres rendent l'artifte ou plus noble & plus précieux, ou plus commun & moins eftimable.

La partie qu'il eft abfolument néceffaire qu'il poffède, c'eft l'imitation de tous les objets qui peuvent fe repréfenter & fe concevoir dans un même moment. La feconde partie confifte dans l'idéal, par lequel on entend les chofes dont il n'exifte point de modèle dans la nature, & où l'art du peintre exprime les idées qu'il a conçues dans fon efprit, & non celles qu'il s'eft formées par le fecours des yeux. Pour parvenir au premier degré, c'eft-à-dire, à l'imitation, il fuffit d'avoir l'œil jufte, pour ne pas fe tromper dans la repréfentation des objets qu'on voit & qu'on veut copier; mais pour atteindre au fecond degré ou à l'idéal, il faut être doué d'un bon efprit & d'une grande imagination. La partie de l'idéal n'a donc pu être portée dès le commencement de l'art au point où elle eft parvenue dans la fuite, parce qu'elle eft la perfection de l'art, & qu'aucun art ne peut être parfait dans fon origine.

Ces deux qualités, qui forment, pour ainfi dire, deux

différentes efpèces de peinture, comprennent jufqu'aux moindres parties de l'art. Je vais m'expliquer par un exemple : Un peintre qui fe bornera à la fimple imitation, fera bien une tête ou une main d'après une belle perfonne ; mais cette partie fera rendue avec toutes les petites imperfections qui fe rencontrent ordinairement dans la nature, & il ne faura pas choifir le meilleur du bon, pour en faire un ouvrage qui approche de la perfection idéale. Tandis que le peintre d'un ordre fupérieur prendra feulement ce qu'il y a de beau dans la nature, en omettant tout ce qui eft gratuit ou mauvais, & en rejetant même les belles parties qui peuvent fe rencontrer dans la nature, fans être bien d'accord l'une avec l'autre ; comme, par exemple, un corps charnu & robufte avec des mains délicates & maigrelettes ; le fein d'une femme belle & potelée, avec un cou maigre ou un corps élancé, &c. ; car toutes ces parties peuvent être fort belles, prifes chacune féparément ; mais elles feront un mauvais effet fi on les met enfemble dans les ouvrages de l'art, quoiqu'elles fe rencontrent fouvent ainfi réunies dans la nature.

Je conclus donc, que le peintre qui poffède la partie de l'imitation, fera un habile ouvrier ; mais que pour atteindre à l'idéal, il doit être favant, & joindre un efprit philofophique à une profonde connoiffance de la nature ; & comme il ne peut parvenir à cette perfection fans poffèder auparavant le mérite de l'imitation, il en réfulte néceffairement qu'il doit être beaucoup plus eftimable que celui qui n'a porté le talent qu'à ce premier degré.

Pour atteindre à la perfeétion de l'art , il faut donc que le peintre commence par en poſer le premier fonde- ment , en accoutumant ſon œil à une grande juſteſſe , pour ſavoir bien employer toutes les règles de l'art , & imiter fidèlement tous les objets qui ſe préſentent à la vue : voilà le fondement de l'art. Après quoi , il doit chercher à ſaiſir le bon , pour le diſtinguer du mauvais , & pour choiſir le beau du bon , & le parfait du beau. Enſuite , il tâchera de ſe rendre raiſon pourquoi une choſe eſt plus belle qu'une autre , & pourquoi elle doit être comme elle eſt , & non d'une autre manière ; ce qui ne s'acquiert que par un bon eſprit , un raiſonnement juſte , & des connoiſſances qui ſemblent ſortir des limites de l'art de peindre , ou qui du moins ſont tout-à-fait bannies des âteliers de nos jours ; car l'on a oſé avilir cette noble profeſſion juſqu'à le réduire à une eſpèce de métier ou d'art purement mécanique , en enſeignant qu'on deviendra peintre à force de faire des tableaux. Mais j'exhorte les jeunes artiſtes à bien conſidérer que la peinture eſt un art libéral , qui demande autant de génie que d'habileté , c'eſt-à-dire , autant de réflexion que d'exercice , & que ce n'eſt que dans la réunion de ces deux parties que con- ſiſte ſa perfeétion.

La grande différence qu'on remarque dans le mérite des peintres , même de ceux qui ſont les plus habiles , ne vient que du degré plus ou moins grand auquel ils ont porté l'une ou l'autre de ces deux parties. Ceux qui ont plus de mécaniſme que d'idéal , feront de ſerviles copiſtes de la nature , comme le font les peintres Hollandois. Ceux , au contraire , qui ſe contentent de l'idéal , ne par-

viendront qu'à faire des ébauches fans pouvoir les finir ;
parce qu'il leur manquera le mécanifme pour y mettre la
dernière main.

Pour donner un exemple de cet inconvénient, je pourrois citer le Pouffin ; & pour la vraie union de l'idéal
& du mécanifme, je propoferois Raphaël. Cependant la
partie idéale l'emporte autant fur la partie mécanique,
que l'efprit l'emporte fur le corps.

Netfcher, Gérard Dow, Mieris, ont poffédé l'art de
l'imitation à un très-haut degré. Raphaël n'a pas porté
l'idéal auffi loin que le Pouffin ; mais il eft plus vrai, en
ce qu'il a fu mieux l'unir, que le Pouffin, avec l'efprit
d'imitation.

Dans la partie de l'imitation, Gérard Dow fut fupérieur à Raphaël ; mais celui-ci l'ayant unie à la grandeur
de l'idéal, il l'a rendue plus noble, & a furpaffé, par
cette union, les deux plus grands peintres dans chaque
partie de l'art ; c'eft-à-dire, le Pouffin dans l'idéal, &
Gérard Dow dans l'imitation.

D'après ces principes, on peut juger du mérite de tous
les peintres ; car lorfqu'il y en a deux qui ont atteint le
même degré de perfection, l'un dans l'imitation, & l'autre
dans l'idéal, il faut préférer ce dernier, pour les raifons
que nous venons d'indiquer. Mais celui qui pofsède également bien ces deux parties, eft fans contredit le plus
eftimable, puifqu'il a atteint le vrai but de l'art, & c'eft
ce qu'on peut appeller un grand artifte. J'ai dit qu'un
peintre purement idéal ne fera que des ébauches, fans
pouvoir rien finir, & cela eft vrai ; j'ajouterai même qu'il
fera peu eftimable. Mais quand j'ai avancé que le Pouffin

à fait des ébauches , j'ai voulu dire qu'il a porté l'idéal
jufques dans la forme des mains & des pieds ; & qu'ab-
forbé, fi je puis m'exprimer ainfi, dans fes idées, il n'a pas
fini ces parties, & ne les a pas portées à la perfection de
la nature , quoiqu'il ne fût pas abfolument ignorant dans
la partie de l'imitation : c'eft pourquoi il faut le regarder
comme un peintre d'un grand mérite.

Je l'ai déjà dit , le premier & le plus grand maître ,
depuis le renouvellement de la peinture , c'eft fans contredit Raphaël ; car avant lui il n'y a eu perfonne qui
ait poffédé autant de parties de l'art , ni qui les ait portées à ce degré de perfection. Je ferai voir maintenant
quelle route l'a conduit à cette perfection , & par quels
moyens on pourroit parvenir à l'imiter & à atteindre au
même degré que lui.

I I.

Réflexions générales fur Raphaël.

RAPHAËL naquit à Urbin en 1483. Il étoit fils de
peintre, ce qui n'étoit pas un médiocre avantage , puifqu'il eft naturel qu'un artifte enfeigne avec plus de foin
fon talent à fes enfans qu'à des étrangers. Il eft donc à
croire que le père de Raphaël n'épargna aucun foin pour
fon inftruction. Lorfque Raphaël parut , les peintres ne
connoiffoient d'autres règles que l'imitation de la nature :
celui qui poffédoit le mieux cette partie , étoit regardé

comme le plus grand artifte. Comme cette imitation ne peut s'acquérir que par beaucoup d'attention & une grande juf-teffe de l'œil, Raphaël eut le bonheur de pofer le premier fondement de fon art, en fe fervant de ces maximes, qui font les plus néceffaires pour toute efpèce de génie ; car un efprit médiocre parviendra du moins de cette ma-nière à bien imiter, tandis qu'un grand génie pouffera fa courfe bien loin au-delà. Raphaël ne tarda donc point à vaincre les premières difficultés de l'art ; il acquit fur-tout promptement la partie de l'imitation, parce qu'elle eft celle qui frappe le plus les fens. Jean Sanzio, père de Raphaël, le mit chez le Pérugin pour acquérir la pratique, qu'il ne pouvoit apprendre chez lui, faute d'ouvrages affez confidérables. Raphaël ne refta pas long-tems fans égaler fon maître, dont le talent ne confiftoit que dans la fimple imitation de la nature, partie dont Raphaël s'étoit déjà inftruit chez fon père. Il ne prit donc du Pérugin que l'habitude de peindre à frefque, à l'huile & en dé-trempe, talent qu'il ne lui fut pas mal-aifé d'acquérir.

S'étant rendu maître de la plus difficile partie de l'art dans ce tems-là ; il alla à Florence, où il vit des chofes d'un plus grand goût. Il y étudia les ouvrages de Maf-faccio aux Carmes, ce qui lui donna quelque idée de l'antique, & lui fit quitter le goût des plis courts & rompus du Pérugin. Cependant quoique fa manière fût déjà devenue plus élégante, il ne put pas fe défaire en-core tout-à-fait du ftyle fec & fervile qu'il s'étoit formé.

A la mort de fon père, Raphaël fe rendit à Urbin pour arranger fes affaires de famille. Ayant alors entendu parler des cartons que Michel-Ange & Léonard de Vinci

avoient

avoient faits pour être peints à l'hôtel-de-ville de Florence , il fe rendit dans cette ville. A la vue de ces ouvrages , & particulièrement de ceux de Michel-Ange , il
fit comme les abeilles qui tirent le miel des fleurs les
plus amères ; car on peut dire que Michel-Ange a fervi
de remède violent à Raphaël , qui , par cette majeftueufe
charge , reconnut les défauts de fon premier goût. Il
réfolut alors d'abandonner tous les petits traits ; & comme,
par la grande juftefle de l'œil qu'il avoit acquife , il étoit
devenu le maître de fon crayon , & qu'il n'étoit pas expofé au hafard de la main , comme nous le fommes dans
ce fiècle , où l'on eftime plus une manière hardie & une
audacieufe facilité qu'une touche vraie & fûre , il avoit
le talent d'imiter tout ce qu'il vouloit.

La connoiffance qu'il fit dans ce tems-là de Barthélemi
de Saint-Marc lui fut très-avantageufe. Il apprit de lui
à peindre comme Michel-Ange deffinoit ; cependant il
ne put fe réfoudre à l'imiter exactement , à caufe de la
grande vérité , qu'il a toujours préférée à toute autre
chofe. Mais il prit affez de fa manière pour agrandir fon
goût , pour peindre avec des couleurs plus vigoureufes
& plus fortement empâtées , & pour employer de plus
grandes maffes qu'il n'avoit fait jufqu'alors. Il quitta les
petits pinceaux & prit la broffe , bannit le gris de fes
teintes , & ne coupa plus par les plis de fes draperies la
forme du nud qu'elles couvroient. Il apprit auffi à conferver dans fes draperies le même clair-obfcur que les
figures devroient avoir fi elles étoient nues , & ne par-
tagea plus les plis par de petits traits noirs. Enfin , fon

Tome I.   D d

génie lui fit exécuter ce que Barthélemi de Saint-Marc
& Maſlaccio avoient foupçonné de bon.

Il retourna enſuite à Urbin , où il exécuta des ouvrages
qui prouvent clairement les grands progrès qu'il avoit
faits. Il y peignit , dans ſon nouveau ſtyle , une Defcente
de croix pour une chapelle. Son oncle Bramante l'invita
alors à venir à Rome , où on lui donna d'abord à peindre
les nouveaux appartemens du pape , appellés *Torre di
Borgia* , ou *Camera della Segnatura.* Les Écrivains diſent
qu'il commença par les quatre pendentifs du plafond ou
de la voûte , leſquels tiennent encore beaucoup de la
manière du frère Barthélemi. Cependant ces ouvrages
firent un tel plaiſir au pape , qu'il ordonna d'abattre des
murs les tableaux des autres peintres , parce qu'ils ne
pouvoient ſoutenir la comparaiſon de ceux de Raphaël.

Il peignit ſur l'un des pans l'Aſſemblée des doĉteurs
de l'égliſe , ouvrage généralement connu ſous le nom du
tableau de la *Théologie.* Au haut du tableau , on voit la
Sainte Trinité , autour de laquelle ſont placés des pa-
triarches , d'autres ſaints & des anges. Cet ouvrage eſt
ſur-tout admirable par les détails ; mais il eſt facile de
s'appercevoir que Raphaël fut épouvanté du vaſte champ
qu'il avoit à parcourir ; que l'attention qu'il fut obligé
d'y porter le gêna , & que la grande envie de bien faire,
le fit tomber dans des défauts où les grands eſprits ſe
laiſſent ſouvent aller par le deſir de produire des choſes
extraordinaires. Le goût du tems où il vécut & ſa jeuneſſe , (car il ne pouvoit alors avoir guères plus de vingt-
cinq ans) le firent reſſouvenir de la manière du Pérugin

de faire des rayons d'or en reliefs , avec des anges &
des chérubins embrochés en file par ces rayons. Il eſt
vrai qu'on pourroit excuſer Raphaël par des exemples
de nos jours , puiſque nous voyons que certains amateurs
ſont toujours prévenus en faveur du ſtyle des artiſtes
qui ont joui d'une grande réputation ; de ſorte qu'on
peut croire qu'il y avoit encore alors des partiſans du
Pérugin , qui n'auroient pas trouvé un tableau bon s'il
n'avoit pas été enrichi d'or. Je n'entreprendrai néanmoins
pas de juſtifier Raphaël ſur ce goût dépravé , en me
contentant d'examiner comment il eſt parvenu à ce haut
degré de perfection auquel il porta dans la ſuite ſon art.

Toutes les parties du tableau dont nous venons de
parler , ſont exécutées avec un ſoin extrême. On voit
qu'il a commencé du côté droit & qu'il a fini par le côté
gauche. On remarque dans l'angle du côté droit des
parties qui ſont encore d'un ſtyle ſec ; mais qui cependant
ont été peintes avec une grande vîteſſe & des couleurs bien
empâtées. Rien , pour ainſi dire , n'y a été retouché , &
l'on y remarque le goût de Barthélemi de Saint-Marc ,
comme entr'autres dans la figure du Bramante. On voit que
toutes les parties ont été peintes d'après nature , c'eſt-à-
dire, ſur des deſſins faits d'après nature ; mais on reconnoît qu'à meſure qu'il a avancé , il s'eſt plus aſſuré de ſon
ſtyle , & a exécuté avec plus de franchiſe. Du côté oppoſé , on voit , au-deſſus de la porte , dans la figure
qui eſt appuyée , ſon véritable & ſon plus beau goût ;
celle qui montre quelque choſe derrière elle , eſt de la
même beauté. Tout le haut du tableau eſt fini avec un
grand ſoin & bien colorié ; mais on s'apperçoit clairement

D d ij

que cette manière foignée , & une parfaite imitation de la
nature , tenoient encore chez lui lieu du beau idéal.
Dans les figures de fon dernier ftyle , il a vaincu toute
gêne & toute crainte de mal faire : en comparant les premières avec les dernières , on pourra fe convaincre de
ce que je viens de dire.

Il a fuivi la même route dans tous les tableaux qu'il
a faits dans ces loges. Les premiers font d'une touche
timide & léchée , & on n'y trouve ni les principes ni le
ftyle d'un grand homme ; les contours en font encore
fans vrai caractère ; on voit qu'il a craint de les bien
prononcer ; les plis font bien finis ; les yeux font beaux ,
mais exprimés avec timidité , & tout paroît plus beau de
près que de loin.

Au contraire , les ouvrages de fon dernier ftyle paroiffent faits avec une grande facilité ; on y voit quelques
traits de fes premières intentions , tels qu'ils font reftés
imprimés du carton ; les draperies font moins finies , mais
elles font un plus grand effet de loin ; car comme il s'étoit
apperçu que le peu de dégradation qu'il avoit donné aux
premières devenoit invifible à une certaine diftance , il
a pouffé plus loin les deux extrêmes du clair-obfcur , &
a mis plus de franchife dans les couleurs de fes contours. Il a obfervé que la grande timidité des contours
rendent un ouvrage froid ; & que comme les petites
parties font celles qui fe perdent les premières , par la
diftance & l'interpofition de l'air , il eft néceffaire de les
agrandir davantage dans les grands ouvrages que dans
les petits. Il a omis toutes les chofes inutiles , & c'eft
alors qu'il apprit à diftinguer celles qui font plus ou

moins néceffaires. Il a connu qu'il faut plutôt marquer les os que les petits plis de la peau ; que les tendons des mufcles doivent être mieux prononcés que la chair ; que les mufcles en mouvement méritent plus d'attention que ceux qui font oififs ; que la force des draperies ne confifte pas dans chaque plis en particulier ; mais que tous les plis qui fe trouvent fur une maffe claire , ne doivent pas être coupés avec autant de force , ni être fi décidés que ceux qui font fur une articulation ; qu'en général on doit y obferver la réflexion de la lumière , de la même manière à-peu-près que dans une grappe de raifins , dont les grains expofés à la plus grande lumière , la réfléchiffent de manière qu'ils font , pour ainfi dire , difparoître ceux qui ne font pas éclairés.

Ceux qui voudront voir toutes ces règles obfervées dans un même ouvrage de Raphaël , n'auront qu'à étudier attentivement le tableau de l'Ecole d'Athènes , où cet artifte a porté fon ftyle jufqu'à la perfection.

Jufqu'alors Raphaël ne s'étoit propofé que d'imiter Michel-Ange , excité par l'eftime extraordinaire dont jouiffoit cet artifte , & par les éloges qu'on lui prodiguoit ; ce qui empêcha Raphaël de fe former un meilleur ftyle , & lui fit perdre un tems précieux. Mais comme chaque homme eft doué d'un certain génie particulier ; de forte que ce qui eft naturel chez l'un , eft factice chez l'autre , & que l'art n'a jamais cet efprit ou ce feu que donne la nature, Raphaël perdit une partie de fon propre mérite , en cherchant trop à imiter l'école de Florence. Le confeil de fes amis , & fur-tout fon propre difcernement, lui firent appercevoir que fa réputation commençoit à tomber , parce qu'on ne le regardoit plus que comme un. mauvais copifte,depuis qu'il eut fait fes tableaux de l'Incendie de Borgos & de la Défaite des Sarrafins , dans lefquels il a cherché le plus à faifir le ftyle de Michel-Ange.

Il fe réveilla donc avec plus de feu & de courage ; de même qu'un homme vif & ardent court avec plus de réfolution à une entreprife , après avoir donné quelque repos à fon corps. Il entreprit fon tableau de la Transfiguration pour le cardinal , neveu du pape , qui vouloit en faire préfent au roi François I. Il y mit d'autant plus de foin , qu'il avoit appris que Michel-Ange vouloit lui oppofer Sébaftien del Piombo , en faifant lui-même le deffin de l'ouvrage de fon difciple. Raphaël difoit à ce fujet , qu'il étoit charmé que Michel-Ange lui ôtat la honte de combattre avec Sébaftien del Piombo ; & qu'il étoit , au contraire, bien aife de fe mefurer avec Michel-Ange.

Dans ce tableau Raphaël n'eft plus ce maître hardi , tel qu'il avoit paru dans les frefques du Vatican ; il n'a plus rien hafardé , il n'a rien ajouté , rien altéré à la vérité ; il n'a même pas cherché à choifir le beau. Il commença alors , pour ainfi dire , à prendre un fecond degré de perfeétion , & traça le vrai chemin de l'art.

On trouve dans Raphaël les trois feuls ftyles de l'art qu'on fauroit imaginer. Dans fes premiers ouvrages , il paroît comme l'inventeur de la peinture , c'eft-à-dire , fimple imitateur de la nature , même fans la rendre avec la véritable grace qu'on y trouve. Dans ceux de fon fecond tems , lorfqu'il a peint au Vatican le tableau de l'Ecole d'Athènes , il a foumis le mécanifme de l'art & l'imitation de la nature au beau idéal, qu'il a prononcé avec fierté & hardieſſe ; car il étoit alors le maître de tout ce que ſon eſprit lui dictoit.

Enſuite il ſommeilla pendant quelque tems , bercé par l'amour-propre & par la trop grande opinion qu'il eut de ſon mérite. Il ſe négligea beaucoup , ne ſe voyant plus combattu par aucun de ſes contemporains , & fit exécuter preſque tous ſes ouvrages par ſes diſciples. Mais ne pouvant plus faire de progrès dans la même carrière, il entreprit de tracer une route plus parfaite , c'eſt-à-dire , qu'il chercha à trouver une nature plus ſublime qu'il n'avoit employée juſqu'alors dans toutes les parties de l'art. Il mit donc plus de variété dans ſes draperies , plus de beauté dans ſes têtes , plus de nobleſſe dans ſon ſtyle; il donna à ſon clair-obſcur des maſſes plus grandes ; enfin , il fit connoître de nouveau qu'il étoit fait pour atteindre à la perfection. Dans le tableau de la Trans-figuration il a mis plus d'idées de la vraie beauté. Quoi-qu'il y ait beaucoup de variété dans tous ſes ouvrages , on peut dire qu'aucun n'a autant de beauté que celui - là. L'expreſſion en eſt plus délicate & plus noble , le clair-obſcur en eſt meilleur , & la dégradation mieux enten-due ; en un mot, il y a dans ce tableau une touche admirable & fine , ſans que ſes contours ſoient marqués par des lignes , comme on en voit dans ſes ouvrages antérieurs.

CHAPITRE II.

Des différentes parties de la Peinture, & du degré de talent que Raphaël a possédé dans chacune.

I.

Du Dessin de Raphaël.

LE dessin de Raphaël fut d'abord sec & servile, mais fort correct. Il agrandit ensuite sa manière. Son dessin est , en général, très-beau, quoiqu'il ne soit pas aussi fini que celui des antiques , parce qu'il n'a pas eu des idées aussi précises de la vraie beauté que les Grecs. Il a excellé dans le caractère des philosophes, des apôtres & des autres figures de ce genre. Ses femmes ne font pas assez gracieuses ; en les peignant il a abusé des contours convexes qui l'ont fait tomber dans une sorte de pesanteur ; & quand il a voulu se garder de ce défaut , il a eu un style sec & roide , qui étoit encore plus mauvais. Comme il ne connoissoit pas la beauté idéale , il a plus excellé dans les figures des apôtres & des philosophes que dans les divines ; c'est-à-dire , qu'il donnoit à son dessin tous les contours qui se trouvent dans la nature , qu'il a toujours suivie dans tout ce qu'il a fait. Comme il

a

a principalement étudié l'antique d'après les bas-reliefs ,
il a pris plutôt le goût du deffin Romain que celui des
Grecs. On remarque dans fes ouvrages les mêmes raifonnemens que dans l'arc de Titus & dans celui de Conf-
tantin , ainfi que dans les bas-reliefs de celui de Trajan.
C'eft de-là qu'il a pris pour coutume de faire fentir
beaucoup les os & les articulations , & de travailler peu
la chair. Ces bas-reliefs ne font pas du plus grand ftyle
de l'antiquité , quoiqu'ils foient fort beaux quant à la
partie de la fymétrie , & de la convenance des proportions d'un membre avec l'autre. C'eft auffi dans cette
partie que Raphaël a excellé. Il a mieux entendu que
tout autre artifte moderne la convenance des caractères , &
le rapport des membres entr'eux. Il a fait fes figures dans la
proportion de fix têtes feulement;cependant elles paroiffent
auffi belles que fi elles-étoient dans celle de huit ; ce qui
dépend uniquement des bonnes règles de la proportion ;
quoiqu'au refte fes figures n'aient pas, en général, cette élégance qu'on remarque dans celles des artiftes Grecs,; & que
leurs articulations n'aient pas cette flexibilité qui fe fait
admirer dans le Laocoon , dans l'Apollon du Belvedere ,
dans le Gladiateur , &c.

On reconnoît donc par-là l'étude que Raphaël a fait
de l'antique ; & lorfque cette étude lui a manquée , il
s'eft trouvé fur-le-champ plus foible , comme on peut s'en
convaincre par les mains de fes figures qu'il n'a pu faire
belles , parce qu'il n'en avoit pas de modèle dans la
nature & qu'il n'en refte point de l'antiquité , pour ainfi
dire. Les mains des enfans & des femmes font fur - tout
ce que Raphaël a fait de plus mauvais , parce que dans

Tome I.   E e

la nature elles font ordinairement ou trop groffes ou trop maigres. L'on voit auffi que Raphaël étoit accoutumé à étudier les formes des hommes faits ; ce qui fut caufe qu'il ne fut pas donner aux enfans cette morbideffe & ce potelé que demande la nature enfantine. Il a donc, en imitant l'antique , fait , en général , fes enfans trop fages & d'un caractère trop grave. Quand il a peint d'après nature , on voit qu'il s'eft principalement attaché aux têtes , mais il ne leur a pas donné affez de beauté; fans doute à caufe qu'il ne s'eft fervi que d'enfans du peuple ; car il laiffe toujours appercevoir dans ces têtes une nature commune , comme on le remarque clairement dans l'Enfant Jéfus du tableau de la *Madonna della Seg-giola* , au palais Pitti à Florence , où l'on voit que l'Enfant eft fait d'après nature ; mais il n'eft ni noble , ni beau ; & quoiqu'il foit bien peint , & qu'il ait un air fpirituel , il ne pourra jamais être comparé pour la grace & pour la beauté aux enfans du Titien. Les têtes des Vierges de Raphaël font belles ; cependant elles ne font pas comparables aux têtes antiques. J'en déduirai plus amplement la raifon dans le chapitre où je paflerai de l'idéal de Raphaël.

Ses ouvrages n'ont pas non plus ni cette grandiofité, ni cette nobleffe des anciens ; car il n'a pu s'élever au-deffus du ftyle de Michel-Ange , lequel en voulant être grand a été lourd , & qui en fortant par une ligne convexe hors des limites de la nature , n'a plus trouvé le moyen d'y rentrer. Voilà pourquoi les anciens artiftes du premier ordre lui font tous fupérieurs , & ne paroiffent pas maffifs à côté de lui. C'eft ainfi , par exemple ,

que l'Hercule de Glicon , malgré toute sa grosseur & sa
forme majestueuse , représente aussi bien le héros qui
couroit avec la vélocité du cerf , que celui qui vainquit
le lion de Nemée ; ce qu'on ne trouve point dans les
figures de Michel-Ange , parce que les articulations des
membres en sont si peu déliées , qu'elles ne paroissent
faites que pour l'attitude actuelle dans laquelle il les a
représentées. Les chairs sont trop pleines de formes
rondes , & les muscles ont une grandeur & une force trop
égales ; ce qui ne laisse pas assez appercevoir le mouvement des membres. Enfin , on ne remarque jamais dans
ses figures des muscles oisifs ; & quoiqu'il les sut admirablement bien placer, il ne leur donnoit pas le vrai caractère
qui leur convenoit. Il n'exprimoit pas non plus assez bien la
nature des tendons, qu'il faisoit charnus d'un bout à l'autre,
& ses os étoient trop ronds. Raphaël prit plus ou moins
de tous ces vices , sans avoir une parfaite connoissance
des muscles , que Michel-Ange posséda beaucoup mieux
que lui C'est pourquoi il ne faut étudier Raphaël que
dans les caractères qui lui étoient propres ; c'est-à-dire ,
dans les personnages d'un moyen âge , qui ne sont , ni
d'une nature trop forte , ni d'une nature trop délicate :
dans les vieillards , & dans ceux qui sont d'une com-
plexion nerveuse. Car dans les caractères plus délicats ,
il est tombé dans le roide , & dans ceux d'une nature
vigoureuse , il n'a été que la charge de Michel-Ange.

Raphaël a pris toutes les formes humaines sous toutes
leurs faces ; & je suis persuadé que s'il eût vécu du tems
des Grecs & dans leur pays , il seroit parvenu , en voyant
leur belle nature , au plus haut degré de perfection , &

auroit égalé leurs chefs-d'œuvre. Mais il avoue lui-même dans une lettre à son ami,. le comte Balthazar Castiglioni, à l'occasion de la Galathée qu'il peignit dans le palais Chigi, aujourd'hui nommé le petit Farnèse : « Que les bons conseils & les belles femmes étant » fort rares, il étoit obligé de se servir de son imagina-»tion ». Il ne dit pas qu'il a su faire usage des belles statues antiques, mais fait seulement entendre qu'il cherchoit toute la beauté dans la nature, & semble se fier à son génie pour l'y trouver. Je crois donc pouvoir avancer que Raphaël n'avoit pas assez étudié l'antique; ou que du moins, s'il a cherché à l'imiter, il n'a eu pour modèles que des ouvrages médiocres & non du grand style. Il a seulement pris des anciens les règles générales, & les a imités dans cette partie qu'on peut appeller pratique ou manière, mais non pas dans leur beauté & dans leur perfection. Il a tâché de prendre dans la nature les choses qu'il avoit trouvé belles dans les antiques du second ordre; & c'est avec ces maximes qu'il a formé son goût. Il a donc excellé dans toutes les parties qu'il pouvoit trouver aussi belles dans la nature qu'elles le font dans les ouvrages des anciens ; mais son génie ne savoit pas suppléer à celles qu'il n'y trouvoit point. Tout ce que je viens de dire ne regarde que les formes, & non l'invention, ni l'expression, dont je parlerai dans les chapitres suivans.

I I.

Du Clair-Obscur de Raphaël.

RAPHAEL entendoit fort bien la force & le juste emplacement du clair-obscur ; mais il n'avoit que cette partie qui appartient à l'imitation , sans en connoître l'idéal ; & quoiqu'il en ait par fois laissé appercevoir quelques traits , on voit bien que ce n'a été que par un effet du hasard ou par son bon goût naturel , & nullement par une méthode raisonnée. La marche que Raphaël a tenue dans la composition de ses tableaux , a été de se représenter son sujet , comme si tous ses personnages fussent vêtus de blanc. Après quoi il a disposé ses clairs où il voyoit ou savoit que sa principale lumière devoit tomber ; passant ensuite jusqu'au lointain , il dégradoit ces mêmes clairs : c'est par cette raison que ses draperies blanches ou jaunes sont placées sur le premier plan de ses tableaux.

Je fais à dessein cette remarque , parce que je crois que la méthode de Raphaël & de l'école Florentine étoit d'employer des couleurs fort claires pour les draperies du premier plan des tableaux ; au lieu que les peintres de l'école Lombarde , & les autres bons coloristes se sont toujours servi des couleurs pures pour le premier plan de leurs ouvrages ; savoir , du rouge , du bleu , & du jaune , qui sont plus propres pour faire avancer les objets, que ne l'eſt une couleur blanchâtre ; car le blanc produit toujours un effet aërien ſur les couleurs , & dégrade leur vivacité. De plus , Raphaël ſuivoit un principe plus erroné encore ; car il mettoit de pareilles lumières ſur les draperies , qui par leur nature doivent être d'une couleur pure. C'eſt ainſi , par exemple , qu'il a donné un vêtement bleu à l'apôtre aſſis ſur le premier plan du tableau de la Transfiguration , dont les lumières ſont toutes blanches ; ce qui n e peut pas être , les ombres & les demi - teihtes étant auſſi fortes qu'il les a faites. C'eſt ce que j'appelle pouſſer les couleurs juſqu'au blanc dans les lumières. Dans les ombres il les a pouſſées juſqu'au noir ſur le premier plan du tableau, pour les dégrader inſenſiblement juſqu'à l'union du clair & de l'obſcur. Cette méthode convenoit beaucoup à ſon goùt ; parce qu'elle détache infiniment mieux les objets & leur donne plus de relief que toute autre dont on pourroit ſe ſervir ; mais elle eſt contraire à la propriété & à la vérité de la nature ; puiſqu'une draperie blanche ne peut jamais devenir auſſi ſombre que l'a fait Raphaël : ce qui l'a obligé de négliger la partie des reflets , qui contribuent tant à la clarté & à la grace.

Cette méthode de Raphaël dans la partie du clairobſcur , eſt bien plus propre pour un petit tableau que pour un grand , par la raiſon que la variété du clairobſcur y étant moins conſidérable , les maſſes en doivent être moins grandes , pour faire reſſortir ou fuir les objets. Par la même raiſon , Raphaël a été obligé de ſe contenter de peu de dégradation ; car pour dégrader beaucoup fes figures , il auroit été contraint de faire celles du fecond plan déjà fans ombres & fans lumières , par conféquent fans force & fans effet.

Ce n'eft pas que je prétende que Raphaël ait ignoré abfolument les effets du clair-obfcur; je veux dire feulement que la grande habitude qu'il avoit de deffiner,& de faire avancer ou reculer par le blanc & le noir les idées que fon fertile génie lui fuggéroit, l'a toujours porté à préférer le deffin à la peinture même. Auffi ne voit-on , pour ainfi dire, point d'efquiffes coloriées de fa main ; & quand il a fait de beaux accidens de clair-obfcur , ce n'a été qu'en imitant la nature. Il eft à croire que Raphaël deffinoit toutes fes idées d'après de petits modèles de cire , pour voir l'effet de fes compofitions ; & je fuis convaincu que les beaux accidens de lumière qu'on remarque dans le tableau de l'Héliodore & la bonne maffe de clair-obfcur du tableau de la Transfiguration , viennent de l'effet de fes modèles. Il me femble même le voir clairement dans le tableau de l'Ecole d'Athènes , & dans celui de la Théologie au Vatican , où l'on remarque un bon clair-obfcur du côté où fes modèles lui ont porté naturellement des maffes d'ombre. Dans les figures qui font oppofées à la lumière , il n'y a aucun accident de lumière , parce que fes figures ne lui en fourniffoient point.

On entend par accident , dans la peinture , toutes les ombres qui ne tiennent pas à la rondeur & à la dégradation , mais qu'on eft le maître de faire ou de ne pas faire : par exemple , lorfqu'on veut que la moitié d'une figure feulement foit éclairée , ou qu'il y ait une figure entière dans l'ombre ; ce qui demande qu'on mette à côté de cette figure une autre figure ou un objet quelconque,qui la prive de la lumière , ou qui empêche qu'elle soit éclairée. Cette partie est libre & idéale dans la peinture ; c'est pourquoi on l'appelle accidentelle , puisque ce n'est pas une ombre qui appartienne à cette figure même , mais qui lui vient d'un objet étranger.

Raphaël n'a donc pas entendu cette partie , & il n'a eu du clair-obscur que ce qui tient à la dégradation,dont nous avons parlé. Peut-être bien même qu'il se contentoit souvent de faire seulement une partie de son tableau d'après des modèles ; car on apperçoit de fréquens défauts de clair-obscur dans ses grands ouvrages. '

I I I.

Du Coloris de Raphaël.

RAPHAEL n'a pas eu de modèle pour le coloris comme il en a trouvé pour le dessin. Il a donc été obligé de commencer par imiter foiblement la nature , ainsi que l'avoient fait les peintres qui étoient venus avant lui. Sa première manière ne lui permit même pas d'imiter la nature , car il commença par peindre à fresque. Nous voyons que le grand Corrége même n'a été ni si varié , ni si brillant dans ses ouvrages à fresque que dans ceux qu'il a peints à l'huile , & qu'il n'y reste de son goût particulier que la grace & le beau clair-obscur. Le Titien n'a pas montré non plus une grande variété dans cette manière de peindre ; & l'on peut dire que dans ce genre Raphaël

a

a encore été plus varié que le Titien. La seconde manière
de Raphaël, qu'il prit de Barthélemi de Saint-Marc , fut
d'un meilleur ton de coloris , moins gris & mieux em-
pâté, mais cependant trop uniforme. Toutes ses figures
font d'un coloris enfumé & rembruni , avec une peau
grossière & de nature commune. Il a tenu long-tems à ce
goût , & l'on pourroit même dire qu'il ne l'a jamais
quitté tout-à-fait.

Ensuite , en travaillant aux ouvrages à fresque du
Vatican , il quitta, comme nous l'avons déjà remarqué,
un peu ce goût , & reprit dans le tableau de la Théologie sa manière léchée , qui , quoique timide , est cependant mieux raisonnée. Il commença alors à se servir de
chairs plus blanches & d'autres plus brunes , de teintes
plus opaques & d'autres plus transparentes , comme on
le voit dans le Christ & dans les anges , qui font tous
d'une nature plus délicate que celle de l'homme : aussi
ce tableau est-il mieux colorié que tout ce qu'il a jamais
fait à fresque. Dans la suite , ayant acquis une plus grande
facilité dans l'exécution , son pinceau devint plus libre
& son coloris plus embrouillé & moins distinct , comme
on s'en apperçoit dans son Ecole d'Athènes. Il changea
néanmoins encore une fois de manière quand il peignit
son Héliodore, qu'il coloria d'un ton plus vigoureux &
plus varié , & avec un pinceau plus hardi & mieux manié.
Cependant le coloris gracieux ne lui étoit pas encore
propre : ses femmes & ses enfans avoient toujours un œil
grisâtre. Enfin , son goût pour le dessin lui fit negliger
entièrement le coloris, comme on peut le remarquer dans
son tableau de l'Incendie de Borgos. Raphaël commença

alors à fe négliger un peu dans toutes les parties de fon
art qui conduifent à la perfection , & ne chercha plus
qu'à finir promptement fes ouvrages. Si fon talent & fa
réputation fouffrirent de cette négligence , il y gagna du
côté de la fortune ; car on prétend qu'il vivoit plutôt
en prince qu'en artifte.

Cela eut lieu fous Léon X , qui étoit fort généreux,
& très - indulgent envers Raphaël , d'autant plus que
celui-ci fut flatter le goût du pontife, en s'adonnant à
l'architecture , & en faifant des plans pour l'embelliffe-
ment de Rome , que Léon vouloit remettre dans le même
état de fplendeur où elle avoit été fous les empereurs
Romains. Ces occupations nuifirent beaucoup à fon art ;
car il fe contenta de faire travailler fes élèves. Ce que
je viens de dire , peut être vérifié , en comparant les tableaux qu'il fit au Vatican fous Jules II , avec ceux qu'il
exécuta depuis fous Léon X. Cependant fortant tout-à-coup
de cette efpèce de léthargie , comme je l'ai déjà remarqué , il s'apperçut de ce fommeil & de la perte de fa
réputation. Il entreprit donc le tableau de la Transfiguration , où il déploya tout fon talent , & auquel il porta
toute fon attention.

Le coloris de ce tableau eft très - beau dans quelques
parties , mais non pas dans toutes ; les hommes en font
mieux coloriés que les femmes. Je crois même qu'il y a
des figures qui ne font pas de lui : par exemple, le Dé-
moniaque & tout fon groupe, où l'on reconnoît le pinceau timide de Jules Romain. Les têtes des apôtres , du
côté oppofé , ont toutes été retouchées par Raphaël , &
l'on y reconnoît la touche hardie & vigoureufe du maître;

cependant il y règne une égalité de tons qui rend les chairs dures & sèches. Raphaël avoit pour règle générale d'épargner les couleurs jaunes & rouges. Il entendoit affez bien les effets que les ténèbres font fur les couleurs, qu'elles détruifent & rendent grisâtres & noirâtres ; mais il négligeoit, commé je l'ai déjà dit, les reflets & ne fe fervoit que de clairs & d'obfcurs, dont il compofoit les demi-teintes, ce qui leur donnoit un œil grisâtre & enfumé. Comme les peaux fines font plus fujettes à la variété des teintes que celles qui font graffes & épaiffes , celles de Raphaël, qui manquent de cette variété des reflets, font rudes & mattes.

Il eft fâcheux que dans fon meilleur tems Raphaël n'ait pas peint entièrement lui-même quelque tableau à l'huile , & qu'il ait toujours fait ébaucher fes ouvrages par fes difciples , & principalement par Jules Romain, qui, à une manière extrêmement dure & froide , joignoit un pinceau fort timide , mais liffe & léché. Je dis qu'il eft dommage que Raphaël n'ait fait lui-même aucun ouvrage à l'huile , parce qu'on voit clairement dans le tableau de la Transfiguration que les têtes des apôtres , qu'il a retouchées & finies , & dont les caractères lui ont permis de donner des touches hardies & empâtées , font d'une grande beauté pour le coloris. Au contraire , la femme qu'on voit fur la ligne de terre de ce tableau eft d'un ton grisâtre & enfumé. Je penfe qu'elle n'étoit pas ainfi quand ce tableau fortit des mains de Raphaël ; mais que ne l'ayant retouché que légèrement , pour conferver le liffe & le léché de l'ebauche de Jules Romain , la couleur trop fubtile n'a pu réfifter au tems. Il y a un petit changement au gros orteil du pied de la même figure, où l'on voit que, pour couvrir l'ébauche, il a été obligé d'empâter fortement ; aussi cet endroit est-il beaucoup mieux colorié & mieux peint que le reste. Il a fait une pareille correction au pouce de la main en raccourci de l'apôtre qui est sur le premier plan, de sorte que cette partie est de même mieux coloriée & conservée que le reste. Ce que je dis, se reconnoît bien plus facilement par le propre portrait de Raphaël, qui se conserve dans la maison Altoviti, à Florence, dont le faire ressemble plus à celui du Giorgione & du Corrége qu'à celui de Raphaël dans ses autres ouvrages, où l'on ne reconnoît sa main que par la beauté du dessin, par le fini, & par cette perfection qui le rendoit supérieur aux autres artistes.

Il ne faut pas s'étonner de ce que les ouvrages à fresque de Raphaël soient d'un plus beau coloris que ses tableaux à l'huile. On peut en donner différentes raisons : la première, c'est que Raphaël avoit plus d'habitude à peindre de cette manière que de l'autre ; la seconde, c'est que les couleurs de terre que cet artiste employoit de préférence, font beaucoup plus belles à fresque qu'à l'huile ; mais il faut l'attribuer principalement à ce qu'il n'a pas pu se servir de ses disciples pour ébaucher ses ouvrages à fresque ; au lieu qu'à l'huile, c'est Jules Romain qui a presque tout coulé ou ébauché. Il est sûr que le faire du couler se fait toujours appercevoir quand le tableau est fini ; car si cela n'étoit pas, & si l'on changeoit totalement l'ébauche, ce premier travail deviendroit inutile. Raphaël étoit si occupé à inventer & à dessiner, qu'il ne pouvoit peindre lui-même ses ouvrages ; il ne faifoit donc que finir ce que Jules Romain n'avoit pu exécuter. Comme Raphaël n'a pas vécu affez pour reconnoître par lui-même le changement que le tems pouvoit opérer fur fes tableaux ; il s'eft contenté de les retoucher légèrement, cependant avec foin ; car je fuis perfuadé qu'il ne les quittoit que quand il croyoit les avoir bien finis. Mais la peinture à l'huile eft fujette à un grand inconvénient, c'eft que la première couche des couleurs perce toujours & reparoît avec le tems, quand l'humidité & la graiffe de l'huile fe font évaporées. Lorfque les tableaux deviennent vieux, ils perdent l'éclat de la dernière couleur, & les premières couches fortent alors fortement.

Je conclus donc que Raphaël a quelquefois bien colorié ; mais que la peinture à l'huile ne lui étoit pas affez familière pour qu'on puiffe le placer, comme grand colorifte, à côté de fes contemporains, le Corrége & le Titien, qui l'ont furpaffé dans cette partie. Cependant fon coloris à frefque eft préférable à celui de tous les maîtres de l'école Romaine qui l'ont fuivi ; l'on peut même dire qu'il y a égalé les meilleurs maîtres des autres écoles. Mais comme cette manière de peindre eft imparfaite par elle-même, on ne peut le juger d'après cela feul, & il n'y a pas affez excellé dans la peinture à l'huile pour qu'on puiffe l'admirer.

I V.

De la Composition de Raphaël.

Raphael a été non-seulement très-habile dans la partie de la composition, mais surprenant même. C'est celle qui lui a fait le plus d'honneur, & avec justice; car, outre qu'il y a excellé, il en a été le créateur, n'ayant eu aucun modèle en ce genre, ni dans l'antiquité, ni chez les modernes. C'est la partie dans laquelle on lui doit le plus; car il faut convenir qu'il en a enrichi la peinture, & qu'il l'a possédée à un tel degré de perfection, qu'on peut mettre en doute si jamais l'antiquité l'a vu portée à ce point, même par les plus grands artistes de la Grèce. On pourroit dire qu'il auroit passé les limites de l'humanité, s'il avoit possédé toutes les parties de l'art au même degré que celle-ci.

L'objet que le peintre doit avoir principalement en vue dans ses ouvrages, c'est l'invention, c'est-à-dire, l'expression de la vérité, dans laquelle personne n'a égalé Raphaël. Toutes les figures de ses tableaux font ce qu'elles doivent être, & ne sauroient servir à exprimer une autre passion. Le caractère pensif, le triste, le gai, le furieux, font tous également bien rendus. Il n'a pas seulement donné l'expression convenable à chaque figure, mais le sujet entier & ses différentes épisodes ont les caractères requis pour servir d'accessoires à la figure principale. Ce qu'il y a de plus étonnant, c'est la variété qu'il a fu mettre dans une même expreſſion , & le jugement qu'il a montré, en ſe ſervant tantôt de pluſieurs figures pour rendre une ſeule expreſſion , & tantôt ſeulement d'une ſeule partie d'une figure ; le tout ſuivant que l'exigeoit ſon ſujet , & non pas au haſard & par un ſimple luxe d'imagination , mais ſelon la véritable dignité, & ſelon que la force de l'expreſſion le demandoit.

Il offre des variétés ſans contradiction , des paſſions violentes ſans grimace & ſans baſſeſſe ; il a même connu l'expreſſion de l'ame & ſes effets ſur les tendons des différentes parties du corps , qu'il a quelquefois exprimés par le ſeul mouvement d'un doigt. Il a ſu faire uſage auſſi de choſes qui n'étoient bonnes que parce qu'il ſavoit les employer à propos , & qui auroient fait un mauvais effet ailleurs. Enfin , il y a autant de différence entre la compoſition ou l'ordonnance d'un tableau de Raphaël & celle de tous les autres peintres , qu'il peut y en avoir entre Alexandre ou tel autre héros , & un comédien qui, ſur le théâtre , feint d'être le perſonnage qu'il repréſente , & qui tâche d'imiter les attitudes que le héros auroit priſes lui-même. Cette différence vient de ce que ces artiſtes n'ont pas ſu trouver , comme Raphaël , le juſte degré du ni plus ni moins de mouvement que l'ame produit ſur le corps ; & qu'ils n'ont pas réfléchi qu'une action pouſſée juſqu'à l'excès , ne convient qu'à un inſenſé ; de ſorte qu'au lieu de perſonnes animées par une paſſion grande & forte , ils en ont fait des eſpèces de frénétiques ; tandis que pour rendre les mouvemens d'une ame tranquille & ſage , ils ont peint des figures froides & inſenſibles.

Ce juſte degré , ſi difficile à ſaiſir , ne peut s'apprendre que par la même route que ce grand homme a prise. Il étoit sans doute doué d'un génie supérieur, non de celui qu'on croit, en général, propre à la peinture, qui n'eſt qu'une imagination brillante ; mais d'un génie réfléchi, vaſte & profond ; car pour devenir un grand peintre, il n'eſt pas tant néceſſaire d'avoir une grande vivacité d'eſprit, qu'un difcernement juſte, capable de diſtinguer le bon du mauvais, avec une ame tendre & ſenſible, ſur laquelle tous les ſentimens de la vertu font une prompte impreſſion comme ſur une cire molle, mais qui cependant ne change de forme qu'au gré de l'artiſte. Tel doit être le génie du peintre, & tel a ſans doute été celui de Raphaël ; car pour donner cette variété que nous remarquons dans ſes compoſitions, il falloit néceſſairement qu'il pût modifier à l'infini ſes propres ſenſations ; puiſque, ſans avoir bien conçu le mouvement que doit faire un homme, dans la ſituation déterminée où nous le ſuppoſons, on ne ſauroit le rendre ſur la toile. L'eſprit préſide à toutes nos actions ; par conféquent celui qui ne fait pas ſe repréſenter vivement une choſe, ſaura bien moins encore la peindre ; & ſi l'on y parvenoit par quelque moyen artificiel, on ne peindroit tout au plus qu'un corps ſans ame, qui ne feroit aucune impreſſion ſur l'eſprit du ſpectateur pour échauffer ſon imagination de ce qu'on auroit voulu lui repréſenter.

Raphaël a donc employé pour cela une manière ſûre & toute différente de celle des autres peintres. Communément, la première choſe ſur laquelle les artiſtes fixent leur attention, préférablement à toutes les autres, c'eſt l'agencement & la compoſition de chaque figure, ſelon le contraſte & les règles de l'art. Mais Raphaël n'a pas

fuivi

fuivi cette méthode : il fe repréfentoit d'abord dans fon efprit toutes les parties comme il convenoit qu'elles fuffent pour concourir à l'expreffion générale ; enfuite, il penfoit à l'objet principal de fon fujet ; & enfin, à chaque figure en particulier, dont il n'en plaçoit aucune fans avoir examiné auparavant quelles étoient celles qui devoient paroître le plus, en commençant toujours par les parties qu'il vouloit faire agir pour exprimer la paffion de l'ame, & en laiffant plus ou moins oifives celles qui n'y étoient pas néceffaires. Il obfervoit la convenance & le caractère de chaque figure en particulier ; il favoit qu'une perfonne vertueufe doit avoir un caractère modéré ; qu'il ne faut pas qu'un philofophe, qu'un apôtre ait l'attitude d'un foldat ; en un mot, il a fu, par ce moyen, exprimer la fimplicité d'efprit, le recueillement & toutes les paffions, tant intérieures qu'extérieures. J'entends par paffions intérieures celles que le peintre doit exprimer par les moindres parties & les membres les plus délicats, tels que le front, les yeux, les narrines, la bouche, les doigts, &c. Les paffions extérieures font celles qui fe manifeftent par des mouvemens violens, qui font les effets d'une paffion fpontanée, ou portée à l'excès. Raphaël eut foin auffi de ne jamais faire une action achevée, ou du moins très-rarement. J'appelle action achevée, lorfqu'il ne refte plus rien à faire pour la terminer : par exemple, une perfonne qui marche, quand elle a fait un pas, en pofant le pied par terre, ne peut faire autre chofe que de recommencer cette même action. Ainfi, cette attitude ne fera pas un auffi grand effet dans un

Tome I.   G g

tableau que celle d'une figure repréfentée actuellement en
action & qui n'a pas encore achevé le pas; vu que par
ce moyen on laiffe travailler l'imagination du fpectateur,
qui s'appercevra facilement que la figure doit finir le
mouvement actuel, & ne peut pas refter immobile comme
celle qui a fini ce mouvement, & qui peut demeurer
tranquille fans en faire un autre. De même, une figure
qui femble vouloir jeter, prendre ou donner quelque
chofe, produira un meilleur effet que celle qui a déjà
rempli ces mouvemens, puifque l'action étant finie, la
figure refte oifive & fans occupation.

Raphaël a employé une fineffe de l'art, peu connue
des artiftes vulgaires; favoir, cette heureufe négligence,
qui eft fi difficile à acquérir fans un parfait jugement;
c'eft-à-dire, la méthode de cacher avec adreffe une partie
du corps, telle qu'une main, un pied, &c.; car on ne
peut pas dire qu'il n'a pas montré ces parties parce qu'il
n'a pas fu les bien faire; mais il ne s'eft fervi de cette
fage économie que pour ne pas montrer des parties qui
feroient reftées oifives, ou qui auroient ôté aux parties
principales quelque éclat de leur beauté. Il a fouvent
caché auffi certaines parties, à caufe du mauvais effet
qu'elles auroient produit avec une autre partie qu'il vouloit faire paroître. Ce qui prouve cette idée, c'eft qu'il
n'a pas fait ufage de cette méthode dans fes figures principales, mais feulement dans celles qui pouvoient fouffrir quelque négligence apparente.

Je fens qu'on fera furpris de ce que je préfère la compofition de Raphaël à celle de tous les autres peintres;

je vais en dire la raison , afin que tout homme de goût puisse mettre mes idées en parallèle avec la vérité , & me juger en conséquence.

La composition est , en général , de deux espèces. Celle de Raphaël , est le genre expressif , que l'on pourroit dire avoir aussi été celui du Poussin & du Dominicain. La seconde espèce , est le genre théâtral ou le pittoresque , qui consiste en une disposition agréable des figures du sujet qu'on traite : Lanfranc a été le premier inventeur de ce genre , & après lui Pierre de Cortone. Ces deux derniers peintres ont laissé à la postérité leur goût , qui est très-agréable pour les yeux , mais froid & peu estimé des vrais connoisseurs. J'ai donc donné la préférence à Raphaël sur tous les autres artistes dans cette partie , parce que la raison a présidé à tous ses ouvrages , ou du moins à la plus grande partie. Il ne s'est pas laissé séduire par des idées communes , ou même par de belles idées dans ses figures accessoires , qui auroient détourné l'attention de l'objet principal , & en auroit diminué la beauté. Le Poussin , au contraire , est souvent tombé dans ce défaut , ainsi que le prouve son tableau de la Femme adultère , qui est si fameux , & qui ne seroit guères estimé si l'on en ôtoit les accessoires. Le Christ en est mauvais ; & au lieu d'avoir donné au groupe des accusateurs l'air de gens de crédit , & au Christ celui d'un juge divin , on voit qu'il a porté sa plus grande attention sur les figures qui naturellement ne méritoient aucun soin. Ce qu'il y a de plus beau dans son Pyrrhus , c'est le fond , ainsi que les figures placées au delà de la rivière , & les soldats sur le devant du tableau , qui ne

font que des copies répétées du Gladiateur ; les femmes
font très-communes ; en général , il manquoit fes figures
principales , & les accefloires font le plus grand mérite
de fes tableaux. Il n'avoit pas les idées fi grandes, ni fi
élevées que Raphaël , & d'ailleurs il affectoit trop d'éru-
dition. Je crois qu'il a quelquefois compofé exprès des
tableaux pour y mettre ce qu'il avoit vu ou lu de l'antiquité. Il n'avoit ni la grandiofité, ni la grace de Raphël ;
il étoit même froid & roide dans le noble , & mefquin
dans le gracieux. Son Afluérus eft une preuve de fon
ftyle froid : l'Efther en eft belle , mais elle reffemble à
une ftatue ; le groupe des femmes qui la foutiennent
eft trop fymétrique , trop roide & d'action achevée ;
celles des côtés femblent avoir pris leur fituation par
convenance , pour fe trouver toutes deux à genoux , dans
une action auffi momentanée que doit le paroître le fujet
que repréfente ce tableau. Le Pouffin étoit néanmoins
un excellent peintre pour l'expreffion de la nature commune & pour les caractères bas & violens. Les fonds de
fes tableaux ne font que trop beaux. La partie dans laquelle il excelloit étoit celle de l'invention , qu'on peut
appeller l'économie d'un tableau ; c'eft-à-dire , l'idée qu'on
fe fait plutôt du fite où une action fe paffe , que de la
compofition des perfonnages mêmes qu'on veut repréfenter.

' Le Dominicain paroît avoir eu beaucoup d'expreffion
& un bon deffin , parce qu'il ne poffédoit pas d'autres
parties. Toutes fes têtes ont de l'expreffion ; mais on ne
fait trop ce que cette expreffion doit fignifier , fi ce n'eft
un certain air timide qu'il leur a donné, bien ou mal-à-

propos , & qui reffemble plutôt à une grimace qu'à l'effet
d'une paffion. Cet air d'ailleurs paroît plus propre aux
enfans qu'aux perfonnes d'un âge formé ; car il n'eft pas
néceffaire qu'ils aient une phyfionomie fpirituelle : il a
donc bien réuffi dans les enfans ; mais au refte il eft trop
froid , trop découfu , & d'un caractère trop égal. Sa nature eft fouvent commune ; & trop charmé d'une idée
qu'il avoit bien rendue , il l'a trop multipliée. Enfin , on
peut dire , pour la compofition en général & qu'il faudroit
que Raphaël eût deffiné les figures , difpofé les groupes ;
que le Pouffin eût fait les fonds & les acceffoires , & que
le Dominicain fe fût chargé feulement des enfans. Il faut
donc convenir, je penfe , que la partie de Raphaël eft
la principale & celle qu'il faut préférer aux autres. Secon-
dement , leur ftyle & leur faire ne font pas propres pour
attacher l'efprit du fpectateur. Quelques fujets qu'ils repréfentent , leurs figures font toujours les mêmes , par
conféquent leurs ouvrages ne peuvent pas fervir de leçon
de vertu ou de morale ; au lieu qu'un tableau plein
d'expreffion peut produire cet effet , & faire fermenter
la vertu en caufant une fenfation agréable.

Si Raphaël eft fupérieur à tous les peintres dans la
première partie de la compofition, il ne l'eft pas moins
dans la feconde , que j'appelle l'effet ou la vérité.

On m'objectera peut-être que les peintres *à machines* ,
ou d'une compofition théâtrale , tels que Lanfranc &
Pierre de Cortone , n'ont pas pu s'affujettir à une exacte
vérité , parce qu'ils fe font laiffé tranfporter , par le feu
de la compofition , hors des limites d'une fcrupuleufe
exactitude. Mais il faudra cependant convenir qu'il n'eft

pas moins nécessaire de se tenir à la vérité dans une composition de cent figures, que dans celle de dix. Cela ne peut donc point servir d'excuse, d'autant plus que je ne parle ici que de l'invention & non de l'effet, qui appartient à la partie du clair-obscur, dans laquelle je conviens que Raphaël n'a point possédé l'idéal nécessaire. Au reste, aucun peintre n'a composé des tableaux ni plus grands, ni plus remplis de figures que Raphaël. Il a bien groupé ses figures, ses groupes sont bien agencés, & chaque figure est d'un bon ensemble : que peut-on demander de plus ?

J'avertis d'ailleurs les critiques de ne point juger Raphaël sur les gravures qui ont été faites d'après ses desseins, mais seulement sur ce qu'il a bien exécuté ou fait exécuter par ses disciples. Il a fait ce que font tous bons peintres, c'est-à-dire, qu'après la première disposition confuse, il s'est attaché seulement à une figure ou à un groupe, & qu'il a cherché la composition entière en différentes fois & par différens desseins : ce qui n'est pas un défaut de génie, mais prouve, au contraire, un bon esprit qui n'est pas facile à contenter. Heureux l'artiste qui par chaque ouvrage devient plus savant, & dont l'esprit possède assez de ressource pour porter son art au plus haut degré de perfection.

V.

De l'Idéal de Raphaël.

J'APPELLE idéal, comme je l'ai déjà dit au premier chapitre, tout ce que nous ne voyons que par les yeux de l'imagination, & non par ceux du corps : ainſi l'idéal dans la peinture conſiſte dans le choix des choſes les plus belles que nous offre la nature, dépourvues de toute imperfection, & de toutes les parties gratuites & inutiles.

Il y a donc de l'idéal dans toutes les parties de la peinture. Dans le deſſin, c'eſt la beauté des formes au-deſſus de la nature, & l'art d'unir de belles parties qui ſoient bien agencées enſemble. Dans le clair-obſcur, ce ſont les maſſes & les accidens ſuppoſés ou recherchés de lumière, pour accroître la beauté d'un ouvrage. Dans le coloris, c'eſt le choix du ton qu'on donne aux objets repréſentés, & des couleurs locales plus fières ou plus tendres, avec la connoiſſance de celles qui ſont plus ou moins propres à recevoir les rayons de lumière. L'idéal du coloris conſiſte donc à choiſir & à employer avec art ces choſes, & à donner, en général, à un tableau une belle harmonie de tons. Dans la compoſition, c'eſt l'invention de choſes qu'on n'a point vues, & d'expreſſions qu'on ne peut copier d'après la nature ; enfin l'emploi d'accidens & d'idées purement poétiques. L'idéal s'étend

même fur le caractère des perfonnages qu'on veut repréfenter, fur les attitudes, les airs de tête, les mouvemens
des mains, des pieds, de tout le corps même, felon le
tempérament qu'on doit leur donner, afin qu'ils produifent un bon effet & de la variété dans le tableau.

Qu'on ne foit pas furpris de ce que je mette dans l'idéal
de la compofition le caractère des formes, qui femble
appartenir au deffin. L'idéal embraffe deux parties : la
première, qui confifte à imaginer les chofes & à connoître leur véritable emplacement, tient à la compofition ; la feconde, qui eft du reffort du deffin, confifte dans
l'exécution, ou à donner à chaque ligne le même caractère.

L'idéal entre auffi dans la compofition des draperies ;
car on ne peut pas donner des draperies tranquilles à un
homme qui court rapidement. Dans un ange qui vole,
par exemple, il faut défigner par la draperie s'il monte
ou s'il defcend ; de même qu'il faut indiquer par les plis
pofés fur chaque membre, & par ceux de la draperie en
général, fi la figure eft actuellement en action, ou au
retour de l'action ; fi le mouvement a été doux, prompt,
ou violent ; fi c'eft le commencement ou la fin d'une action ;
enfin, on peut mettre, je crois, de l'idéal jufques dans
les cheveux.

Je confeillerois aux jeunes peintres de lire les poëtes,
pour apprendre & concevoir parfaitement l'idéal, & jufqu'où on peut le porter, puifqu'ils n'ont rien écrit qu'ils
ne fe foient imaginés de voir. L'idéal fe trouve par-tout ;
car il n'y a aucun art, ni aucune fcience qui n'ait fa partie
idéale ; mais il n'y en a aucun où l'idéal faffe un plus

grand

grand effet que dans la poéfie & dans la peinture , quand il y eft traité favamment. C'eft pourquoi les anciens difoient que la peinture étoit une poéfie muette , & la poéfie une peinture parlante * ; mais revenons à Raphaël.

Il n'a pas porté l'idéal au-delà de la nature dans la deffin ; mais il en a eu beaucoup dans la partie qui regarde l'exécution des caractères qu'il a voulu repréfenter. Si l'on me dit que les têtes de Vierge qu'il a faites font fi belles, qu'on auroit de la peine à s'imaginer rien de plus beau ; je répondrai que cela ne peut être attribué qu'à la beauté de l'expreffion. Il a peint favamment la modeftie , la nobleffe , la pudeur , l'amour de la Vierge pour fon fils ; & c'eft par-là qu'il nous enchante. Mais tout homme inftruit avouera que fi la fille de Niobé de l'antique étoit dans une femblable fituation , elle furpafferoit de beaucoup les Madonnes de Raphaël. Celui-ci paroîtroit avoir peint une reine noble & gracieufe , tandis que l'antique reffembleroit véritablement à la Mère de Dieu ou à une perfonne divine. Raphaël a changé & furpaffé la nature dans les caractères & dans leur expreffion , mais

---

* C'eft dans ce fens que le Titien , en parlant d'une de fes compofitions , dit : *Mando ora la poefia di Venere ed Adone.* « Je vous » envoie le poëme de Venus & d'Adonis ». Le poëme dont il veut parler , étoit un tableau qu'il avoit fait pour Philippe II , lorfqu'il n'étoit encore que prince d'Efpagne , & qu'il adreffoit à Benavidès pour lui être préfenté. Il y en a une copie à Rome dans le palais Colone , & il a été gravé plufieurs fois. Voyez *Racolta di lettera fulla Pittura ,* tom. *II , p.* 242. Note du Traducteur.

Tome I.   H h

non dans la beauté qui pourroit fe trouver à un plus haut degré dans la nature même. En général, il a donné un air affez agréable à fes figures ; elles paroiffent prefque toutes d'un caractère vertueux, mais ce ne font toujours que des hommes. La figure du Chrift n'eft chez lui qu'un mortel ordinaire, quand on le compare au Jupiter ou à l'Apollon. Ses Pères éternels font des figures qu'on peut trouver auffi dans la nature, qui nous en offre même de plus beaux modèles. Pour faire un Etre divin, il auroit fallu que fes airs de tête euffent plus de majefté, & qu'il eût moins fait fentir les parties qui indiquent la nature mortelle. La peau ridée, les yeux ternes & troubles indiquent les befoins de l'humanité. Quelle impropriété de repréfenter le Créateur de tout ce qui exifte fi débile & fi foible ? Si la convenance exige qu'il foit âgé, il faut feulement que ce foit avec un caractère qui puiffe nous donner l'idée d'une perfonne vénérable par fon âge, & qui rempliffe l'imagination des grandes idées que nous devons avoir du maître du monde ; fans qu'il foit néceffaire de s'arréter à la vérité, comme l'a fait Raphaël, qui l'a repréfenté avec tous les défauts de la vieilleffe.

Les Grecs ont excellé dans cette partie. Ils ont produit des êtres véritablement immortels. Ils ont évité de marquer les mufcles, & n'ont même pas exprimé fi fortement les tendons fur les figures des dieux que fur celles des hommes. Si l'on prétend que ces chofes paroiffent dans la ftatue d'Hercule, je répondrai qu'il eft repréfenté comme fe repofant après fes travaux ; & que s'il eût été déjà alors au rang des dieux, l'artifte ne lui auroit pas donné cette attitude. Il l'a donc montré comme un homme divin, mais qui n'étoit pas encore admis au rang des immortels. L'Apollon & le Jupiter du Vatican peuvent fournir des preuves de ce que j'avance.

Les Anciens furent de même bien supérieurs à Raphaël dans la partie de l'harmonie , & dans l'accord des formes & de leurs contours. Raphaël a mis beaucoup de foin au front de fes figures , & leur a donné par ce moyen un air ferein ou fombre , penfif ou gai , &c. ; mais il n'a pas obfervé quel nez ou quelles joues convenoient le mieux à ce front. Les anciens , en faifant le front plat & ferein , faifoient auffi le nez plat & carré , avec les joues de la même forme & du même caractère. Enfin , les beaux ou-vrages antiques ont cet avantage , que par une partie du vifage on peut reconnoître comment eft fait le refte ; ce qui ne fe trouve pas chez Raphaël : car on pourroit mettre à toutes fes têtes un autre nez , qui y convien-droit auffi bien que celui qu'on en auroit ôté. Dans fes têtes de Vierge on voit le front toujours ferein , parce qu'il a voulu leur donner de la nobleffe & de la pudeur. La même chofe fe trouve dans les filles de Niobé. Ra-phaël a eu en cela pour objet l'expreffion & non la beauté ; fans quoi il leur auroit fait le nez d'un contour plus modéré & moins chargé ; mais comme il ne cherchoit que l'expreffion , il a , pour ainfi dire , négligé tout le refte. Il leur a fait des joues potelées & rondelettes , pour leur donner un air jeune & virginal ; ce qui n'eft pas conforme à la vérité ; car une perfonne dont les joues font charnues , a prefque toujours le front partagé en plufieurs parties par la groffeur des mufcles. Il y a infi-ment plus d'accord & de beauté dans l'antique. Les bouches

des Madonnes de Raphaël font prefque toutes une grimace riante, pour marquer l'amour & l'innocence enfantine ; ce qui ne convient pas à la beauté : on en peut
dire autant de l'air de modeftie qu'il a donné aux yeux.

Je conclus de tout ce que je viens de dire, que Raphaël n'étoit pas idéal dans la beauté, mais feulement
dans la partie de l'expreffion. Si l'on prétend que je me
trompe, qu'on me dife pourquoi il n'a pas auffi bien fait
les anges, qui doivent être ce que nous connoiffons de
plus beau & de plus idéal, parce que l'artifte peut s'y
livrer entièrement à fon imagination. Que n'a-t-il peint
les Graces ou Vénus dans le goût des antiques, ou du
moins quelque chofe d'approchant ? Mais quand il n'avoit
pas quelque forte expreffion à rendre, il n'a été que
fimple imitateur de la nature, & n'a fu employer aucune
beauté idéale. Je crois donc pouvoir conclure que Raphaël n'a pas mis beaucoup d'idéal dans le deffin, quoiqu'il ait eu un bon goût. Il en a eu auffi fort peu dans
le coloris ; & dans le clair-obfcur il n'en a pas montré
du tout ; mais il en a fait voir beaucoup dans la compofition
en général, & a été parfaitement idéal & d'une grande
beauté dans la partie de l'expreffion. On doit donc admirer principalement Raphaël pour la compofition, l'expreffion & la fymétrie ou la proportion de certains genres
de figures, ainfi que pour le bon goût de fon deffin. Il
a donné auffi l'exemple des belles draperies, fi ce n'eft
qu'il y a mis trop peu de variété.

CHAPITRE III.

Réflexions générales ſur le Corrége.

LE Corrége a commencé , ainſi que tous les autres
peintres de ſon tems , par un goût ſec & une ſervile
imitation de la nature , dont il s'eſt néanmoins affranchi
plutôt qu'eux. On prétend qu'il n'a pas connu l'antique ,
ce qui ſemble démenti par quelques-unes de ſes femmes ,
qu'il paroît avoir faites d'après la Vénus de Médicis.
On ſait qu'André Mantegna , ſon maître , étoit grand
partiſan de l'antique , au point que ſes adverſaires diſoient
qu'il feroit mieux de peindre ſes tableaux en griſaille
qu'en couleurs , parce qu'alors ils imiteroient davantage les
bas-reliefs antiques , ce qui n'eſt cependant pas vrai ; car il
n'avoit ni la grace , ni la beauté , ni même le ſtyle des
anciens , quoiqu'il cherchât à les imiter. Or , ſi le Corrége a été le diſciple d'André Mantegna (ce qui paroît
aſſez probable , puiſque ſes ouvrages tiennent de ſon
goût , ſi ce n'eſt qu'ils ſont un peu plus moëlleux) il
eſt vraiſemblable que le diſciple d'un partiſan de l'antique
aura connu l'antique. On dit auſſi qu'il n'a jamais été à
Rome , ce qui eſt encore incertain ; car on aſſure que
l'idée principale de ſa coupole à Parme a été priſe du
tableau d'un ancien peintre , qui eſt dans l'égliſe des
Apôtres à Rome. La vérité eſt , qu'on ne ſait rien de

pofitif à cet égard, non plus que de beaucoup d'autres faits qu'on raconte de lui, & qui font tous fi contradictoires les uns aux autres, que je me difpenferai de les rapporter ici.

Le premier goût du Corrége fut fec & mefquin, quoiqu'il peignit alors fes figures d'après nature. Il ouvrit enfin les yeux & fentit qu'il ne fuffit pas de copier indiftinctement la nature, mais qu'il faut y choifir le bon du mauvais pour la rendre plus agréable. Il connut alors que l'art ne peut pas parvenir à imiter parfaitement la nature dans toute fon étendue, qu'il faut par conféquent fe borner à imiter l'effet de la nature. Cette connoiffance le porta à changer fon premier ftyle ; il devint plus moëlleux & fondit mieux fes couleurs qu'il ne l'avoit fait jufqu'à ce tems-là. Il trouva que ce n'eft pas par la rondeur feule des parties qu'on parvient à bien imiter la nature, mais qu'il faut interrompre cette même rondeur & en varier les formes : il acquit par-là une manière de deffiner qu'on avoit ignorée avant lui. Il commença à employer les contours ondoyans qui donnent une fi grande élégance au deffin. Il s'eft fervi pour cela de la nature de fon pays, dont les habitans reffemblent beaucoup aux figures qu'il a peintes. Enfin, il perfectionna de plus en plus fon talent, & parvint à donner le dernier degré de force à fes tableaux ; de forte qu'on peut dire que le Corrége a été original dans fa manière, & qu'il n'a même encore été imité par perfonne, quoique les Caraches l'aient effayé, mais fans y réuffir. Louis Carache étoit dur & trop uniforme ; Annibal n'a pas donné affez de variété à fes formes. Le Corrége faifoit des contours ondoyans, tandis qu'An

hibal Carache ſe ſervoit de contours ronds , & ne faiſoit
preſque jamais de formes convexes. Je ne parlerai pas
du coloris , dans lequel les Caraches n'ont jamais excellé;
car leurs couleurs ſont toutes mattes.

Enfin , le Corrége a été auſſi peu imité que Raphaël ,
parce qu'il a poſſédé , comme lui, une partie tranſcen-
dante de l'art. Si Raphaël a été ſupérieur dans l'idéal de
la compoſition, le Corrége l'a été dans l'idéal du clair-
obſcur & d'une partie du coloris. Examinons maintenant
le Corrége dans les parties les plus importantes de l'art ,
en commençant par le deſſin.

I.

Du Deſſin du Corrége.

LE deſſin du Corrége a d'abord été ſec , ſervile &
roide. Je crois voir en lui une eſpèce d'inventeur de l'art ;
car il a puiſé ſon plus grand talent dans la nature , où il a
découvert, peu à peu , la variété de ſes contours. S'il m'eſt
permis de dire mon ſentiment, qui n'eſt fondé que ſur ce
que je penſe avoir apperçu dans ſes ouvrages , & non ſur
des preuves démonſtratives , je crois pouvoir avancer
qu'il a connu l'antique & qu'il a tâché de l'imiter. Peut-
être bien ne l'a-t-il pas vu comme on le voit à Rome ,
mais comme on pouvoit le voir à Parme & à Modène ,
c'eſt-à-dire , en petite quantité & d'une claſſe inférieure.
Je fonde ma conjecture ſur ce qu'on n'a pas d'ouvrages
du Corrége qui tiennent de ſa manière sèche & de ſon

grand ſtyle à la fois, une eſpèce de talent mitoyen. Il faut peu de choſe à un grand génie pour développer le germe du talent qu'il pofsède, & que ſouvent il ignore lui-même juſqu'au moment où quelque objet vienne à l'échauffer. Je m'imagine que quelque ouvrage de l'antiquité aura produit ſur le Corrége le même effet que les ouvrages de Michel-Ange ont fait ſur l'eſprit de Raphaël ; ce qui n'auroit pu avoir lieu, ſi ce même génie n'avoit pas déjà repofé en eux, & que les objets extérieurs n'ont fait que mettre en action.

Il ne faut pas s'étonner de ce qu'on n'a aucunes particularités touchant le Corrége, puiſque les écrivains s'accordent à lui donner un naturel timide. Peut-être a-t-il été à Rome ſans être connu de perſonne, comme cela arrive ſouvent aux jeunes artiſtes. Sinon, il faut ſuppofer que le Corrége n'eſt parvenu à ce degré de perfection qu'en étudiant, avec une conſtance ſingulière, quelques beaux morceaux de l'antiquité, ou qu'il a trouvé ce beau ſtyle de deſſin & cette grande manière à force de chercher la variété dans les formes & dans le clair-obfcur. Il ſe pourroit qu'ayant toujours voulu interrompre ſes contours par les clairs-obfcurs, pour avoir une continuelle variété de teintes, comme je le ferai voir dans le chapitre ſuivant, il ait découvert qu'il ne pouvoit y parvenir par des contours droits & ſimples ; car ſi la forme extérieure eſt ſimple & droite, les formes intérieures ne peuvent pas être ondoyantes. En effet, on voit dans les ouvrages du premier tems du Corrége, où il a employé la ligne droite, qu'il n'y reſſemble pas à lui-même ; parce que ce qui caractérife ſon deſſin, c'eſt un contour ondoyant,

doyant , c'eſt-à-dire , un contour toujours compoſé de lignes courbes , concaves ou convexes , & dans lequel les lignes droites ſont ménagées ou ſupprimées. La grandioſité & la grace ſont encore des parties que le Corrége a poſſédées ; car la ligne convexe agrandit le ſtyle , & la ligne concave donne de la légèreté. Les anciens ont encore formé leurs contours de plus d'eſpèces de lignes & d'angles que ne l'a fait le Corrége , puiſqu'ils ſe ſont ſervi de lignes convexes , de droites , de concaves & d'angulaires ; au lieu que le Corrége n'a fait uſage que des deux lignes oppoſées ; ſavoir , la concave & la convexe : c'eſt ce qui le rend manièré & quelquefois maſſif , parce qu'il a employé ſouvent la ligne convexe au lieu de la droite , & par fois la ligne concave au lieu de l'angulaire. Voilà auſſi pourquoi il n'a pas été auſſi vigoureux que Raphaël , ni auſſi noble , ni auſſi caractériſé que l'antique. Cependant il n'eſt pas à mépriſer pour la partie du deſſin , comme beaucoup de monde l'a penſé ; car on ne peut lui diſputer une partie de l'art , & même la plus idéale , dans laquelle réſide la grace.

I I.

Du Clair-Obſcur du Corrége.

LE Corrége a porté au plus haut degré la partie du clair-obſcur , & je m'étonne de ce qu'on ne loue jamais que ſon coloris , qui n'eſt pas exactement la partie dans laquelle il excelloit. Si les peintres avoient une parfaite connoiſſance de leur art , ils s'appercevroient facilement que ſon plus grand mérite confiſte dans la rondeur & dans la vérité de ſon clair-obſcur ; & que ſi on lui ôtoit cette partie , il ſeroit inférieur au Giorgione , au Titien & à Van-Dyk. Mais cette grace qui eſt l'effet de la rondeur & de l'élégance de ſon ſtyle toujours remuant , varié & interrompu , eſt la partie qui enchante & qui faſcine les yeux ; ce qui nous oblige en quelque façon d'avouer que ſi le Corrége n'a pas peint des hommes parfaits , il en a fait du moins des êtres plus gracieux qu'ils ne le ſont , pour ainſi dire , dans la nature.

Je conclus donc que le Corrége a ſurpaſſé tous les peintres dans la partie du clair-obſcur. Raphaël l'a bien connu , comme je l'ai remarqué à ſon article ; mais il n'a cependant pas pu parvenir à rendre l'effet de la nature ; & par conféquent a manqué à la vérité dans cette partie. La vérité, dans la peinture , eſt ce qui exiſte réellement , qui n'eſt ſujet à aucune contradiction , & qui ne diffère pas de la choſe repréſentée.

La nature ne nous préſente jamais pluſieurs objets dans un même degré de force ; c'eſt auſſi ce que le Corrége a parfaitement bien obſervé. Il eſt certain que la forme d'un corps expoſé en face de la lumière paroît différente de celle d'un corps autrement éclairé ; & que la forme même cauſe différens accidens de lumière : un corps rond, par exemple, produit un point de lumière , & une plate forme occaſionne un trait étendu de lumière. C'eſt ce qui fit concevoir au Corrége qu'il ne devoit point donner à des objets différens une même quantité de force , ou une même forme de lumière. Il a conſidéré auſſi que le fond d'un tableau

doit être différemment éclairé , fuivant que l'air intermédiaire en reçoit la lumière ; car ce qui eft fur le devant
du tableau , eft fuppofé ne pas être voilé par les corpufcules éclairés qui circulent dans l'air ; au lieu que le fond, qui
eft plus reculé, doit être regardé comme couvert de plufieurs
couches de ces corpufcules , & par conféquent comme
moins clair & plus gris ; vu que les ténèbres & les lumières mêlées enfemble forment des teintes grisátres. Enfin
il a connu qu'il étoit néceffaire d'employer une variété
continuelle & parfaite ; de manière qu'il n'a prefque jamais répété la même force ni de clair, ni d'obfcur.

Une autre partie qui augmente beaucoup la beauté de
fes ouvrages ; c'eft qu'il a donné à chaque ton de couleur
locale qu'il a fuppofé , le même degré de ton dans les
ombres que dans les clairs. Par exemple , dans un tableau
du Corrége , il eft facile de diftinguer l'ombre d'une draperie couleur de rofe d'avec celle d'une draperie rouge ,
& celle d'une chair blanche d'avec celle d'une chair brune.
Pour donner de la force à une chair blanche , il ne l'a
pas laiffé fans ombres , mais il en a fait les ombres toutes
reflettées ; & lorfqu'il a été obligé de pouffer le blanc
jufqu'à la dernière force , il a fu oppofer une couleur
plus fombre , pour diftinguer que l'autre eft une fubftance
naturellement plus claire. Auffi ne s'eft-il jamais fervi
d'oppofitions affeétées ; car il n'a point rendu claire une
matière obfcure pour la faire fervir de fond-clair à l'ombre d'une matière claire ; en un mot il a laiffé à chaque
couleur fon degré de force & de dignité.

I i ij

I I I.

Du Coloris du Corrége.

LE coloris du Corrége eſt fort beau , quoiqu'un peu trop épais. Il n'a pas eu dans cette partie aſſez de déli-catesſe ; le ton en eſt généralement un peu brun, comme le font les gens de ſon pays. Ses chairs paroiſſent trop fermes ; ce qui provient des couleurs jaunâtres , rou-geâtres & verdâtres de ſes demi-teintes ; car dans la na-ture la graiſſe produit la couleur blanchâtre , & la chair une teinte rougeâtre ; tandis que l'humide donne un œil bleuâtre ; & c'eſt-là ce que le Corrége n'a pas aſſez ob-ſervé. Voilà pourquoi ſes figures paroiſſent d'une carna-tion trop groſſière & un peu enfumée ; & ſes ombres ſont un peu trop uniformes , trop monotones & un peu bru-nes. Au reſte , les tons de ſes draperies ſont bien imaginés , & il a admirablement bien conſervé la dégradation de ſes chairs. S'il n'eſt pas parvenu à avoir la touche vive du Titien, ni le pinceau gras du Giorgione, ni la délicateſſe de Van-Dyk , on peut dire du-moins qu'il étoit admirable pour peindre les enfans & les femmes ; mais il étoit trop léché pour les hommes. Il avoit , en général, une belle harmonie.

✳

I V.

De la Compoſition du Corrége.

Dans la compoſition le Corrége n'a eu que des modèles très-foibles, auſſi n'a-t-il jamais excellé dans cette
partie. Il a commencé par des inventions plutôt théâ-
trales ou pittoreſques qu'expreſſives. Cependant on trouve
un peu plus d'expreſſion dans ſes ſujets gracieux que dans
ſes ſujets graves. Il entroit aſſez dans les paſſions éroti-
ques, mais ne donnoit pas de caractères aſſez variés à ſes
figures ; de manière qu'il n'y a pas une grande différence
entre ſes têtes de Vierge & celles de Vénus ou d'une
nymphe. Il groupoit aſſez bien ſes figures, mais tous ſes
tableaux paroiſſent plutôt compoſés pour trouver de belles
maſſes de clair-obſcur que pour rendre l'expreſſion propre
au ſujet. Il a mis beaucoup de génie dans ſes raccourcis.
Je m'imagine qu'il faiſoit en petits modèles de cire tout le
ſujet qu'il vouloit compoſer, & que c'eſt par ce moyen qu'il
a trouvé ſes différens raccourcis. Au reſte il ignoroit les
véritables règles de la compoſition ; & s'il en a poſſédé
une partie, elle reſſemble plutôt à une production de
l'imagination ou à un rêve qu'au beau idéal. Il aimoit
ſi peu la ligne droite, qu'il n'a, pour ainſi dire, point
fait de tête qui ne ſe préſente en raccourci, ſoit du bas
en haut, ou du haut en bas.

V.

De l'Idéal du Corrége.

L E Corrége a mis de l'idéal dans la partie du deffin qui tient à l'élégance des contours. Comme dans le clair-obfcur il n'a fait que fuivre exactement les règles de la nature, on pourra prétendre peut-être qu'il n'y a pas été du tout idéal ; cependant j'ofe foutenir qu'il l'a été beaucoup ; car il faut une grande imagination pour fe faire une manière sûre dans cette partie ; & pour la bien exécuter, on doit poffèder parfaitement l'idéal ; c'eft ce que Raphaël donne à entendre quand, au fujet de fa Galathée, il dit : « Que pour faire une belle chofe, » il faut avoir un plus beau modèle encore ». Le talent de produire, dans un art fi difficile, des objets plus agréables qu'ils ne le font dans la nature même, eft donc vraiment idéal ; car par la quantité infinie de teintes que la nature met, tant dans le clair-obfcur que dans les couleurs, elle nous offre tous les objets diftincts & décidés ; ce qui ne feroit pas le même effet dans la peinture, fi l'on vouloit fe contenter d'imiter fimplement la nature. En effet, fi elle nous fait voir clairement une petite tache ou un pli, &c. qui fe trouve dans l'ombre, elle nous le fera appercevoir bien plus diftinctement dans la lumière ; car ce qui y eft ombre eft une ombre réelle, au lieu que dans la peinture ce n'eft qu'une couleur obfcure ; puif-que pour diftinguer les objets d'un tableau, il doit être éclairé ; tandis que la lumière naturelle n'eſt dans la peinture qu'une couleur claire ; de forte que le tableau , pour pouvoir être vu , doit être placé de façon qu'il ne reluiſe pas ; c'eſt-à-dire , qu'il ne faſſe pas le même effet que la lumière ; car ſans cela on ne pourroit rien y diſ-cerner. Il faut donc ſe ſervir de certaines règles idéales , même dans l'exécution ; car , comme je l'ai déjà dit , la choſe éclairée eſt plus viſible que celle qui eſt dans l'ombre. Il ne faut par conſéquent pas rendre les choſes qui ſont dans l'ombre auſſi diſtinctes que celles qui ſont éclairées , mais auſſi foibles & auſſi vagues qu'elles le paroiſſent en comparaiſon des objets éclairés. L'art ne doit donc pas imiter ce qui eſt vrai (cela eſt impoſſible) ; mais ce qui paroît l'être. Car comme l'art n'a pas autant de tons ou de degrés différens qu'il y en a dans la nature , il ne faut opérer que par comparaiſon ; c'eſt-à-dire , que quelque ſoit le degré de lumière , on doit rendre la ſe-conde teinte de quelques degrés plus obſcure qu'elle ne l'eſt dans la nature : alors le tableau paroîtra vrai ; mais ſi on vouloit mettre la demi-teinte telle qu'elle eſt en effet , on n'auroit jamais une couleur aſſez claire pour imiter la lumière.

Je crois avoir démontré que le Corrége a obſervé toutes ces parties en perfection , & qu'il doit par conſé-quent être regardé comme idéal & même comme ſublime dans la partie du clair-obſcur. Pour le coloris , il n'a fait qu'imiter la nature , excepté dans la partie qui re-garde la draperie , qu'il a ſu choiſir ſelon les maſſes qui lui étoient néceſſaires. Il a auſſi connu parfaitement la force & le degré des couleurs locales pour faire avancer ou fuir les parties , felon qu'il le jugeoit néceffaire à fa compofition. Il a mis de l'idéal dans un certain agence- ment de fes figures , mais qui n'eft que théâtral ou pit- torefque , fans être expreffif, ni d'un grand effet. Enfin , le Corrége a foumis toutes les autres parties de la pein- ture au choix de l'effet & du clair-obfcur , & tout ce qu'il a fait de beau dérive de-là.

CHAPITRE

CHAPITRE IV.

Réflexions générales fur le Titien.

C'EST fous Jean & Gentil Bellin que le Titien commença à peindre ; mais on ne connoît, pour ainfi dire , aucun ouvrage de lui qui foit dans la manière de ces maîtres : il eft donc à croire qu'il ne s'eft occupé qu'à copier quelques-unes de leurs productions , & qu'il fit enfuite d'autres études. Le Giorgione étudia fous les mêmes maîtres que le Titien ; mais il les égala & les furpaffa plutôt même que ne le fit le Titien , qui me paroît avoir été d'un talent à-peu-près égal à celui du Corrége , & qui femble être parvenu , par la même route que celuici , à un beau clair-obfcur & à un goût plus grand & plus vigoureux que les Bellin.

Le Titien quitta alors fes maîtres & fe mit à étudier fous le Giorgione , dont il prit la force , la douceur & la rondeur ; mais le pinceau du Giorgione étoit plus large & avoit plus de grandiofité. On voit cependant dans la facriftie *della Salute* , à Venife , un très-beau tableau du Titien , qui eft d'un coloris plus brillant que celui du Giorgione & que ne l'a été , en général , le fien même. Il agrandit enfuite fa manière , & fe fit un très-beau ftyle , tant pour les formes que pour le coloris , quoiqu'il ait cependant prefque toujours été fort inégal ; car on a de lui des ouvrages

Tome I.   K k

admirables , & d'autres qui paroissent faits à la hâte.
C'étoit le défaut ou , pour ainsi dire, le mérite de tous les
peintres de l'école Vénitienne , qui se sont fait un honneur
de travailler avec facilité ; & l'on a plus estimé le Tintoret
pour sa prestesse que pour l'excellence de ses ouvrages.
Il ne faut donc pas être surpris que leur dessin soit peu
correct ; car cette partie demande une grande patience &
beaucoup de réflexion , pour mettre bien ensemble les
différentes parties & le tout. Voilà pourquoi le Titien ,
quoique d'ailleurs bon dessinateur , a négligé cette partie ,
afin d'aller plus rapidement : il est néanmoins préférable
à tous les autres peintres Vénitiens ; car il a eu le jugement bon & la patience de peindre presque toujours
d'après nature , sans cependant se donner beaucoup de
peine pour connoître les causes de la nature , en se contentant d'imiter ses effets ; ce qui lui a donné un coloris
admirable , qui est la partie dans laquelle il a excellé le
plus dans son bon tems. Dans la suite , il a changé de
manière , ce qu'on attribue à sa vieillesse. Il est tombé
dans un goût mesquin , quoiqu'il ait toujours conservé
un bon ton général de couleur.

Il a quelquefois été dur ; & à force d'aller vîte , il a
donné des coups de pinceau fort rudes. Ses meilleurs
ouvrages sont à Venise , où l'on voit entr'autres , dans
la maison Grassi , une Vénus qui est d'un bon dessin &
de son meilleur tems. Un autre chef-d'œuvre du Titien ,
c'est le tableau de S. Pierre , martyr ; dans lequel il s'est
surpassé lui-même , & qui doit le faire regarder comme
grand coloriste & bon dessinateur. Il en a étudié toutes

les parties d'après nature , & l'a néanmoins exécuté d'un pinceau aufli hardi & aufli facile que s'il l'eût fait d'imagination.

En général, le Titien n'eft pas d'un grand fini ; mais par le moyen de fes touches fières & vigoureufes , il a fait avec peu de chofe, ce que le Corrége n'a rendu qu'avec un grand travail. Je crois pourtant qu'il n'a pas été dirigé par le raifonnement , ainfi que le Corrége , mais qu'il y eft parvenu par une excellente imitation de la nature. Ses draperies font légères & ont de l'idéal , mais elles font trop hachées & trop mefquines. Son payfage eft de la plus belle manière que je connoiffe , & l'on peut dire qu'en général il a excellé dans ce genre ; mais la partie dans laquelle il a le mieux réuffi , c'eft le coloris & une certaine touche hardie , dont le Corrége même auroit eu befoin , pour augmenter la beauté de fes ouvrages. Perfonne n'a traité aufli bien que lui les demi-teintes fanguines, qui produifent le bon effet de la nature.

I.

Du Deffin du Titien.

LE Titien, dans fon premier tems, fut fec dans fes contours , & parut imiter le ftyle de fes maîtres. Enfuite, il agrandit fon goût en tàchant de fuivre la nature. A la fin, donnant plus de liberté à fon pinceau, il négligea la partie du deffin, & devint lourd & maffif; cependant,

il a mieux fait les enfans qu'aucun autre peintre. Le Pouſſin
l'a beaucoup étudié dans cette partie ; & François Fla-
mand, dit le Fiamingo, le premier ſculpteur qui l'ait poſſédé
à un haut degré, a puiſé ſon goût dans les ouvrages du
Titien. En un mot, le Titien étoit né avec tout le génie
néceſſaire pour être un grand deſſinateur ; car il poſſédoit toute la juſteſſe de l'œil requiſe pour bien imiter
la nature, & même les ouvrages antiques, s'il les eût
étudiés ; mais la grande ardeur qu'il eut pour le travail,
ne lui permit pas d'en faire une étude ſolide : on ne peut
donc pas dire qu'il fut bon deſſinateur.

I I.

Du Coloris du Titien.

Nous poſſédons malheureuſement ſi peu d'ouvrages
du Giorgione, qu'à peine peut-on ſavoir ce qu'il a ſu
& ce qu'il a ignoré ; cependant le Titien nous en a laiſſé
quelques-uns dans le goût de ce maître, qui ſuffiſent
pour ne pas nous laiſſer douter auquel de ces deux peintres
on doit attribuer le mérite d'avoir montré le premier la
manière dont il faut employer les draperies de différentes
couleuis, & à quoi ces couleurs ſont propres. Mais pour
parler plus clairement, je dirai que j'attribue ce mérite
au Titien ; ce que je puis faire d'autant plus hardiment,
qu'on peut ſe convaincre, par ſes ouvrages, que s'il n'a
pas été le plus grand maître dans cette partie, il a du moins

le mérite de l'avoir créée. J'ajouterai que le Titien a été
le premier entre les peintres qui , depuis le renouvellement de l'art, ait fu employer l'idéal dans les différentes
couleurs des draperies , fuivant leur dignité ou force.
Avant lui , on fe fervoit affez arbitrairement des couleurs
pour les draperies , qu'on peignoit prefque toutes d'un
même degré de clair & d'obfcur. Mais le Titien & le
Giorgione connurent que le rouge fait reffortir les objets ;
que le jaune attire & retient les rayons de lumière ; que
le bleu eft fombre & propre à faire de grandes maffes
d'ombre. Ils joignirent à cela la connoiffance des effets
des couleurs moëlleufes , & la manière de s'en fervir
avantageufement. Par ce moyen , le Titien acquit une
véritable idée du beau coloris , & fentit la manière de
donner la même grace , la même clarté de ton & la même
dignité de couleur à l'ombre & aux demi-teintes qu'aux
clairs. Auffi fut-il admirablement bien diftinguer la tranfparence d'une peau fine & diaphane par une quantité de
demi - teintes , & fon humidité fanguine par un œil
bleuâtre ; ainfi qu'il fit connoître une peau groffière par
un mélange de jaune & de noir , & une peau graffe par
le jaune & le rouge mêlés enfemble. Enfin , il quitta
le goût des frefques , & connut qu'il y a des variétés
de ton ; que ce qui eft diaphane ou tranfparent , eft
d'une couleur plus indécife que ce qui eft opaque , &
que la lumière s'arrête & réfléchit fur ce qui n'eft pas
tranfparent Par ces réflexions & par ces raifonnemens ,
il acquit une fi grande beauté de coloris, que perfonne
ne l'a encore furpaffé dans cette partie.

L'école Romaine n'a jamais eu de bon colorifte ; les

Lombards ont un peu mieux poſſédé cette partie , que les Vénitiens ont portée au plus haut degré de perfection. La raiſon en eſt , que ces derniers ſe ſont toujours appliqués à peindre le portrait ; de ſorte qu'en travaillant d'après la nature , ils acquirent une plus grande idée de la variété ; car il eſt aſſez ordinaire que les perſonnes qui font faire leur portrait , veulent être peintes avec les habits qu'elles portent. Le peintre eſt donc obligé de repréſenter une plus grande variété d'objets , tels que des pierreries , du velours , du ſatin , du drap , du linge , &c. ; variété qui ſert beaucoup à ouvrir l'eſprit de l'artiſte, qui doit chercher les moyens de bien imiter ces différens objets ; ce qui lui eſt très-néceſſaire , parce que les amateurs , accoutumés à trouver ce luxe dans tous les tableaux , exigent du peintre un certain goût pittoreſque & brillant. A Rome , où l'on a conſervé davantage le goût de l'antique , on mépriſe cette variété d'objets , & l'on cherche , au contraire , à les rendre auſſi ſimples qu'il eſt poſſible. Les connoiſſeurs n'y veulent que des ſujets héroïques où cette oſtentation ſeroit nuiſible. Les artiſtes Romains prennent donc, dès l'enfance, ces maximes & s'accoutument à un goût qui tient plus de l'idéal & du choix , que du vrai & de l'individuel.

Nous voyons que de tous tems les Hollandois , les Flamands & les Allemands ont eu un bien meilleur coloris que les peintres Romains. Rubens & Van Dyk ont beaucoup formé leur goût en peignant des velours & des ſatins. Le premier a été ſi frappé des beaux reflets & des beaux accidens de lumière que ces différens objets lui donnoient , qu'il a fait la peau auſſi reluiſante que le ſatin

même. Il avoit étudié le Titien , mais fa manière lui parut trop difficile : le coloris du Titien étant aſſez varié
& d'un ton admirable , ſans jamais pécher contre l'harmonie ; tandis que Rubens n'a pas connu ces parties ; &
lorſqu'il paroît poſſéder cet accord , ce n'eſt qu'à force
d'employer une grande diverſité de couleurs & de forts
reflets d'une couleur dans l'autre , ſans obſerver que ces
couleurs choquent l'œil quand elles ne ſont pas bien
mariées enſemble : donnons-en un exemple. Nous voyons
l'arc-en-ciel , dont toutes les couleurs ſont d'une belle
harmonie ; mais ſi l'on eſſayoit d'en ôter ou le rouge ,
ou le bleu , ou le jaune , toute l'harmonie ſeroit détruite.
La même choſe aura lieu dans un tableau , dans lequel
il manquera quelqu'une de ces couleurs ; & la raiſon en
eſt , que la vraie harmonie ne conſiſte qu'en un parfait
équilibre des trois couleurs franches ou primitives , le
rouge , le jaune & le bleu. Rubens a pris pour modèle
l'arc-en-ciel , & a employé toutes les couleurs dans ſes
tableaux ; mais il n'a pas ſu leur donner une parfaite
harmonie , comme le Titien , qui a porté cette partie au
plus haut degré , & qui par conſéquent doit être regardé
comme le plus grand coloriſte.

I I I.

Du Clair - Obscur du Titien.

PLUSIEURS écrivains prétendent que le Titien eft l'inventeur d'un certain clair-obfcur particulier qui donne un effet fi admirable à fes ouvrages. Mais j'ofe affurer qu'ils fe font trompés, ainfi que ceux qui font paffer le Corrége pour le plus grand colorifte. Pour louer ce dernier, on dit communément que fes figures paroiffent être de chair vivante, ce qui eft une chofe bien différente du coloris. On dit auffi du Corrége, qu'on voit jufques dans fes ombres, & qu'il femble qu'on puiffe paffer la main entre un objet & un autre. Cette louange n'a rien de commun avec le coloris, puifque cela peut fe faire par le deffin feul. Si le Titien a quelque chofe de particulier dans fon clair-obfcur, on peut dire que cela vient de fon coloris; car ayant remarqué que les ombres dégradent la qualité des couleurs & les rendent plus fombres, il fut leur donner le ton qu'elles doivent avoir; & comme il s'apperçut que la grande lumière ne peut pas être imitée par la peinture, parce que les couleurs font reluifantes, il chercha feulement à la rendre auffi claire qu'il étoit poffible. C'eft donc par l'effet des connoiffances du coloris qu'il a fi bien opéré dans le clair-obfcur. D'ailleurs il a tàché d'imiter la nature dont il s'eft toujours fervi, & qui étant fans ceffe variée, lui a permis de mettre cette même

variété

variété dans fes ouvrages ; mais comme il s'eſt contenté de l'imiter exactement , il n'a pas pu atteindre à l'idéal.

Il ne faut cependant pas prendre à la lettre ce que je dis , comme ſi je prétendois que le Titien ait été abſolument ignorant dans le clair-obſcur , & que le Corrége n'ait pas connu le coloris ; je me borne feulement à comparer le mérite des grands artiſtes , en faiſant voir en quoi ils ont le plus excellé , puiſque pour poſſéder parfaitement la moindre partie d'un art ſi difficile , il faut avoir un eſprit pénétrant & élevé. Il n'eſt d'ailleurs pas vraiſemblable que ces grands maîtres ignoraſſent tout-à-fait des choſes auſſi néceſſaires à leur art ; mais l'imperfection attachée à l'humanité ne leur a pas permis d'exceller dans toutes les parties. Cependant on auroit peut-être donné la palme du deſſin à Raphaël , ſi nous n'avions pas connu les ouvrages des anciens qui lui font ſupérieurs. De même ceux qui n'ont pas une connoiſſance aſſez approfondie de la peinture , pour apprécier la beauté du clair-obſcur du Corrége , pourront croire qu'il n'eſt pas à comparer dans cette partie au Titien. Pour moi , qui en connois tout le prix , j'oſe le mettre en parallèle avec lui.

I V.

De la Compoſition du Titien.

L A compoſition du Titien fut d'abord fort ſymétrique , ſuivant la méthode de ſon tems. Sa feconde manière a été plus facile & plus libre ; mais il a néanmoins preſque toujours compofé fans règle. Dans fon dernier tems il ne paroît pas avoir donné la moindre attention à la compofition de fes ouvrages ; cependant il a été quelquefois expreffif. Il a fouvent mis des portraits dans fes tableaux , ce qui les rend encore plus froids. On pourra me dire que fa compofition a été quelquefois heureufe ; cela eft vrai ; mais ce mérite eft fi rare chez lui , qu'on ne peut le porter en ligne de compte. En un mot , il n'a fait dans cette partie que fuivre la nature , fans tirer aucun avantage de fon art , pour y mettre de l'expreffion.

V.

De l'Idéal du Titien.

LE Titien n'a pas montré beaucoup d'idéal dans fon deffin. Dans le clair-obfcur , il en poffédoit affez pour bien concevoir la nature ; mais il n'en a pas eu autant que le Corrége ; car fon clair-obfcur n'eft , pour ainfi dire , qu'ébauché. Il a eu plus d'idéal dans le coloris , & même affez pour trouver le vrai caractère & le jufte degré des couleurs , qu'il a fu bien difpofer ; car il n'eft pas fi facile qu'on le croit de favoir quand il faut fe fervir d'une draperie rouge ou d'une draperie bleue , & c'eft une partie que le Titien a merveilleufement bien entendue. Il a mis auffi une grande harmonie dans les couleurs , partie qui tient à l'idéal , & qui ne peut s'apprendre dans la nature , fi on ne la conçoit pas d'abord dans l'imagi-

nation. C'eſt ce que je dis auſſi du clair-obſcur , parce
que les demi-teintes n'ont pas autant de degrés dans l'art
qu'elles en ont dans la nature ; ce qui peut s'appliquer de
même à l'harmonie & aux couleurs , où une ſimple imitation de la nature ne ſervira de rien. J'en conclus donc
que le Titien, pour avoir ſi bien rempli cette partie , a
eu beſoin de beaucoup d'idéal. Sa compoſition eſt fort
ſimple , & il n'y a jamais mis que ce qui étoit abſolument
néceſſaire ; par conſéquent , il n'a été que fort peu idéal
dans cette partie.

CHAPITRE V.

Du Goût des Anciens.

L'HISTOIRE nous fournit plufieurs faits touchant l'invention de l'art du deffin ; mais ce qui en eft dit, quoique bien fondé peut-être, eft fi confus, que nous n'en fommes pas mieux inftruits. Je crois même qu'il eft, pour ainfi dire, impoffible de découvrir la véritable origine des arts, d'autant plus qu'ils ont, fans doute, été inventés en différentes contrées à la fois ; de même que l'imprimerie, qu'on a découverte en Europe, & qui étoit déjà connue à la Chine depuis plufieurs fiècles. Il fe peut que l'Egypte, la Grèce & l'Italie aient donné en mêmetems naiffance à l'art, ou peut-être bien a-t-il paffé fucceffivement de l'un de ces pays dans l'autre. Quoi qu'il en foit, comme c'eft une queftion peu importante en elle-même, nous ne nous y arrêterons pas, pour tracer la route que, felon l'opinion la plus vraifemblable & la plus reçue, les anciens ont fuivie pour porter la peinture & la fculpture au plus haut degré de perfection.

Je crois que c'eft l'art du deffin qui a été inventé le premier, & que la peinture & la fculpture font venues enfuite ; ou, pour mieux dire, que la fculpture eft venue après le deffin, & la peinture encore plus tard. Je penfe auffi que les premiers effais de deffin n'ont été que des ébauches groffières, & des formes à-peu-près humaines ;

qu'enfuite on a inventé le plaftique ou l'art de modeler
en terre , & que c'eft par cette invention qu'on a commencé à fe rapprocher davantage de la nature ; car il eft
plus facile de donner une forme à une chofe qu'on voit
fous tous fes afpects , qu'à un fimple deffin qui demande
plus de jugement & d'exercice que la fculpture. Cependant j'avoue ne pas être en état de décider cette queftion. Je fuis feulement perfuadé que les anciens ont
commencé l'art du deffin par des formes longues , fimples
& droites , telles que font les figures qu'on voit fur les
vafes Etrufques *. Il y a à Rome plufieurs bas - reliefs
antiques de marbre dans ce goût , & entr'autres quelques-uns qui paroiffent être des ouvrages Egyptiens. Si
l'on m'allègue que les Egyptiens n'ont jamais travaillé
dans ce goût , parce que leur nature a été plus forte ,
leur climat plus tempéré , leurs exercices & leurs cou-
tumes plus propres à former des corps robuftes , je répondrai qu'il me paroît évident que l'art n'a pas pu imiter d'abord la belle nature , & que les Etrufques ne com-
pofoient pas non plus un peuple fvelte & maigre , mais
fort & vigoureux. Cependant leurs ouvrages en marbre
& les deffins qu'on voit fur leurs vafes font maigres &
roides.

Je fuis perfuadé auffi que la philofophie & toutes les

---

* Le refte de ce paragraphe n'eft pas dans l'édition de M. d'Azara ,
quoiqu'il fe trouve dans trois différentes copies manufcrites de ce
Traité que nous avons eues entre les mains. Il en eft de même de
quelques autres paffages. *Note du Traducteur.*

sciences qui peuvent servir à orner l'esprit, étoient déjà fort avancées avant qu'on inventât la sculpture & la peinture : c'est ce qui me fait soupçonner que les anciens ont tracé une route tout-à-fait différente de celle que suivent les modernes. Il est à croire qu'ils ont pris pour guide le raisonnement plutôt qu'une simple routine ou qu'un vague caprice, & qu'ils ont eu pour maxime de commencer par les parties les plus nécessaires, telles que muscles, &c., & qu'ensuite ils ont pensé aux proportions. Ils ont, sans doute, compris que toute l'utilité de la forme humaine consiste dans ces deux parties, qu'ils cherchèrent d'abord à observer : c'est ce qui a produit leur premier goût & le plus ancien style.

Je crois pouvoir démontrer ce que je viens de dire : 1º. par les sujets historiques qu'ils ont représentés ; 2º. par les figures des dieux & des héros qu'ils ont faites. Ils avoient donc déjà la connoissance de beaucoup d'autres choses, & je pense que la philosophie leur étoit sur-tout familière ; car il n'est pas probable que des artistes qui se sont appliqués au dessin n'aient pas dirigé leurs opérations par le raisonnement. Aussi voit-on que les vases dont je parle étoient d'une forme admirable & d'un travail très-fini. Une autre raison, qui me paroît très-concluante, c'est qu'on voit dans ces mêmes figures une proportion qui ne peut être que le résultat de principes certains & fixes ; & je m'imagine que ces principes n'étoient fondés que sur les proportions qui avoient été inventées & établies par les Grecs, qui certainement les ont calquées sur la plus belle nature de leur tems & de leur pays, ainsi que cela semble prouvé par leurs têtes, qui fe reffemblent toutes. S'ils avoient travaillé fans principes , comme nous , ils auroient varié davantage ces têtes , quand ce n'auroit été que par erreur.

Dans leur fecond tems , ils s'apperçurent que ce ftyle étoit fec & mefquin. Ils agrandirent donc leur manière , & donnèrent plus de nobleffe à leurs ouvrages. Ils ne rétrécirent plus tant les proportions du corps ; mais confervant encore le goût des lignes droites , ils tombèrent dans un ftyle un peu maffif, quoique d'ailleurs affez beau , & qui n'avoit plus la maigreur de leur premier goût. Nous avons quelques anciennes ftatues Etrufques de ce genre , qui font lourdes & dures , quoique d'un bon caractère : telle eft , par exemple , l'Amazone Etrufque. Nous ne connoiffons prefque point d'ouvrages Grecs de ce ftyle ; mais il eft néanmoins probable qu'ils ont fuivi la même route ; car on voit encore un refte de ce ftyle dans le petit nombre de belles productions que nous poffédons d'eux. Leur front plat, leur nez carré, leurs fourcils bien marqués, leurs lèvres prefque droites , font affurément des témoignages certains de ce que j'avance. Il y a entr'autres dans ce goût une ftatue de la *Minerva Medica* au palais Juftiniani , dont les contours font d'une grande fimplicité. Je pourrois même dire qu'elle n'eft que du fecond ftyle des Grecs.

Toutes les figures du groupe de Niobé paroiffent être imitées d'après d'autres ftatues faites dans un tems où le goût étoit porté à un plus haut degré chez les Grecs. On y remarque la plus haute perfection dans les proportions ; les formes en font fublimes & d'une beauté achevée ; mais il y manque encore une certaine morbideffe qui a été trouvée plus tard. Leurs lignes font un peu

trop droites ; les angles en font trop fentis , & on n'y remarque point cette fublime élégance & ce contour fi parfaitement varié , que l'on admire dans quelques autres ftatues
Grecques , telles que celles de l'Apollon , du Gladiateur ,
de la Vénus de Médicis , du Ganimède , &c. Je penfe que
les ftatues du groupe de Niobé ont été faites avant le
fiècle d'Alexandre le Grand ; car on fait qu'à cette époque les Grecs ne s'occupoient pas beaucoup de la draperie , mais tâchoient feulement d'éviter le ftyle dur &
roide de leur premier tems , & le lourd du fecond. Vers
le règne d'Alexandre on atteignit à la plus haute perfection de l'art , en donnant plus de mouvement aux contours , & en ôtant à la pierre fa dureté , qui eft caufée
par les angles & les lignes droites ; les fculpteurs commencèrent auffi alors à étudier la chair , & cherchèrent
à parvenir à la parfaite imitation de la nature. J'oferois
prefque avancer que c'eft à la peinture que la fculpture
doit ce dernier coup d'effort ; cependant je crois que cet
art n'avoit pas encore été porté à ce degré où il monta
dans l'école de Pamphile , qui peut-être même étoit auffi
encore éloignée de la perfeᶜtion. Mais lorfqu'Apelle parut , il agrandit le goût de fon tems , & en ôta toute
la féchereffe. On prétend qu'il difoit que les autres peintres favoient beaucoup chacun en particulier , mais que
lui feul avoit la grace en partage , & favoit quand il
falloit quitter un ouvrage : ce qui affurément ne prouve
pas que le pinceau d'Apelle étoit trop négligé. Mais je
penfe qu'il a voulu dire par-là qu'il évitoit dans fes ouvrages toute féchereffe ; & que les autres peintres n'a-
voient qu'une partie de la perfeᶜtion , mais qu'il poffédoit

une

une véritable union de toutes ces parties. Ce fut alors ,
dis-je , que les sculpteurs ouvrirent les yeux , en voyant
la morbidesse & l'élégance qué ce grand peintre mettoit
dans ses ouvrages : ce qui produisit le style admirable &
sublime que l'on admire dans le Laocoon , dans l'Apollon , &c. Il est à croire que ce fut à cette époque que
les talens des grands peintres éclipsèrent la gloire des
statuaires , & que ce n'est que depuis ce tems-là que la
peinture commença à étre en estime ; car les écrivains
nous apprennent que Philippe , roi de Macédoine , fit
en faveur de Pamphile une loi par laquelle il étoit or-
donné qu'on n'enseigneroit la peinture qu'à des hommes
libres ; terme auquel étoit alors attaché celui de noblesse.
C'est aussi sans doute à l'estime que ce prince témoigna
pour les peintres , qu'il faut attribuer la considération
publique dont ils jouirent ; ce qui leur procura les moyens
de perfectionner leur art. Dans ce tems la peinture étoit
encore peu connue , quoique la sculpture fût déjà assez
commune.

C'est jusqu'au règne d'Alexandre que les arts se per-
fectionnèrent de plus en plus ; mais après la mort de ce
prince ils ne firent plus de progrès ; quoique la peinture
& la sculpture se soient étendues davantage. Il y a lieu
de penser que ce beau siècle a été semblable à celui de
Raphaël & de Michel-Ange , qui tout-d'un-coup a produit les plus belles choses qui aient été faites depuis le
renouvellement de l'art ; car quoique dans la suite on
soit parvenu à mieux exécuter certaines parties , on n'a cependant pas encore pu surpasser ces grands hommes ; &
il est à croire qu'il en a été de même dans l'antiquité.

Tome I.   M m

Depuis le regne de Philippe jusqu'à la chûte des républiques Grecques , les arts firent conftamment de nouveaux progrès ; mais ce ne fut que dans les moindres parties ; tandis que dans le meilleur tems on ne s'étoit appliqué
qu'aux parties les plus effentielles ; & l'on n'avoit guères
cherché à étudier la fineffe des cheveux & d'autres objets
qu'il eft, pour ainfi dire, impoffible à la fculpture de rendre,
pour ne s'arrêter qu'à une parfaite imitation de la nature. Les draperies n'étoient, en général , pas fi bien
exécutées qu'elles l'ont été par les modernes.

Il eft néanmoins certain qu'après la chûte des républiques Grecques , il y eut encore de très-grands ftatuaires,
qui, dans quelques parties , égalèrent les plus fameux
artiftes de la Grèce. Le goût moëlleux & délicat a même
été porté , pour ainfi dire , plus loin par ces maîtres. Ils
n'ont cependant pas furpaffé les premiers , parce qu'ils
n'avoient ni l'imagination auffi vafte , ni l'efprit auffi
élevé que ceux du beau fiècle d'Alexandre. On ne peut
douter que la liberté & l'opulence n'étendent la fphère
de l'efprit humain , & ne l'exaltent davantage par des
idées grandes & fublimes.

Les beaux-arts furent enfuite tranfportés de la Grèce
à Rome ; mais on ne peut pas dire dans quel téms ils y
ont fleuri , puifqu'on ne trouve point de bonnes ftatues
avec des noms latins ; néanmoins il fe pourroit que les
anciens Romains aient eu la manie , comme ceux de notre
tems , d'écrire leurs noms dans la langue des favans.
D'un autre côté , il eft poffible que les artiftes de cette
nation n'aient jamais porté l'art à une affez grande perfection pour leur avoir mérité quelqu'eftime.

Nous avons beaucoup de statues qu'on regarde comme
des ouvrages des Latins , ou qui du moins ne sont certainement pas dans le goût Grec ; & en supposant même
qu'elles eussent été trouvées en Grèce , elles n'auroient pas
valu la peine d'être transportées à Rome. Dans la plupart de
ces ouvrages on distingue le caractère national , particulièrement dans les têtes & dans les bustes des Gladiateurs & des soldats. En outre , le style en est dur , comme
on le voit par leurs bustes d'après nature , principalement
par ceux qui ont été faits dans le tems le plus voisin du
grand style des Grecs , tels que ceux de César , d'Auguste , & des Consuls qui les ont précédés. Les arts ne
paroissent pas avoir eu beaucoup de brillant à Rome
avant le tems de Néron ; mais on voit de beaux ouvrages
faits sous le règne de ce prince. Je crois que la plupart
des chefs-d'œuvre du tems de Trajan & d'Adrien ont été
exécutés par des Grecs ; car on y reconnoît leur goût ; &
dans leurs défauts mêmes ils semblent nous retracer le
style des anciens , tant par la simplicité des contours, que
par l'union des proportions & les beaux caractères de
tête.

Les Siciliens ont eu quelque chose du bon goût Grec ,
& l'ont même conservé assez long-tems , sans néanmoins
parvenir à un certain degré de perfection ; car ils furent
moins corrects que les Grecs , plus ronds , plus chargés ,
sans pouvoir donner au marbre le même poli , ni la même
morbidesse.

Les antiquaires sont tombés dans une grande erreur ,
quand ils ont voulu chercher la perfection dans les choses
qui n'en sont , pour ainsi dire , pas susceptibles , telles

M m ij

que les pierres gravées où il ne faut pas chercher la perfection , mais feulement le ftyle. En effet, ce ne font, fi
l'on peut s'exprimer ainfi , que des chofes faites par routine ou méthode , où l'on n'a cherché qu'à rendre les
chofes les plus aifées , en évitant ce qui offroit trop de
difficulté , & en omettant tous les détails qui auroient pu
embarraffer l'artifte.

On remarque ce que nous venons de dire dans les
ouvrages qu'on a trouvés en pâte antique . & qui par
conféquent paroiffent avoir mérité l'approbation des anciens mêmes. On voit qu'ils ont fait confifter la beauté
dans une belle & noble fimplicité. Je crois que l'art n'eft
tombé que par le trop grand nombre d'artiftes , & que
c'eft cette même caufe qui le rendit fi commun qu'il
ceffa d'être en eftime. Enfin , dans le tems de la plus
grande fplendeur de l'empire Romain, lorfqu'on ne con-
fidéroit plus que les gens de guerre , les artiftes fe voyant
privés de l'efpérance d'être en eftime , tombèrent dans
le découragement ; ce qui les fit renoncer à l'étude de
l'art , qui devint alors une efpèce de métier , & qui fut
à la fin plongé dans un oubli prefque total. Et comme
rien ne peut refter à un même degré fixe , l'art, ne faifant plus de nouveaux progrès , déchut rapidement. Enfin , les révolutions de l'empire , les guerres fucceffives,
le changement de religion & l'abolition des images portèrent le dernier coup au bon goût , en détruifant ce qui
reftoit encore des chefs-d'œuvre des anciens.

Cependant nous devons encore aux Grecs de ce tems-
là le renouvellement de la peinture ; puifque de leur pays
ils portèrent de nouveau cet art en Italie , où il fut enfuite

perfectionné par les Florentins , par les Vénitiens & par
les Lombards , jufqu'au tems de Raphaël , du Corrége &
du Titien. Depuis ces grands maîtres l'art a infenfiblement
déchu jufqu'à nos jours ; & il eft à craindre, qu'en fuivant
la route que nous tenons , il ne tombe de nouveau dans
un parfait oubli. Voilà ce que j'avois à dire de l'invention , de l'art, de fes progrès & de fa décadence. Parlons
maintenant plus particulièrement du goût & des beautés
de l'art à fa première , à fa feconde & à fa troifième
époque dans l'antiquité.

Dans le principe tous les goûts fe font réduits à un
feul , qui étoit groffier & informe. Les Egyptiens ne font
point fortis de ce ftyle ; parce que la nature chez eux
n'étoit pas affez belle pour leur faire découvrir les beautés & les règles de la proportion , qui furent trouvées
par les Grecs & par les Etrufques. Ceux-ci connurent les
premiers que la partie qui eft portée fur une autre doit
être plus légère què cette dernière ; que par conféquent
une grande main , un grand pied , une groffe tête font
des impropriétés ; & qu'il faut, en général , que le
corps puiffe faire tous fes mouvemens avec grace & avec
facilité. Par cette confidération , ils s'apperçurent que
les cuiffes font attirées au corps , les jambes aux cuiffes ,
& les pieds aux jambes ; l'humerus au corps , l'avant-
bras à l'humerus , la main à l'avant-bras , & ainfi du
refte , jufqu'à la dernière phalange des doigts ; le cou
au corps , la tête au cou , &c. Ils s'apperçurent par-là,
dis-je , qu'il faut néceffairement qu'il y ait des forces dé-
clinantes & des diminutions de poids. Cela leur donna
la première idée de cette légèreté qu'on voit dans les

figures Etrufques. Ils connurent auffi que la force de la pofition commence par le bas ; que le pied porte la jambe , la jambe la cuiffe , la cuiffe le corps. Par ce moyen ils apprirent qu'il doit y avoir une certaine proportion entre la longueur & la groffeur de ces membres. Ils virent que dans ces quatre parties , corps , cuiffe , jambe & pied , il y a deux différentes caufes de mécanifme : l'une d'action , & l'autre de repos , c'eft-à-dire , la force qui opère & la force qui foutient ; que la première demande que les extrémités foient fveltes & légères ; que la feconde exige au contraire de la force & de la folidité ; ce qui fait qu'elles doivent être plus grandes. Mais comme ils remarquèrent que la groffeur peut dégénérer en lourdeur , ils en conclurent que la véritable légèreté provient de l'exacte proportion des membres avec leurs jointures ; que par conféquent il faut faire le pied mince & long , comme on le voit en effet par les meilleures ftatues de ce temslà ; & c'eft ainfi qu'en appliquant ces obfervations à la belle nature de leur pays , ils parvinrent à établir des règles fixes & bien raifonnées.

Je foutiens donc que nous devons la belle proportion aux premiers inventeurs de l'art , ou du moins au premier ftyle de l'antiquité.

Dans le fecond ftyle , les anciens confervèrent toutes les proportions de longueur qu'ils avoient établies dans le premier tems ; mais s'étant apperçus combien ce ftyle étoit roide & fec , ils en changèrent le contour , en ne pinçant plus fi fort la partie étroite des articulations ; ce qui donna à leurs ouvrages plus de goût & de grandiofité ; mais ils devinrent à la vérité plus lourds , parce

qu'ils n'avoient pas encore fu trouver la ligne ferpentine
ou ondoyante. Ils commencèrent à fe fervir davantage
des lignes convexes , par lefquelles ils donnèrent encore
un plus grand caractère à leurs figures ; ces lignes ne
leur fervirent néanmoins que pour les grandes parties.
Les ouvrages que nous pouvons croire être de ce tems-
là , femblent étranglés dans les inflexions ; car leur profondeur n'eft compofée que de lignes convexes , dont la
rencontre forme un angle profond ; ce qui donne un goût
découpé à toutes ces parties. Ils ne fe fervoient cependant pas toujours des feules lignes convexes , mais ils
les combinoient avec les lignes droites. Les droites fervoient pour les parties faillantes , & les convexes pour
les inflexions ; c'eft-à-dire, qu'à l'endroit de la plus forte
rentrée , ils mettoient une ligne courbe plus rapide ; &
que là où ils vouloient beaucoup fortir , ils allongeoient
extrêmement la ligne droite. Cela tient de leur premier
ftyle, comme on le remarque dans le caractère de leurs têtes,
où il n'y qu'une feule ligne faillante depuis la naiffance
des cheveux jufqu'à la pointe du nez , & cette ligne étoit
droite. Ils confervèrent encore de leur premier ftyle cette
grande fimplicité de lignes , tant droites que convexes.
Ils obfervèrent auffi d'abaiffer les petites parties & de
donner de l'élévation aux grandes. En un mot , ils portèrent la plus grande attention aux formes générales. Par
exemple, on voit dans leurs têtes de Jupiter, de la Minerve
dont j'ai parlé plus haut, & de leurs autres ftatues, qu'ils ont
beaucoup employé les lignes droites & les angles , & qu'ils
ont exécuté avec un grand foin les parties principales , en
négligeant les moindres. Ils ont fait le front plat, & depuis

la naissance des cheveux jusqu'au bout du nez il n'y a
qu'une ligne droite, terminée par un méplat qui forme la
pointe du nez, & puis un angle droit qui va jusqu'à la racine
du nez. La partie supérieure du nez est plate ; les deux côtés
le font pareillement, & nous voyons qu'ils ont à peine
marqué les narines, pour ne pas interrompre la forme
principale du nez, qui est compofée de deux triangles
aux côtés & d'une plate-forme fur toute fa furface. Ils
cefsèrent même alors de faire fentir l'os du nez ; & depuis
la racine du nez jufqu'à la partie la plus avancée de la
lèvre fupérieure, ils firent un autre méplat, en tenant
cette partie prefque auffi longue que celle du nez, ce qui
imprime aux têtes un certain caractère de grandeur &
une noble gravité. Je crois qu'ils auroient auffi donné
la même forme à la lèvre inférieure, fi la nature n'avoit
pas marqué une trop grande différence dans cette partie.
Néanmoins ils ont accordé la nature avec leur goût, en
tirant du menton jufqu'à la bouche une ligne prefque
droite, & en répétant le méplat fur la partie émi-
nente de la lèvre inférieure. Ils tâchèrent auffi de donner
au menton une forme plate, ainfi qu'aux joues, excepté
à l'endroit des os qui bordent le vifage, c'eft-à-dire,
ceux de la mâchoire inférieure. De cette même manière,
ils continuoient, forme par forme, d'une extrémité des
parties à l'autre, en fe faifant une loi de ne pas entrer
dans les petits détails. C'eft par cette route qu'ils parvinrent à des règles fixes dont ils ne fe départirent point,
& atteignirent le fecond degré de perfection, ou le fecond
ftyle.

Dans leur troifième & meilleur tems, ils changèrent

de

de fyftême. Ils fentirent que cette manière de faire ne donnoit pas l'effet de la chair , parce que , dans leur premier ftyle , ils l'avoient rendue trop nerveufe , & dans le fecond trop graffe ou trop gonflée ; enfin , ils connurént que la belle nature offre une variété continuelle ; que par conféquent rien ne doit être répété , & que de la ligne convexe il faut paffer à la ligne concave & à la droite , pour en former des contours remuans & variés ; qu'aux lignes droites & angulairés de leur feconde manière , il falloit unir les convexes & les concaves ; & que pour donner de la vie & de la variété , il étoit néceffaire d'employer toutes ces lignes. Ils reconnurent la raifon pourquoi il ne doit pas y avoir d'angle fans courbe, ni de courbe fans interruption ou inflexion , c'eft-à-dire , fans ligne ondoyante ou ferpentine. Ils comprirent auffi qu'aucune inflexion , ni aucune partie faillante ne peut être vis-à-vis d'une autre partie de la même nature ; qu'aucune ligne ne doit avoir la même proportion , ni le même caractère d'un côté que de l'autre ; enfin , qu'il faut mettre une parfaite variété dans tous les contours & dans toutes les proportions.

' Cette méthode ne pouvoit les conduire à des erreurs , étant fondée fur les bons principes des ftyles précédens ; car dans le premier ils s'étoient déjà garantis de toutes les mauvaifes proportions ; dans le fecond , ils avoient évité tous les petits détails ; ils n'avoient donc dans le troifième qu'à chercher le complément de l'art , qui confifte dans cette variété remuante qui produit l'effet de la vie dans les chofes repréfentées ; puifque la variété fait fur notre vue le même effet que le mouvement dans la nature ; car une chofe d'une feule forme ne fait qu'un feul effet & n'offre pas l'idée du mouvement ; tandis qu'une forme bien variée ne nous laiffe pas appercevoir la roideur & l'inertie de la matière. Nous voyons qu'un feul trait noir fur un papier blanc ne fait aucun effet fur la vue ; tandis que plufieurs lignes , tracées dans une certaine proportion , attachent les yeux avec plaifir. La même chofe nous arrive dans un ouvrage de fculpture ou de peinture : plus on le regarde, plus l'œil eſt affecté de la variété des formes , & plus auffi il nous paroît vif & animé. Au contraire, une chofe uniforme laiffe. la vue en repos, reſte toujours morte & fixe ; elle devient même fi familière à notre efprit , que nous nous laffons bientôt de la regarder. C'eſt par cette partie de la variété remuante que les ouvrages des anciens font les plus ad-mirables , & c'eſt ce qui leur donne cette beauté parfaite qu'il eſt fi difficile d'imiter. La différence qu'on remarque entre les belles ſtatues modernes & les belles ſtatues antiques , vient de ce que les modernes en cherchant à mettre de la variété dans leurs ouvrages, l'ont rendue d'une manière trop fenfible ; & comme ils n'ont pas eu affez de moyens , ils ont été obligés de fe répéter. Les anciens , au contraire, ont divifé en cent degrés ce qui eſt com-pris depuis la ligne droite jufqu'à la plus grande infle-xion , & fe font fervi pour cela d'une dégradation, pour ainfi dire, imperceptible ; au lieu que les modernes com-mencent d'une manière plus heurtée , en prenant, par exemple , pour leur point de départ, le cinquantième degré , de forte que cette rapide inflexion ne leur permet pas d'y donner autant de variété que les anciens , puif-

qu'ils n'ont que la moitié des degrés & des formes à parcourir.

Voilà, en général, ce que j'ai pu remarquer touchant le
vrai goût des anciens. Il ne me refte plus qu'à parler de
leur peinture, ce que je tâcherai de faire fuivant les
règles de cet art, & en le comparant, en même-tems,
avec la fculpture. J'aurai foin d'obferver ce qu'ils ont
fu & ce qu'ils ont ignoré ; je dis ce qu'ils ont fu & ce
qu'ils ont ignoré, parce qu'il s'agit d'examiner des ouvrages faits par la main des hommes, lefquels par conféquent doivent avoir eu des parties défectueufes ; car en
fuppofant même que l'homme pût fe faire des chofes
une idée auffi parfaite que Dieu même, il ne fauroit pas
pour cela produire des ouvrages doués de perfection,
parce que la foibleffe de fon efprit ne lui permet de concevoir & de confidérer qu'une feule chofe à la fois, &
que fes fens ne peuvent embraffer qu'une feule idée dans
un même tems donné. Nos actions font donc toutes ifo-
lées, & ce n'eft que par le fecours de la mémoire qu'on
peut les réunir, & faire de plufieurs idées fimples une
feule idée complexe ; de forte qu'un homme privé de cette
faculté n'eft capable de rien, puifque toutes les connoiffances humaines ne confiftent que dans une comparaifon & une combinaifon de chofes ou d'idées. L'on ne
peut donc avoir affez préfent à la mémoire ce qu'on a
conçu en commençant un ouvrage, pour le continuer
fur le même concept, & accorder la dernière partie avec
la première ; d'autant plus que tout ce qui tient à la
peinture & à la fculpture a non-feulement befoin d'être
penfé, mais doit auffi être exécuté. Voilà ce qui fait que

N n ij

la fculpture ne peut pas avoir toute la perfeûion à laquelle la peinture peut atteindre ; car le fculpteur , pour exécuter fon idée , a befoin d'une trop longue manœuvre, ce qui affoiblit & amortit néceffairement l'élan de l'efprit avant que la main ait pu exécuter ce qu'il a conçu. La peinture a donc dû être infailliblement fupérieure à la fculpture , puifque le pinceau peut, pour ainfi dire , fuivre la penfée ; tandis que le fculpteur n'opère que lentement , & ne peut pas donner auffi vîte que le peintre un certain degré de beauté à fon ouvrage ; d'ailleurs , ce dernier ne finit que par où le premier commence , c'eft-à-dire , par la perfeûion des formes : le peintre traçant d'abord fes contours , ce qui n'eft que l'achèvement du travail du ftatuaire. Cet art eft donc plus propre à exprimer nos idées que ne l'eft la fculpture.

Cependant la différence des mœurs & des goûts , que l'artifte doit confulter , font caufe qu'aucun peintre moderne n'a pu parvenir à la perfeûion des produûions du cifeau des anciens ; d'autant plus que la célérité eft néceffaire de nos jours , & que le plus fouvent un tableau fort des mains du peintre plutôt qu'il ne le voudroit. Si Raphaël eût donné de la perfeûion à fes ouvrages , il n'auroit peut-être pu nous laiffer qu'un feul tableau , comme celui de l'Ecole d'Athènes , au lieu du grand nombre d'ouvrages qui nous reftent de lui.

La fculpture offre une pareille caufe , qui nous a empêché de parvenir à la perfeûion des anciens. On travaille affurément de nos jours le marbre auffi bien qu'eux ; mais il faut qu'un jeune artifte , pour fubfifter & pour complaire aux amateurs , commence par exécuter des

ftatues & des grands ouvrages , quand il ne devroit encore qu'apprendre à les faire & étudier les bonnes règles.
C'eft ainfi qu'il s'accoutume à un faux brillant , en cherchant à plaire aux perfonnes le moins en état d'apprécier fon
talent , c'eft-à-dire , aux riches. On ne fait plus de ftatues
par l'ordre ou par le confeil d'une ville entière ou de
tout un pays ; mais c'eft le caprice d'un ignorant accré-
dité qui diĉte la loi ; ce qui fait que l'artifte médiocre
eft fouvent préféré au grand maître. C'eft cette influence
dangereufe qui a fait dégénérer tous les arts. Dans l'antiquité , une feule ftatue , d'une vraie beauté , fuffifoit
pour faire la fortune d'un artifte ; aujourd'hui , il en
faut cinquante mauvaifes. Or , comme la perfeĉtion des
ouvrages en marbre fe découvre mieux à la fin qu'au
commencement du travail , nos artiftes font obligés de
laiffer leurs ftatues imparfaites ; & comme l'homme fe
livre aifément à la pareffe , & que l'œil s'habitue bientôt
à un mauvais goût , l'artifte ne s'y laiffe que trop facilement aller.

Je conclus donc que les ouvrages des artiftes modernes
font inférieurs à ceux des anciens , & cela par plufieurs
raifons ; de même que la fculpture eft encore , de notre
tems , inférieure à la peinture. Les peintres , en général ,
font leurs ouvrages avec trop peu de foin & fans les
connoiffances néceffaires ; & les fculpteurs commencent à
travailler fans une étude préliminaire des proportions &
fans l'intelligence requife pour terminer leurs productions ; tandis que les anciens faifoient ufage , dans leurs
ftatues , des règles prefcrites par les premiers inventeurs
de l'art , dont nous avons parlé , & d'une parfaite variété,

en fe fervant des lignes les plus propres à donner de la grandiofité & de la vie à leurs ouvrages , & en rejetant fur-tout les chofes gratuites & inutiles.

Les peintres anciens fuivoient la même méthode par une voie différente. Ils ne quittoient un ouvrage qu'après l'avoir porté par degrés jufqu'à la perfection. Ils commençoient par donner de la juftefle aux contours & une exacte proportion aux formes principales , & finiffoient enfuite , avec le dernier foin , toutes les parties , depuis les plus grandes jufqu'aux plus petites. L'hiftoire nous apprend qu'aucun artifte eut le courage d'achever la Vénus Anadyomène d'Apelle , parce qu'ils ne fe connurent pas affez de talent pour finir les parties ébauchées : non qu'ils n'euffent pas fu y joindre un bras ou une jambe ; mais c'eft que cette fublime ébauche étoit parfaite en comparaifon du talent des autres artiftes.

La peinture étoit dans ces tems un art qui fe traitoit comme une fcience. On commença par partager d'abord les lignes en dix parties, puis en vingt, en quarante, en quatre-vingt, en cent foixante, & ainfi de fuite jufqu'à l'infini. Ces divifions des lignes donnoient une grace & une délicateffe infinies aux ouvrages des anciens , & achevoient de les animer. Toutes les parties de ces lignes étoient enfuite variées : l'une étoit de trois degrés ; l'autre de cinq ; celle-ci de deux , &c. Par ce moyen , ils parvinrent à former des contours variés , grands & coulans , mais cependant d'un bon enfemble par les parties dont ils étoient compofés ; & de toutes ces combinaifons , réfultoit enfin la perfection.

Ils n'obfervèrent pas feulement cette règle dans les

ſimples contours, mais encore dans les formes intérieures, & enfin dans les derniers points de lumière ou coups de force qu'ils donnoient à leurs ouvrages. Quand on examinera les productions de l'art ſous ce point de vue, on ne ſera plus étonné de ce que Protogène ait employé ſept ans à finir le ſeul tableau de Jalyſus ; car pour y donner cette grande perfection, il fut obligé de l'examiner & de le retoucher très-ſouvent partie par partie. J'ai indiqué plus haut pourquoi il eſt ſi difficile à un peintre de parvenir à la perfection, ce qui vient d'un manque de mémoire. Pour ſuppléer à ce défaut, il a fallu que les anciens euſſent recours au tems ; ce qui néanmoins ne leur auroit ſervi de rien, s'ils n'avoient pas ſu partager leurs parties principales & les moindres mêmes, en différens degrés, comme je l'ai déjà remarqué.

Par cette méthode, ils acquirent une variété ſi parfaite, qu'on ne ſauroit y parvenir en moins de tems qu'eux. S'ils avoient omis quelques-unes des règles dont j'ai parlé, ils n'auroient pu atteindre à cette grande variété que nous voyons dans leurs ouvrages, & par laquelle ils ont ſu embellir la plus parfaite proportion même.

Après avoir parlé des règles des anciens artiſtes en général, nous allons entrer dans quelques détails ſur leurs connoiſſances dans les différentes parties de l'art en particulier ; ſavoir, le deſſin, la compoſition, le coloris, le clair-obſcur & l'idéal.

I.

Du Dessin des Anciens.

JE crois avoir assez prouvé qu'il y a dans les ouvrages des anciens trois styles principaux ; savoir, le maigre & roide, le grand & expressif, & le beau ou idéal ; mais je ne parlerai ici que du dernier, qui mérite le plus d'être imité.

Prenons pour exemple quatre des plus fameuses statues : l'Apollon, pour le svelte ou l'élégant ; le Laocoon, pour l'altéré ou l'expressif ; l'Hercule, pour la force ; & le Gladiateur, pour la nature ou la vérité. Nous y joindrons le Torse du Belvedere, pour le sublime de la beauté idéale & de la vérité réunies.

Dans l'Apollon, nous voyons l'expression, la noblesse & tous les autres attributs de la perfection ; mais je ne m'arrêterai ici qu'au dessin. En appliquant à cette statue les réflexions que nous avons faites sur la différence qu'il y a entre la peinture & la sculpture ; nous verrons à quel degré de perfection les anciens ont porté l'art du dessin. Nous y trouverons à la fois l'élégance, l'accord & l'harmonie des contours, avec un caractère dominant si parfaitement exécuté, qu'on n'apperçoit aucune incohérence entre le caractère d'un contour ou d'une forme avec celui d'un autre, & cela d'une extrémité de la statue jusqu'à l'autre, même jusqu'aux doigts des pieds. Quand je dis que les formes sont uniformes entr'elles, j'entends par-là que si les formes convexes sont grandes dans une figure,

elles

elles doivent être grandes , proportion gardée, dans toutes les parties ; de même, ſi ce ſont les formes concaves qui ſont les plus marquées , il faut qu'elles le ſoient dans toute la figure. On peut en dire autant des formes droites ; & ſi c'eſt la ligne ondoyante qui domine , elle doit ſe trouver auſſi par-tout. Or , tous les contours ſont compoſés de l'une ou de l'autre de ces lignes , & il n'y a de différence que ſelon le caractère qu'on veut repréſenter : l'Apollon , par exemple , eſt entièrement formé de lignes convexes très-douces , d'angles obtus très-petits & de méplats ; mais ce ſont néanmoins les formes d'un léger convexe qui y dominent. La raiſon en eſt que cette figure devant repréſenter une divinité qui réuniſſe à la fois la force à la délicateſſe & à la nobleſſe , l'artiſte en a indiqué la première qualité par des contours convexes , la ſeconde par la ligne ſerpentine , & la troiſième par des contours droits. Cette figure eſt donc compoſée de ces trois eſpèces de lignes. Ce ſont des angles obtus , & de légères inflexions qui en forment la ligne ondoyante ; & c'eſt de leur union que réſulte la force & la nobleſſe.

Dans le Laocoon , on apperçoit plus de convexité ; cependant tout y eſt par formes angulaires , tant dans les inflexions que dans les ſaillies ; ce qui marque l'altération qu'il y a dans ſon expreſſion. C'eſt par cette adreſſe que l'artiſte a ſu nous faire comprendre que les nerfs & les tendons de cette figure ſont dans une forte tenſion , ce qui forme des lignes droites ; & des lignes droites qui ſe rencontrent , tant dans les concaves que dans les con‧ vexes , il réſulte des angles : ce qui nous apprend que l'expreſſion en eſt altérée.

Tome I.   O o

L'artifte qui a fait l'Hercule , a montré un goût tout différent encore. Il a donné à tous les mufcles une forme convexe & rondelette , pour faire fentir que c'étoit de la véritable chair ; mais il a marqué les inflexions en méplat , pour indiquer que c'étoient des parties tendineufes & maigres ; & c'eft par ce moyen qu'il a parfaitement bien exprimé le caractère de la force. Le talent fupérieur de l'artifte Grec fe remarque d'autant mieux , que dans les jambes reftaurées , le fculpteur mal-adroit ayant fait les mufcles trop durs & trop roides , ils ne paroiffent plus de la chair , mais reffemblent à des cordes tendues.

Le Gladiateur eft un mélange des formes du Laocoon & de celles de l'Hercule ; car les mufcles qui travaillent font altérés , & les mufcles oififs font courts & rondelets comme ceux de l'Hercule. C'eft par cette variété qu'on rend les véritables effets de la nature.

Le Torfe du Belvedere eft entièrement idéal , & l'on y trouve toutes les beautés des autres ftatues , jointe à la plus parfaite variété & à une touche imperceptible. Les méplats n'y font fenfibles qu'en comparaifon des parties plus rondes , & les formes rondes qu'en comparaifon des méplats ; les angles font plus petits que les méplats & que les parties rondes , & ne pourroient fe diftinguer fans les petites faillies dont ils font compofés.

Le grand artifte Athénien qui a fait cet ouvrage , paroît avoir atteint le ftyle le plus fublime & le plus vrai qu'on puiffe imaginer , s'il a été auffi parfait dans les autres parties qui nous manquent que dans celles que nous avons , ce que je n'oferois affurer ; car on voit des ftatues dont quelques parties font fort belles , tandis que les autres font mauvaifes. Le nom d'Apollonius , qui doit avoir fait ce chef-d'œuvre, ne fe trouve point cité dans l'hiftoire ; mais peut-être bien eft-ce le même que celui de qui on a dit qu'il tourmentoit beaucoup fes ouvrages , fans jamais être content de fon travail. On voit qu'il y a des fers dans les cuiffes de cette ftatue, ce qui nous prouve qu'elle avoit déjà été reftaurée anciennement. Il faut donc qu'elle ait été en grande eftime , même chez les anciens Romains. C'eft fans doute un Hercule , comme on en peut juger par la peau de lion. Le caractère général de ce corps paroît exprimer ce héros lorfqu'il étoit déjà au rang des divinités : on n'y apperçoit aucune trace des principales veines que les anciens avoient coutume de marquer fur les figures humaines, telles que la veine-cave au-dedans de la cuiffe, celles du bas-ventre, & celles qui paffent fur la poitrine. Je crois donc qu'il étoit plutôt appuyé fur fa maffue que filant, comme on le prétend. Je ne penfe pas m'être écarté de mon objet principal en parlant de ces ftatues , puifque la fculpture ne donne que la fimple forme des chofes, qui fe trouve de même dans le deffin.

Revenons maintenant aux peintres de l'antiquité. J'ai tout lieu de croire , & je fuis même perfuadé, que le deffin des anciens peintres étoit encore plus parfait que celui des fculpteurs : 1°. à caufe de cette élégance & de cette preftefle qui fe trouvent dans l'exécution de la peinture, comme je l'ai remarqué plus haut ; 2°. par l'eftime qu'on témoignoit aux peintres préférablement aux ftatuaires , préférence qui devoit , fans doute , être bien motivée chez une nation auffi éclairée que l'étoient les Grecs. Ce que l'hif-toire nous apprend de l'expreffion & du fini que les anciens peintres donnoient à leurs ouvrages , & qu'il faut principalement attribuer à la beauté de leurs contours , eft à peine croyable ; ce qui fait que les modernes ont tant de peine à ajouter foi à ce qui eft dit de ce peintre , qui exprima dans un tableau le caractère du peuple d'Athènes, & leur fait foupçonner que ce n'a été que par le moyen des hiéroglyphes & des emblêmes , & non par l'expreffion. feule du deffin , quoique cela feroit contraire à la vérité de l'hiftoire. Mais ce qui ne peut être contredit , c'eft que nous ne trouvons pas cette même force d'expreffion dans leurs ftatues ; il eft donc probable que la peinture étoit parvenue à un plus haut degré de perfection que la fculpture. Le foin & le tems que les peintres mettoient à leurs ouvrages , devoient naturellement y donner un degré furprenant de fini & de perfection. La grace de l'Hélène de Zeuxis & de la Vénus d'Apelle ne pouvoient être que le réfultat d'une très-grande excellence de contours. Je crois même que la concurrence qu'il y eut entre Apelle & Protogène ne confiftoit que dans cette beauté de contours ; favoir, de la manière que je l'ai dit plus haut : que le premier a fans doute partagé le contour général d'un membre en trois ou plufieurs parties & formes différentes ; que Protogène lui a montré qu'on pouvoit donner une plus grande perfection & variété à ces mémes contours en les divifant en quatre parties ; & qu'enfuite Apelle a porté l'art plus loin , & a donné à ces contours des formes encore plus variées & plus parfaites ; car il n'eft pas à croire que fans cela cette difpute eût mérité l'attention & l'approbation de gens d'un goût auffi délicat que les Grecs.

Il eſt conſtant que les anciens connurent le raccourci ;
comment ſe pourroit - il ſans cela qu'Apelle eût peint
Alexandre en Jupiter tonnant ayant un bras levé en raccourci qui paroiſſoit ſortir du tableau ? De même la
compoſition de beaucoup de tableaux , telle que celle
des batailles auroit dû paroître ſtrapaſſée & déſagréable à
l'œil , ſans l'entendement du raccourci *. Enfin , je crois
que le deſſin des anciens ſurpaſſoit de beaucoup celui des
modernes ; car j'ai vu des tableaux antiques auſſi bien
deſſinés que ceux de Raphaël , leſquels néanmoins ont
été faits à Rome , lorſque le bon goût Grec ne ſubſiſ-
toit plus , & qui ſont tout au plus du tems d'Auguſte.
Cependant nous voyons des ouvrages de marbre de cette
même époque qui ſont très - médiocres. En un mot , le
peu qui nous reſte des peintures antiques eſt fort ſupérieur aux ouvrages de ſculpture de ces mêmes tems.

I I.

Du Clair-Obſcur des Anciens.

JE ne penſe pas que les anciens aient auſſi bien connu
le clair - obſcur que les modernes. Il eſt à croire qu'ils

---

* Cette queſtion paroît entièrement décidée par ce que Pline dit
de Pauſias, liv. xxxv, chap. 11. " Pauſias fit auſſi de grands tableaux,
» comme le Sacrifice de bœufs, qu'on a vu dans le portique de Pom-
» pée ; car il eſt l'inventeur de cette eſpèce de peinture, qui fut
» enſuite imitée par beaucoup d'autres, mais dans laquelle perſonne
» n'a pu l'égaler. Quand il vouloit faire voir la longueur d'un bœuf,
» il ne le peignoit pas vu en flanc, mais en face, *en raccourci* ; &
» dans cette ſituation, on le diſtinguoit fort bien ".

posſédoient parfaitement cette partie requiſe pour l'imitation, mais non pas celle de l'idéal. Il paroit qu'ils ont ſu frapper l'eſprit des ſpectateurs par une grande vérité; ce qui n'auroit pu ſe faire ſans un très-bon clair-obſcur. Mais il n'eſt pas néceſſaire pour cela d'en poſſéder la partie idéale; il ſuffit d'en bien concevoir le juſte degré, pour imiter la nature.

I I I.

Du Coloris des Anciens.

L'HISTOIRE nous apprend qu'il y a eu, chez les anciens, comme chez les modernes, de bons & de mauvais coloriſtes. Je m'imagine que Zeuxis & Apelle furent non-ſeulement vrais, mais très-beaux dans cette partie. On trouve même que les anciens ont parlé du coloris; ils doivent donc en avoir eu une idée exacte. Il ſe peut néanmoins qu'ils ne ſoient pas entrés dans toutes les parties de détail comme les modernes. Le choix des couleurs locales de leurs draperies a été très-bon, autant que nous pouvons en juger par leurs ouvrages qui nous reſtent. Ils mettoient, ſans doute, un grand fini dans leurs peintures, ſans y rien omettre des moindres parties néceſſaires. On voit à Rome la figure d'une Rome triomphante, peinte, à ce qu'on prétend, du tems de Conſtantin, qui eſt d'un très-bon ton de couleur. Quoique le deſſin de ce tableau ſoit mauvais, il ſurpaſſe néanmoins de beaucoup les ſculptures de l'arc de ce même empereur......

FRAGMENT

D'UN DISCOURS

*Sur les moyens de faire fleurir les Beaux-Arts
en Espagne.*

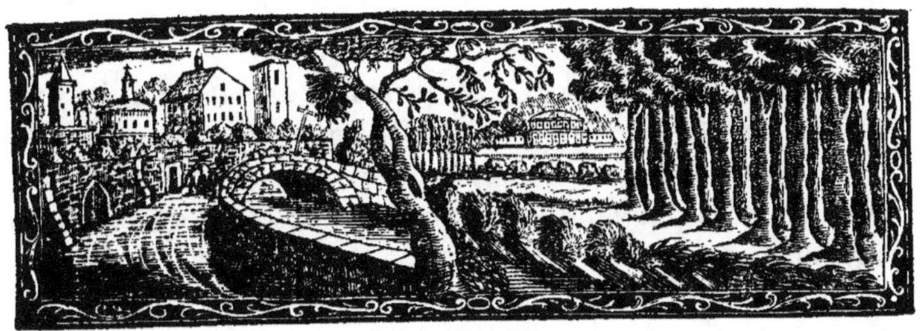

FRAGMENT
D'UN DISCOURS

Sur les moyens de faire fleurir les Beaux-Arts
en Espagne.

AVANT de propofer les moyens convenables pour faire
fleurir les beaux-arts en Efpagne , il eft bon d'examiner fi
le génie & le caractère de la nation Efpagnole font propres
à y parvenir ; car on fait que le naturel des peuples les porte
plus ou moins à la culture de quelques arts & de quelques fciences. Le génie national n'eft pas toujours le même,
mais dépend en partie de la nature , & plus encore des
mœurs & des ufages établis ; cependant ces deux caufes
ont une connexion fi intime entr'elles, qu'il eft fouvent
difficile de diftinguer à laquelle on doit attribuer plufieurs
effets qui en réfultent. L'expérience nous apprend que le
climat influe fur le caractère des peuples ; mais il faut
convenir auffi que l'éducation & les ufages d'une nation

<table><tr><td>Tome I.</td><td>P p</td></tr></table>

concourent à rendre ces opérations de la nature utiles ou infructueufes. Il eft donc néceffaire que nous examinions préalablement ces deux caufes pour connoître quelle influence elles peuvent avoir fur l'avancement des beaux-arts en Efpagne.

Ce royaume jouit, en général, d'un ciel très-pur & fort élaftique, qui accélère beaucoup le mouvement du fang, & fert à rendre le fyftême nerveux fort irritable; ce à quoi contribue encore l'aridité & la féchereffe du fol; & cette irritabilité des nerfs produit naturellement des efprits fins & déliés, propres à faifir avec facilité tout ce qu'ils veulent fe donner la peine d'apprendre. Mais cette grande fenfibilité même eft nuifible à la culture des beaux-arts, qui demandent plutôt un fyftême de nerfs plus fourd, comme celui des peuples qui habitent un climat plus modéré par le concours du froid & du chaud, du fec & de l'humide, tel, par exemple, que celui de la Grèce.

Les hommes les plus propres à cultiver les arts, font ceux qui diftinguent le plus facilement la beauté; & cette perception n'eft elle-même que le réfultat de fens fort délicats & d'une prompte conception; car la beauté *eft une propriété des chofes, qui, par le moyen des fens, donne à l'efprit une idée claire & diftincte de leurs qualités bonnes & agréables.* L'homme dont les fens ne font pas doués d'une certaine délicateffe, ne peut recevoir cette impreffion des objets, & fon efprit n'eft pas affez vif pour communiquer à l'ame le plaifir que caufe la beauté; & c'eft néanmoins de cette feule manière que l'ame & le fens jouiffent également. Ceux qui connoiffent l'hiftoire favent quel étoit le pouvoir de la beauté fur l'efprit des Grecs ; mais nos fens font trop obtus & trop foibles , pour que nous puiffions concevoir l'amour qu'avoit ce peuple pour les beaux-arts. Pour en revenir à notre fujet , nous remarquerons , que quoique les Efpagnols n'aient pas la même aptitude pour les arts que les Grecs , ils font néanmoins plus que quelques autres nations doués des qualités néceffaires pour y faire de grands progrès , en furmontant les obftacles qui réfultent de leurs mœurs , & qui détruifent les difpofitions favorables qu'ils ont reçues de la nature. Examinons maintenant ces chofes l'une après l'autre.

Les nations , de même que les individus , opèrent fuivant leurs befoins , foit naturels ou factices , c'eft-à-dire , qui proviennent de caufes étrangères. Quand ces befoins fubfiftent pendant un certain tems , les moyens pour chercher à y pourvoir,fe continuent auffi pendant le même laps de tems , & deviennent des chofes d'ufage & de coutume , qui tyrannifent le cœur & l'efprit de ceux qui , dès l'enfance , y font habitués , jufqu'à ce qu'un effort de la raifon ou quelqu'autre force prédominante les affranchiffe de ce joug. Les premiers habitans de l'Efpagne étoient des Barbares , & leurs mœurs devoient l'être également. Les Romains , qui conquirent ce pays , y introduifirent une foible lumière des arts ; mais leur principal objet fut d'en tirer de l'or , de l'argent , du minium * , & les

---

* Par *minium* les anciens entendoient ce que nous appellons *cinabre.*

autres métaux que produifent fes mines. Les Vandales
& les Goths , qui fuccédèrent aux Romains , y firent revivre les mœurs barbares ; & les Maures achevèrent enfin
de détruire les foibles idées des beaux-arts & des fciences
que les Romains avoient fait germer dans ce pays. Lorfqu'après une longue fuite de guerres les Maures furent entièrement chaffés d'Efpagne , les talens s'y réveillèrent , &
les belles-lettres y furent cultivées avec ardeur & fuccès ;
mais il ne fut pas poffible d'y faire aucun progrès dans
les arts , parce qu'on n'y avoit aucune idée de la beauté:
les guerres continuelles & les befoins qu'elles font naître
portant les Efpagnols à s'occuper uniquement des armes
& des moyens de fubvenir aux dépenfes qu'elles demandent. De manière que le peu de magnificence que le roi
& les grands du royaume cherchèrent à donner aux églifes
& aux palais , fut confié à des artiftes ignorans & fans
émulation. Comme d'ailleurs ils n'avoient abfolument
aucune idée , ni aucun modèle du bon goût , ils furent
forcés d'imiter les ouvrages des Goths & des Maures.
Ceux qui commandoient ces travaux étoient encore moins
inftruits que les artiftes mêmes , parce qu'ils s'adonnoient
tous, ou à la guerre , ou à la jurifprudence , ou à la théologie : connoiffances qui , loin de conduire au bon goût ,
femblent , au contraire , être les ennemies des beaux-
arts.

L'Efpagne acquit un certain degré de gloire fous Ferdinand le Catholique ; mais ce grand roi , diftrait par les
foins que demandoient les guerres qu'il eut à foutenir ,
& par la politique de fon fiècle , ne put faire que de

foibles efforts pour l'avancement des arts. C'eſt ſous ſon règne que les Indes ouvrirent leurs riches tréſors à l'Europe , & ces richeſſes fixèrent alors toute l'attention des Eſpagnols, dont enſuite de nouveaux règnes & de nouvelles eſpérances agitèrent l'eſprit ; de ſorte que dans ces tems-là tout ce qui n'étoit point or paroiſſoit ne mériter aucune eſtime.

Charles-Quint entraîna la nation Eſpagnole dans de nouvelles guerres , & ſa valeur & ſon exemple inſpirèrent à ſon peuple le deſir de la gloire militaire & l'amour des combats , ſi contraires au calme & à la tranquillité que demandent les arts. Philippe II , d'un caractère oppoſé à celui de ſon père , ſe déclara leur protecteur. Il ordonna le magnifique palais de l'Eſcurial , & récompenſa généreuſement les artiſtes ; mais comme ce prince n'avoit pu changer les mœurs de ſes ſujets , ni la conſtitution de l'état , l'amour des arts reſta concentré dans ſa perſonne , ſans qu'il pût le communiquer à la nobleſſe même , qui continua à s'occuper des armes & des richeſſes du nouveau monde. Comme d'ailleurs l'Eſcurial eſt placé au milieu d'un déſert , peu de perſonnes pouvoient s'y rendre pour le voir ; & le malheur voulut que lorſque les Eſpagnols commencèrent enfin à cultiver les arts , & allèrent en chercher les traces en Italie , le bon goût s'étoit déjà perdu dans ce pays ; de ſorte qu'ils ne rapportèrent chez eux qu'un goût corrompu & dépravé.

A cette époque néanmoins les Eſpagnols s'adonnèrent au deſſin ; il ſe forma même à Séville une école de peinture , mais qui ne fut ni inſtituée , ni protégée par le gouvernement , & dont le collége de commerce fut ſeul le protecteur : ce qu'on dut à l'opulence qui regnoit alors dans cette ville , qui fournit aux gens de l'art les moyens de s'occuper avantageufement. Les peintres de l'école de Séville n'eurent cependant pas le bonheur de voir & d'étudier les modèles des anciens Grecs , & ne connurent pas non plus la beauté : de manière qu'ils fe bornèrent à copier fervilement la nature , fans pouvoir faire un choix de ce qu'elle offre de plus beau. Comme ils poffédoient les parties les plus néceffaires de l'art , ils crurent être parvenus au plus haut degré de perfection ; ils étoient néanmoins bien loin encore d'en connoître feulement la partie la plus noble. Ils s'appliquèrent à fuivre la vérité fans fonger à la beauté , & ils ignoroient également la fupériorité de l'école d'Italie , laquelle venoit d'être de nouveau reffufcitée par les Caraches, lorfque ce pays commença à fortir un peu de l'état malheureux où l'avoient plongée les guerres de Charles-Quint & de Fran-çois I.

Philippe IV honora beaucoup la peinture dans la perfonne de don Diegue Velafquez ; mais ce prince ne prit pas la bonne route pour porter cet art à fa perfection. Il fit bien , à la vérité , modeler à Rome quelques-unes des meilleures ftatues antiques , mais elles reftèrent toutes enfevelies dans fon palais de Madrid , où perfonne ne pouvoit les voir pour les étudier. Charles II fongea à faire exécuter de grands ouvrages de peinture , tant dans le palais de l'Efcurial qu'à Madrid ; mais comme parmi fes fujets il n'y en avoit aucun qui fut peindre à frefque , parce qu'ils s'étoient toujours bornés à une fimple imita-tion de la nature , le monarque fut obligé de faire venir d'Italie Lucas Jordans. Les éloges & les grandes récompenfes que reçut ce peintre Napolitain , joints à l'admiration qu'infpira fa manière d'opérer , engagèrent plufieurs Efpagnols à fuivre fa méthode. Mais comme Jordans devoit fon talent à une grande pratique & à une imitation raifônnée des meilleurs maîtres des différentes écoles de l'Italie , les Efpagnols , qui étoient privés de ces moyens , ne purent parvenir à leur but. Ce qui néanmoins nuifit le plus à leurs progrès , c'eft qu'en cherchant à imiter Jordans , ils cefsèrent d'étudier la nature , ainfi qu'ils l'avoient pratiqué jufqu'alors ; fans atteindre au bon goût , ni à la beauté , qui reftèrent renfermés dans l'Italie.

Depuis cette époque jufqu'à nos jours , on n'a fait aucun nouvel effort en Efpagne pour fortir de l'ignorance, & l'on s'en eft tenu à une méthode vicieufe ; de manière que fous ce point de vue on pourroit comparer l'Efpagne à un pays de malades , dont on feroit garder toutes les frontières , pour empêcher qu'il n'y entre aucun médecin étranger.

J'ai rapidement parcouru l'hiftoire de la peinture en Efpagne , fans parler des autres arts , parce que c'eft elle qui préfide au bon goût. Je remarquerai cependant que l'architecture y eft reftée , pour ainfi dire , dans un profond oubli jufqu'à nos jours ; mais qu'il y a maintenant quelques artiftes qui la pratiquent avec fuccès. A peine commença-t-on à fortir du goût Gothique , qu'on éleva l'Efcurial , qui eft un édifice immenfe & folide , conduit fur de bons principes , mais qui n'offre pas la moindre idée de beauté ni d'élégance , & l'on peut dire qu'il caractérise parfaitement l'esprit du prince qui l'a fait bâtir. Malgré le grand nombre d'artistes employés à cet édifice , les arts ne firent néanmoins alors que de foibles progrès en Espagne ; sans doute à cause qu'on continua à y croire que c'est la richesse & la masse de la matière qui constituent la beauté & le grand goût ; ignorance qui produisit une ridicule magnificence qui consistoit à faire des autels de bois doré & d'autres choses semblables , où il n'y a ni beauté , ni élégance , & qui n'attirent les yeux que par la valeur de la matière. Ce goût dépravé fit naître celui de dorer pareillement les statues, ou de les peindre : ce qui dégrade absolument la sculpture ; puisque ce ne font plus alors les belles formes des ouvrages qui nous donnent une idée de leur mérite , mais la dorure ou les couleurs qui les couvrent. Or , il est impossible qu'une nation qui a toujours fous les yeux de pareils objets puisse acquérir le bon goût qui ne se forme que par l'habitude de voir des choses parfaites. Il est même plus avantageux pour l'artiste d'être privé de tout modèle quelconque , que d'en avoir de mauvais à étudier ; parce qu'alors du moins il se bornera à ce qui est absolument nécessaire ; & quoique ses productions resteront simples & grossières , elles feront néanmoins plus susceptibles de beauté que celles qui péchent par des parties superflues & gratuites ; d'ailleurs l'œil , ainsi que l'esprit, ont moins de peine à distinguer la beauté dans un ouvrage grossiérement ébauché , que lorsqu'elle se trouve , pour ainsi dire , ensevelie fous un amas d'ornemens ridicules. Mais si la connoissance du beau offre tant de difficultés , il y en a bien davantage à atteindre le sublime , qui consiste

à

à donner une idée claire & concife d'une grande chofe , en liant rapidement & avec fimplicité enfemble les dèux extrêmes , le commencement & la fin ; c'eft-à-dire , en faifant beaucoup avec le moins poffible.

Après avoir expofé les difficultés que la nature & les mœurs préfentent aux progrès des beaux-arts en Efpagne , nous devons nous occuper d'y porter remède ; ce qui demande que nous examinions les caufes & les circonftances heureufes qui les ont fait fleurir dans d'autres pays.

Les facultés & les moyens de l'homme , comme un être doué de raifon , font fort grands ; mais il ne les met , en général , en ufage , que lorfqu'il y eft contraint par la néceffité , qui eft de deux efpèces ; favoir , abfolue & relative , ou d'opinion. Les beaux-arts n'ont aucune relation avec la première , mais ils font tous enfans de la feconde. Par-tout où il y a pouvoir , il y a auffi volonté. Or , comme l'homme , par fon intelligence & par fa conformation naturelle , a la faculté de comprendre & d'imiter certaines propriétés & qualités des chofes , il a conçu l'idée de cette imitation , & voilà ce qui a donné naiffance aux beaux-arts. On m'objectera peut-être que l'architecture eft fille de la néceffité ; mais ce feroit confondre cet art avec le fimple talent de bâtir , qui n'eft fufceptible d'aucune beauté , & qui ne tient par conféquent pas aux beaux-arts comme l'architecture.

On croit communément que c'eft dans l'orient que les hommes commencèrent à faire des images & des fimulacres pour fervir à leur culte religieux ; mais ces peuples n'ont jamais porté les arts à un certain degré de beauté , parce

Tome I.   Q q

qu'ils fe font contentés de rendre la fimple apparence des chofes ; de forte qu'une image n'étoit , pour ainfi dire , qu'un fimulacre de l'objet , ou une efpèce d'hiéroglyphe qui fervoit à en donner une idée , fans qu'on fongeât à la beauté ou à la perfeétion. C'eft de cette manière qu'ils composèrent cette figure monftrueufe , laquelle, fuivant leur conception fuperftitieufe , devoit repréfenter les différens attributs de leur dieu épouvantable. Les Egyptiens firent quelques pas de plus dans les arts. Les Phéniciens donnèrent un peu plus de délicateffe & de fini à leurs ouvrages , parce qu'ils en faifoient un objet de commerce ; mais ils travaillèrent plus les métaux que la pierre. C'eft ce peuple qui porta les arts fur les côtes de l'Afrique , de l'Afie & de l'Europe , mais toujours dans cet état groffier & barbare , dont les arts ne fortirent que lorfque les Grecs commencèrent à les cultiver.

Si l'on examine attentivement pourquoi les arts n'ont fait , pour ainfi dire , aucun progrès chez les peuples qui femblent les avoir découverts , quoiqu'il paroiffe facile de perfeétionner ce qui eft une fois inventé, on conviendra , je penfe , avec nous , que c'eft parce que les idées de l'homme vont toujours en progreffion fuivie ; que par conféquent lorfqu'elles font fondées fur un faux principe , les conféquences doivent néceffairement en être plus erronées encore : qu'ainfi les arts qui partirent d'un point vicieux , durent aller en empirant ; de même que les fruits d'un arbre gâté tombent avant leur maturité. Ces mauvais principes ont donc , fans doute , contribué à l'état groffier dans lequel ces nations

font reftées , à leur ignorance de la beauté , & au mépris qu'elles montroient pour les artiftes. D'ailleurs il ne
leur étoit pas permis de s'éloigner , dans l'exécution de
leurs idoles , de certaines formes preferites par le facer-
doce , qui fe contentoit de la fimple apparence , ainfi que
nous l'avons déjà dit ; & lorfqu'ils vouloient faire quelque
chofe d'extraordinaire,ils fe bornoient à augmenter la maffe
de la matière , & produifoient ainfi des figures bizarres
& gigantefques. De leur côté , les Phéniciens n'avoient
en vue que leur commerce : il étoit donc naturel qu'ils
regardaffent leurs artiftes comme des ouvriers qui fervoient à une branche de leur trafic.

Lorfqu'enfin les Grecs , & particulièrement les Athé-
niens , commencèrent à former une nation civilifée , &
à connoître enfuite , par le moyen de la philofophie ,
toute la valeur des productions du génie , les beaux-arts
montèrent , chez ce peuple , à leur plus haut degré de
perfection. Tout les favorifoit dans la Grèce : la fituation
de ce grand nombre d'ifles que la nature offre fous tant
d'afpects variés , leur climat tempéré , la beauté de leurs
habitans , leurs mœurs, le bonheur de jouir de la liberté,
la haute idée qu'ils avoient conçue de la beauté , & les
fenfations délicates qui réfultoient de ces corps fi bien
organifés ; tout , dis-je , concouroit chez eux à cette
heureufe combinaifon. Le mérite chez ce peuple ouvroit
la route aux plus grands honneurs , jufqu'à l'apothéofe
même ; & la beauté y étoit regardée comme un don du
ciel. Les hommes y étoient plus eftimés par leurs qualités perfonnelles que par les biens qu'ils pouvoient pof-
féder. Et quelle émulation ne devoit pas infpirer aux

artistes le plaisir d'être jugés par des philosophes , &
de voir placé parmi les éphores mêmes des artistes , tels,
par exemple , que Phidias , l'ami de Périclès , & Socrate,
statuaire , qui ensuite mérita d'être regardé comme le plus
sage des hommes , & comme l'oracle du monde ? On sait
les richesses que Phidias reçut pour prix de ses chefs-d'œuvre , & les grandes récompenses qu'on accordoit aux
peintres & aux sculpteurs , dont les ouvrages étoient
payés de la caisse publique ; de sorte qu'on peut dire
que la pauvreté de ce peuple , loin de nuire à la perfection des arts , y a , au contraire , contribué, parce qu'ils
ne mettoient pas la magnificence dans la valeur de la
matière , mais dans l'exécution des artistes.

Quoique la sculpture , qui sans doute est le plus ancien des arts , remontât à une haute antiquité chez les
Grecs , elle conserva néanmoins long - tems parmi ce
peuple un style sec & roide , comme on peut s'en convaincre par les vases Etrusques , qui font véritablement
dans la première manière des Grecs ; car les ouvrages
Etrusques en marbre & en albâtre de Volterra font d'un
autre style. Il n'est d'ailleurs pas étonnant que les Etrusques aient eu ce style des Grecs , puisqu'ils étoient composés de deux différentes colonies : la première , de Phéniciens , & la seconde, de Grecs , ainsi que nous le
prouvent leurs monumens , qui, à quelques points obscurs de mythologie près , ne contiennent que des choses
particulières aux Grecs , fur-tout des tems héroïques.
Ce style ne fut pas général à toute la Grèce , mais feulement aux endroits où les Egyptiens & les Phéniciens
l'introduifirent , c'est-à-dire , le long des côtes maritimes ;

mais dans l'intérieur du pays , on s'arrêta beaucoup plus long-tems à faire de fimples fimulacres , & l'art n'y fut pas introduit par des étrangers , mais inventé par les indigènes , & l'on y commença, fans doute, par le plaftique ou l'art de modeler.

Les ftatues qu'on élevoit aux vainqueurs des jeux olympiques fournirent principalement aux ftatuaires le moyen de porter leur art à la perfection. Ces ftatues fe faifoient aux dépens de la patrie commune ; de forte que chaque citoyen avoit intérêt à ce qu'elles fuffent bien exécutées. Les artiftes , en faifant ces ftatues , avoient occafion d'étudier le contour mâle & élégant de ces jeunes athlètes , & par conféquent de s'immortalifer par leurs ouvrages , où il n'y a rien de gratuit, ni de fuperflu.

Cette première imitation de la vérité donna un grand degré de perfection à l'art , parce que la diverfité des figures qu'on copioit exigeoit néceffairement des combinaifons & des manières différentes. Mais l'amour des Grecs pour la beauté leur fit bientôt remarquer que les jeunes gens en font plus doués que les vieillards , parce qu'ils ne préfentent pas , comme ces derniers , autant de fignes de l'imperfection humaine , & qu'on trouve chez eux toutes les principales parties , fans les petits détails qui fatiguent les fens & l'efprit , & que d'ailleurs les formes de l'adolefcence font plus pleines , plus fimples & plus agréables. Par ce moyen , & par la connoiffance qu'ils avoient déjà acquife d'imiter les corps plus formés & plus robuftes , ils diftinguèrent les parties qui concourrent le plus à la perfection de l'homme , & les differentes qualités qui les caractérifent davantage , tel ,

par exemple , que la force , la légèreté, la grandeur ou
la petiteffe des formes , l'adolefcence , la vieilleffe, &c.
Ils obfervèrent exactement toutes ces marques caractérif-
tiques , & trouvèrent par-là le ftyle le plus parfait, ou ,
pour mieux dire , le ftyle de la beauté. Leurs ftatues de
dieux font toutes des modèles de la plus fublime beauté ;
& quoiqu'ils les aient repréfentés fous une forme humaine , ils ont néanmoins fu éviter les fignes de la nature
purement animale. Voilà pourquoi dans les ftatues de
leurs Jupiter & de leurs Neptune on n'apperçoit ni rides ,
ni veines , quoiqu'elles repréfentent des hommes faits &
d'une nature robufte ; & lorfqu'ils avoient à exprimer
quelque paffion forte , ils ne la rendoient jamais d'une
manière trop fentie , qui peut altérer la beauté des formes ;
mais cependant affez prononcée pour faire connoître la
fituation actuelle du perfonnage qu'ils avoient à repréfenter.

Comme l'homme rapporte à lui-même tout ce qu'il
fait , & que rien ne peut lui plaire que ce qui a quelque
analogie avec fon efpèce , les Grecs s'appliquèrent fur-
tout à la connoiffance du corps humain , où ils trouvèrent tout ce qui peut faire une impreffion agréable fur
nos fens ; & comme ils comparoient toutes les chofes
qu'ils vouloient faire avec quelque partie du corps de
l'homme , ils prirent de fes formes ou de fes proportions
l'idée du beau , tant pour les différentes parties de l'architecture , que pour les vafes , &c.

La peinture commença à fe perfectionner à-peu-près
dans le même tems que la fculpture , qui, fans doute,
doit fon origine au plaftique. Si l'on peut en juger par

les éloges & par les récompenfes de toutes efpèces, que
les Grecs accordoient aux peintres, il eft à croire que la
peinture étoit en bien plus grande eftime parmi ce peuple
que l'art de la fculpture. Selon moi, ce ne fut qu'au
tems d'Apelle que la fculpture parvint à fon plus haut
degré de perfection, par les chefs-d'œuvre de Lyfippe &
de Praxitelle ; car il paroît certain que les artiftes qui
ont précédé ces grands maîtres, ont eu à vaincre les
principales difficultés de l'art, tant pour les proportions que pour l'expreffion, la beauté & la grandiofité :
cependant les ouvrages qui nous reftent d'eux nous prouvent qu'ils opéroient tous avec intelligence. L'architecture Grecque n'eut, pour ainfi dire, point d'enfance,
mais paffa rapidement de la fimplicité des cabanes à la
fomptuofité des plus magnifiques palais de l'ordre Do-
rique, qui n'a fouffert que de foibles variations, parce
que les artiftes s'apperçurent qu'ils ne pouvoient mieux
faire que de s'en tenir à leur folide manière de penfer.
A la fin, la Grèce fut conquife par les Romains ; mais
quoique ces vainqueurs foumirent les Grecs par les armes,
ils ne purent jamais les égaler dans les fciences ni dans
les arts ; & tel eft le pouvoir du génie, que ces conqué-
rans furent obligés de s'avouer eux-mêmes vaincus de ce
côté-là. Les Romains n'eurent jamais de grands artiftes,
parce qu'ils ne leur accordèrent point l'eftime & les diftinc-
tions qu'ils méritoient. D'ailleurs il n'y avoit que les armes
& le barreau qui ouvriffent à Rome le chemin de la fortune ;
& le peuple, opprimé par les patriciens, ne pouvoit fonger
aux arts ; de forte que lorfqu'on vouloit faire exécuter
un bel ouvrage, il falloit avoir recours aux Grecs. Les

arts reftèrent long-tems dans cet état, jufqu'à ce qu'ils tombèrent enfin infenfiblement en décadence. Le goût, introduit par les Grecs à Rome, ne s'y maintint donc que peu de tems, à caufe que les arts fe trouvèrent bientôt avilis, lorfqu'on y employa les efclaves ; de manière que les artiftes ne furent plus regardés que comme de fimples artifans, & d'une claffe bien au-deffous de celle des foldats même.

Il y a des écrivains qui prétendent que l'architecture Romaine a furpaffé en beauté celle des Grecs ; j'en doute cependant ; car il eft probable que les Romains n'ont jamais eu une architecture qui leur fût propre. Si l'on jette les yeux fur les monumens d'architecture qui exiftoient à Rome avant le tems des Tarquins, on verra que le cirque & le cloaque, qui fans contredit étoient des entreprifes magnifiques, ont certainement été exécutés par les Etrufques, qui, à la vérité, inventèrent bien quelque chofe en architecture, mais qui cependant ne firent, en général, qu'imiter le ftyle de l'ancienne Grèce, qui étoit le moins parfait, & qu'ils altérèrent même plus ou moins. Lorfque, dans la fuite, les Romains acquirent plus de connoiffance & de goût, ils employèrent des artiftes Grecs, ainfi que le firent Augufte, Trajan, Adrien, qui font les empereurs à qui Rome doit le plus grand nombre de fes édifices. L'ordre compofite qu'employèrent les Romains n'eft pas, à proprement parler, un ordre nouveau ; mais c'eft un ordre mixte, formé de l'ordre Corinthien & du Ionique. Le premier de ces ordres n'étoit pas en grande eftime parmi les Grecs, à ce qu'il paroît, puifqu'on n'en a trouvé aucuns veftiges, pas même à Corinthe ; ce qui donne

lieu

lieu de croire que le nom & l'usage de cet ordre d'architecture n'ont été inventés qu'après la destruction de
cette ville célèbre , & que ce sont les Romains qui , ayant
fait des chapiteaux du métal de Corinthe avec les feuillages & les figures qui les distinguent encore , se sont
imaginés de leur donner ce nom ; de même qu'ils ont
appellé ainsi les vases & les candelabres faits de cette
espèce de bronze. On dira peut-être que la Lanterne de
Diogène & la Tour des vents, à Athènes, étoient de l'ordre
Corinthien ; mais je répondrai que ces édifices ont , sans
doute , été construits après l'époque dont nous venons
de parler.

La différence de style qu'il y a entre les édifices des
Grecs & des Romains , nous fait connoître le caractère
distinctif de ces deux peuples : les derniers ayant dégradé,
par un luxe inutile dans les ornemens, la belle simplicité
des Grecs , qui ne permettoient pas qu'on surchargeât
de choses gratuites les parties de la décoration ; & c'est
cette magnificence même , née de la grande opulence des
Romains , jointe au peu de goût qu'ils eurent pour le
beau , qui les fit promptement retomber dans un état de
barbarie , parce que n'étant plus soutenu par de grandes
richesses , l'amour des beaux - arts se perdit bientôt parmi
eux. Cette révolution n'eut pas lieu parmi les Grecs : il
ne fallut pas moins que l'entière destruction de cette nation pour éteindre son bon goût ; & même après la perte
de sa liberté , & malgré les humiliations qu'elle eût à
souffrir , la barbarie ne s'introduisit parmi elle que lorsqu'on la força à embrasser le Christianisme ; non que je
prétende que cette religion soit contraire aux arts ; mais

l'abus que les Grecs en firent , en se divisant en plusieurs
sectes , qui se pourfuivirent tour-à-tour avec un cruel
acharnement, éteignit leur génie & leur fit perdre leur
délicatesse naturelle : en passant avec trop de rapidité de
l'amour de la matière à la contemplation des choses spi-
rituelles , leurs idées se confondirent , & ils perdirent la
connoissance du beau. A la liberté succéda la servitude ;
l'humilité remplaça l'amour de la gloire ; l'estime de la
beauté fut suivie d'un parfait mépris pour les choses ter-
restres , & la foi triompha des arts & des sciences profanes. Afin de prévenir que ce peuple ne retombât dans
l'idolâtrie , on détruisit toutes les statues que les Romains
n'avoient pas enlevées , ou que la brutalité des soldats
& la fureur des flammes avoient respectées. Tout enfin
changea d'aspect dans ce malheureux pays. Cependant
les Grecs ne cessèrent jamais de se distinguer des autres
peuples par la supériorité de leur génie dans tout ce
qu'ils produisirent , quoiqu'ils eussent perdu l'amour des
arts , qui n'étoient plus pratiqués que par des moines
à qui l'esprit de religion & de piété , ne permettoit
point de chercher à parvenir à la beauté. Les Turcs
conquirent ensuite la Grèce ; & la secte de Mahomet ,
guidée par sa stupide ignorance , qui condamne tout ce
qui ne s'accorde pas avec le Koran , dissipa par le fer la
foible lumière qui existoit encore des arts , qui dès-lors
furent plongés pour toujours dans la barbarie.

Parmi les Grecs qui , dans ces tems-là , se réfugièrent
en grand nombre dans les isles de l'Italie & sur les côtes
de la mer Adriatique & de la Méditerranée , il y eut
quelques peintres , mais qui n'avoient, pour ainsi dire ,

aucune connoiffance de leur art. Cependant comme ils en poffédoient mieux le mécanifme , & qu'ils opéroient d'une manière plus franche que les Italiens , ils fe répandirent par-tout pour peindre les tableaux d'églife. Les édifices les plus magnifiques qui aient été conftruits en Italie après la divifion de l'empire d'Orient & d'Occident , font d'une architecture Grecque : tels , par exemple , que l'églife de Saint-Marc à Venife , la tour de Pife , & quelques autres bâtimens.

Il eft digne d'être remarqué que les mêmes caufes qui dans la Grèce tirèrent les beaux-arts du néant , & qui les y portèrent au comble de la perfection , font auffi celles qui les firent revivre en Italie , quoiqu'ils y reftèrent à un degré beaucoup inférieur ; foit que les Italiens n'aient pas des perceptions auffi délicates du beau que les Grecs , foit que lorfque les arts reparurent en Italie , ce fut fur des principes trop compliqués ; ce qui prive l'efprit de l'idée de fimplicité , qui eft l'unique route par laquelle on puiffe parvenir à fe former une image diftincte de la beauté.

La religion donna néceffairement de l'effor aux arts , par le befoin de conftruire des temples , de peindre des tableaux , & de fculpter des images pour le culte divin. La liberté dont jouiffoient alors les républiques de l'Italie , infpira aux artiftes le defir de faire de grandes chofes à l'exemple des Grecs. Enfin , cette liberté , qui commença à renaître en Italie , dans les quatorzième & quinzième fiècles , y fit fleurir l'induftrie ; tant il eft vrai : « que » celui qui fait ce qu'il veut , fait toujours infiniment » mieux que celui qui ne fait que ce qu'il doit ». L'homme dont la volonté est libre, déploie ordinairement tous ses moyens , & produit tout ce que ses facultés lui permettent de produire ; tandis que l'esclave ne fait que ce qu'on lui ordonne ; & sa volonté , opprimée par la violence , ne lui permet point d'exécuter de belles choses. L'habitude même d'opérer d'une certaine manière , le prive de toute énergie , & il finit enfin par renoncer à ce qu'il n'espère plus de pouvoir obtenir.

Nous voyons, en effet, que les arts commencèrent à fleurir en Italie, lorsque la liberté donna une si grande vigueur à la république de Venise. Son commerce , & la communication continuelle qu'elle avoit avec la Grèce , lui firent concevoir des idées dignes de sa grandeur. . . . .

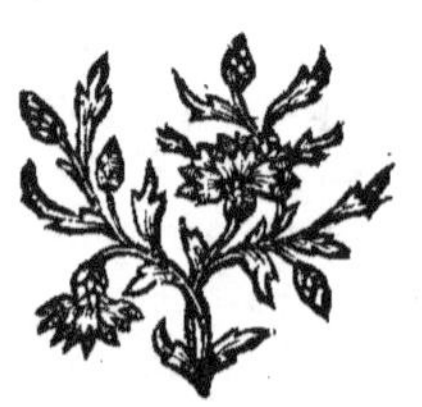

LETTRE
DE M. MENGS
A M. FALCONET.

LETTRE

DE M. MENGS

A M. FALCONET.

MONSIEUR,

N E foyez pas furpris de ce que je prends la liberté
de vous adreſſer cette lettre , fans avoir l'honneur de
vous connoître perfonnellement : c'eſt le titre commun
d'artiſte qui m'engage à cette démarche. Votre nom m'eſt

connu depuis plufieurs années , & je m'apperçois par vos écrits que vous n'ignorez pas non plus que j'exifte ; mais je n'ai jamais eu la fatisfaction de voir de vos ouvrages. Je defirois depuis long-tems de vous coñnoître , & furtout de lire vos écrits , parce que la matière que vous avez traitée me faifoit efpérer que j'y trouverois de quoi m'inftruire ; mais je n'ai pu avoir cette fatisfaction , & cela imparfaitement même , que depuis peu de jours , que M. de Zinowieff , miniftre de Ruffie auprès de la cour d'Efpagne , m'a fait le plaifir de me prêter feulement le fecond volume de vos Œuvres , qui contient la traduction des livres de Pline , où cet Écrivain parle des arts.

En l'ouvrant , le hafard m'a fait tomber fur les obfervations que vous avez faites fur la ftatue équeftre de Marc-Aurele , que j'ai eu la curiofité de lire tout de fuite. L'ouvrage m'a paru bien raifonné & écrit par un homme d'efprit , qui s'exprime avec énergie , mais en même tems , fi j'ofe le dire , avec un peu d'amertume.

Permettez , Monfieur , que je prenne la liberté de vous dire mon fentiment fur vos réflexions touchant cette ftatue de Marc-Aurele. Je fuis bien perfuadé que c'eft avec connoiffance de caufe que vous avancez vos obfervations ; cependant je crois que fi vous aviez vu l'ouvrage en place , & que vous euffiez été à même d'obferver toutes les autres ftatues équeftres qui exiftent en Italie , vous auriez été moins furpris des louanges qu'on a données à celle de Marc-Aurele ; car quoique les autres foient plus correctes , corrrectes, elles paroiſſent néanmoins froides & inanimées à côté de celle-ci. Je parle de celles des habiles maîtres modernes, qui ſubſiſtent à Veniſe & à Florence, parce que celles du Bernin & de Cornacchini, qu'on voit à Plaiſance & à Rome, n'ont pas aſſez de mérite pour que nous nous en occupions.

Perſonne, ſans doute, pour peu inſtruit qu'on ſoit, ne ſoutiendra que du tems de Marc-Aurele on faiſoit des chefs-d'œuvre de l'art; & l'on ne ſe ſert de ce terme pour louer le cheval de Marc-Aurele que par comparaiſon aux autres. Vous n'ignorez pas d'ailleurs, Monſieur, que ce ne ſont pas toujours les ouvrages ſans défauts qui ſont admirés par les gens de bon goût, mais ceux qui préſentent quelque choſe d'extraordinaire & d'expreſſif. Auſſi le cheval de Marc-Aurele ſe fait-il admirer par une certaine expreſſion de vie, qui ne provient peut-être que de ces mêmes fautes que vous remarquez dans la poſition des jambes, qui n'eſt pas dans les règles du mécaniſme ordinaire, mais dans un état momentané, dans lequel l'animal ne peut reſter qu'un inſtant.

Quant au cavalier, il n'eſt pas repréſenté comme un homme qui fait parade de ſe bien tenir à cheval, mais comme un empereur qui, avec un air de bonté, étend la main droite, en ſigne de paix, vers ſon peuple, ſuivant la coutume des anciens; de l'autre il tient la bride de ſon cheval.

Je ne ſuis, ſans doute, pas auſſi inſtruit que vous, Monſieur, des qualités & des mouvemens du cheval,

parce que je n'ai pas eu occafion d'en faire une étude
particulière ; mais je conjecture que l'art peut donner du
mouvement à cet animal , par la connoiffance que j'ai de
celui de l'homme , que j'ai étudié. J'ai connu à Rome
même des artiftes qui fe permettoient de critiquer les
ouvrages antiques du premier ordre ; & qui en copiant
l'Apollon du Vatican ainfi que l'Apollino de Médicis ,
prétendoient les corriger en les mettant parfaitement d'à-
plomb , & perdirent de cette manière la plus grande partie
de la beauté des originaux ; mais mon objet n'eft pas de
traiter ici de cette matière.

Ce qui m'engage particulièrement à vous écrire cette
lettre , c'eft ce que vous dites, Monfieur , dans votre
ouvrage de feu M. Winckelmann, mon ami ; ce qui m'a
été d'autant plus fenfible , qu'il femble que votre mauvaife humeur contre lui ne provient que de l'indifcret
éloge qu'il a fait de moi ; & comme vous prétendez que
je dois regarder cet éloge comme un compliment d'ami ,
je me vois, comme tel , obligé , de mon côté , de vous
répondre pour lui. Mais ce qui m'a fur-tout engagé à
vous importuner , c'eft le defir d'occuper une place dans
votre eftime , que je ne mériterois certainement pas , fi
j'avois de moi-même l'idée qu'en a bien voulu montrer
mon panégyrifte. Il n'y a que ceux qui ne connoiffent
pas les chefs-d'œuvre des anciens , qui peuvent préfumer
d'avoir autant de mérite. Pour moi , qui ai beaucoup
étudié l'antiquité , j'ai trouvé les ouvrages du premier
ordre conçus & exécutés avec une fineffe & un jugement

inimitables , & , en général , faits avec un goût fondé
fur les plus folides principes de l'art & de la nature. J'ai
reconnu de même la fupériorité du génie de Raphaël , &
le mérite des autres grands artiftes du dernier fiècle ; mais
cela ne m'empêche pas d'admirer le talent , l'efprit , la
hardiefle & la facilité de mes contemporains. Pour moi ,
je me fuis propofé d'imiter le mérite des autres , en me
contentant d'être le dernier de ceux qui marchent dans
le bon chemin , plutôt que le premier de ceux qui fe
laiffent éblouir par un faux brillant. Par ce moyen j'ai
eu la fatisfaction de voir mes ouvrages bien accueillis
par les nations qui eftiment les productions des artiftes
actuellement vivans , par la comparaifon qu'ils en font
avec les ouvrages des maîtres qui ne fubfiftent plus. Je
dois donc quelque reconnoiffance au public de Rome ,
de Drefde , de Florence , de Londres & de Madrid ,
pour la bonté avec laquelle on y a reçu mes ouvrages ;
ainfi je vous demande pardon , Monfieur , & pour moi
& pour M. Winckelmann , des louanges hyperboliques
qu'il a prodiguées à un compatriote. Son ftyle eft celui
d'un homme qui veut louer fon ami ; & l'on ne doit pas
prendre fes expreffions à la lettre ; auffi peu qu'il faut
vous croire à la rigueur quand vous dites qu'on voit
couler le fang dans les veines d'une ftatue de M. Puget ,
votre compatriote. Je ne prétends néanmoins pas défendre
tout ce que dit M. Winckelmann ; car il feroit injufte
de foutenir toutes les foiblefles d'un ami , comme il le
feroit également de ne point prendre fa caufe , quand on
croit qu'il a raifon. M. Winckelmann n'étoit pas un juge

infaillible, car il n'étoit point artifte ; mais nous-mêmes, qui faifons profeffion de l'être, fommes-nous sûrs de bien juger ? Si nous jouiffions de ce beau privilége, nos productions feroient certainement parfaites, puifque ce n'eft pas la pratique qui nous manque, mais le jugement ; car il nous arrive tous les jours de faire des ouvrages que nous condamnons enfuite nous-mêmes.

Ce que M. Winckelmann dit de la tête du cheval de Marc-Aurele eft peut-être mal-fondé, fuivant l'idée que nous avons aujourd'hui de la beauté de cet animal ; mais je vous prie, Monfieur, de confidérer qu'on ne trouve dans aucun monument antique une tête de cheval avec un profil courbé, qui nous paroît fi beau, & qu'on appelle en Efpagne tête de mouton, *tefta de carnero.* Ce qui me feroit croire que les anciens prenoient l'idée de la beauté d'une tête de cheval de fa reffemblance avec celle du bœuf, comme étoit celle du fameux Bucéphale d'Alexandre. M. Winckelmann avoit écrit bien des chofes avant qu'il connût à fond l'antiquité ; mais je puis d'ailleurs affurer qu'il étoit incapable de trahir la vérité, foit par intérêt, ou par égard humain.

Pour ce qui regarde le paffage de Plutarque, cité par M. Winckelmann, je ne puis en juger par moi-même ; mais il paffoit pour être fi favant dans la langue Grecque, que je ne puis croire qu'il fe foit trompé. D'ailleurs il faut obferver que la traduction Françoife de l'*Hifloire de l'Art* n'eft pas correcte ; car, entr'autres, le terme de *totalement négligé* ne fe trouve pas dans l'Allemand. Au refte , la verfion littérale que vous rapportez dans votre ouvrage , page 53 , ne me paroît pas dans le ftyle antique ; car je doute que le terme de *Peintre de portraits* ait été employé par aucun Grec , & M. Winckelmann ne s'eft pas tant attaché à traduire les paroles de Plutarque qu'à bien rendre fes idées. En un mot , rien n'eft plus facile que de faire des bévues ; & vous - même , Monfieur , vous vous êtes trompé dans la citation de la note à la page 54 , où vous avez pris pour deux difcours différens un feul que M. Winckelmann a fait fur mon compte. Mais qui eft-ce qui s'arrête à de pareilles bagatelles ?

Quant à ce qui me regarde , je vous fuis infiniment obligé de la manière obligeante avec laquelle vous parlez de moi à la page 53 ; & c'eft principalement la politeffe que vous avez montrée à mon égard en cette occafion , qui me fait fouhaiter votre connoiffance , & je vous fais de nouveau des excufes pour M. Winckelmann, s'il a parlé avec peu d'exactitude de vous dans fes citations ; car dans le fond vous paroiffez avoir les fentimens qu'il vous prête , comme le prouve la note 18 du XXXVIe Livre , à la page 75 de votre Ouvrage.

Je conviens parfaitement avec vous , Monfieur , qu'il eft très-mal fait de parler avec peu de confidération d'une perfonne auffi refpectable que M. Watelet (& même de qui que ce foit) , de qui M. Winckelmann m'a écrit avec les plus grands éloges , dans le tems qu'il a eu l'honneur de le connoître à Rome. Si j'avois le talent

d'écrire, je tâcherois simplement d'expofer des raifons
& des faits, & d'enfeigner des chofes utiles, fans m'a-
mufer à contredire les autres ; car il me femble qu'on
peut faire de bons livres fans dire qu'un tel écrivain s'eft
trompé. Mais fi vous pouvez me démontrer que la médifance eft honnête, je conviendrai alors qu'il importe
peu de quelle façon on attaque la réputation. En atten-
dant je fuis perfuadé que le farcafme eft la plus mauvaife
méthode de raifonner & de blâmer, parce qu'il n'en réfulte que du mal pour celui qui le met en ufage.

Mais pour ce qui concerne la différence de fentiment
entre M. Winckelmann & M. Watelet, je penfe que
c'eft le dernier qui a tort ; fuppofé toutefois qu'on doive
prendre pour modèles les plus belles ftatues antiques. Je
crois que fi vous voulez être de bonne foi, il faudra,
Monfieur, que vous conveniez vous-même que la figure
du héros que propofe M. Watelet, eft plutôt une belle
figure de théâtre qu'une ftatue antique. Je fuis même
convaincu que fi vous n'euffiez pas eu l'humeur aigrie
contre M. Winckelmann, vous n'auriez point fait ufage
d'un fophifme pour prouver, par des règles contraires à
celles de M. Watelet, que M. Winckelmann s'eft trompé ;
car étant artifte, vous favez, auffi-bien que moi, que le
caractère des héros & des demi-dieux eft celui de la vraie
beauté, un peu au-deffus de la beauté humaine ; & que
cette beauté n'admet aucun extrême : c'eft ainfi, en effet,
qu'on la voit employée à la ftatue du foi-difant Anti-
nous du Vatican & du Méléagre, qui n'ont point le ca-

ractère des héros de M. Watelet. Je dis la même chose des Faunes. Celui que vous citez, ainsi que le Cupidon du même âge, sont deux beaux jeunes garçons, qui n'ont rien du Faune dans leurs formes. Mais si vous vous donniez la peine, Monsieur, de considérer le beau Faune de Borghese avec le jeune Bacchus entre ses bras, vous n'y trouveriez rien de lourd, non plus qu'à celui de Florence qui joue des crotales, à l'exception de la tête & des bras qui sont modernes. Nous avons à Rome quantité de Faunes de la forme la plus élégante, qui pour cela ne sont pas des Apollino, comme vous le dites fort bien ; mais qu'on pourroit comparer aux plus beaux Bacchus, excepté pour la physionomie & pour l'attitude. Il faut de plus faire une différence entre les Faunes & les Silvains *.

Je suis d'ailleurs convaincu que si M. Watelet eût été à Rome avant d'écrire son livre, il auroit rendu avec toute l'élégance de style & toute l'énergie qui lui sont propres, les grandes idées que la vue de tant de chefs-d'œuvre de l'art des Grecs inspire naturellement à tout homme de génie & d'un cœur sensible ; & il ne se feroit plus

---

* On peut consulter sur la distinction qu'il y a à faire entre les Faunes, les Satyres, les Silènes & les Pans, une savante Dissertation que M. G. Heyne, Professeur à Gottingue, a publiée sur ce sujet, & qu'on trouve dans un Recueil intitulé : *Sammlung Antiquarischer Aufsätze*, 2 *vol. in-8°*, *Leipzig 1779*, dans lesquels il y a différens morceaux du plus grand intérêt. *Note du Traducteur.*

arrêté à embellir des idées prifes dans les atteliers de Paris. Je fuis même perfuadé que fi vous , Monfieur, homme d'efprit , comme vous êtes fûrement, euffiez demeuré à Rome , vous auriez peut-être eu le bonheur de devenir auffi *Antiquomane* , comme l'ont été tant de grands artiftes François , vos prédéceffeurs , qui ont illuftré le beau fiècle de Louis XIV.

M. Winckelmann a dédié fon *Hiftoire de l'Art* à l'Art même , au Tems & à moi. Le tems feul apprendra fi cet ouvrage eft utile : pour moi , je penfe qu'il doit l'être ; je fuis même perfuadé que ceux qui liront ce livre avec l'envie de s'inftruire , particulièrement l'article du premier tome , page 313 , de la traduction , y trouveront beaucoup de profit à faire pour la connoiffance de l'antique ; & quand même il y règneroit quelque préoccupation pour les Grecs , cette paffion même fera favorable ; puifque les reftaurateurs modernes des arts doivent tout ce qu'ils ont de bon à cette même préoccupation , laquelle , tant qu'elle a régnée en Italie , y a foutenu les arts avec honneur. En France les arts ont tombé en décadence à mefure que cette prévention s'y eft perdue ; & dans les pays où cette efpèce d'enthoufiafme n'a jamais été connue, on n'eft jamais non plus parvenu à un certain degré de perfection dans les arts.

Quand vous aurez convaincu l'univers , Monfieur , que M. Winckelmann eft un ignorant, & que Cicéron, Pline , Paufanias , Quintilien , & d'autres auteurs anciens n'ont fçu ce qu'ils difoient en parlant des arts , penfez-vous que cela nous avancera beaucoup. Le Laocoon , le
Gladiateur,

Gladiateur, les Faunes, l'Apollon, les Vénus, & un grand nombre d'autres ſtatues ſoutiendront toujours le crédit des Grecs ; & vous êtes, ſans doute, vous-même convaincu que la belle proportion, la beauté idéale, la nobleſſe & l'égalité de ſtyle, l'élégance des attitudes, l'entendement des os & des muſcles, l'expreſſion ſolide, l'ame & le feu de caractère, les draperies qui couvrent le nud ſans le cacher, enfin, un travail qui ſe ſoutient en toute place & à toute lumière, ſont des mérites qui ſe trouvent à un degré ſupérieur dans les beaux ouvrages des anciens. Vous n'ignorez pas vous-même, Monſieur, combien il en coûte pour acquérir quelques-unes de ces parties ; & ſi vous voulez être ſincère, vous conviendrez, qu'en comparaiſon de ces mérites, celui de bien exprimer les plis, les chairs & les veines, devient très-petit ; en un mot, que les coups hardis des touches, la hardieſſe du deſſin, & tout ce qu'on appelle *eſprit*, l'unique ſoutien des artiſtes modernes, diſparoît à côté de la beauté ſolide des anciens.

Je vous ſouhaite, Monſieur, la gloire de vous occuper d'ouvrages par leſquels nous puiſſions nous convaincre de la ſupériorité de vos talens ; & je ſuis fâché d'être privé de la ſatisfaction d'admirer la magnifique ſtatue équeſtre que vous avez entre les mains, dont j'ai entendu faire beaucoup d'éloges, & qui me feroit, je penſe, grand plaiſir à voir. Je ſouhaiterois que vous vous déterminaſſiez à publier les études que vous avez faites ſur le cheval, afin que le public & l'art profitaſſent de vos lumières.

Je vous demande pardon de vous avoir incommodé par cette longue lettre, en vous priant de m'honorer de votre amitié, ainfi que de vos ordres, fi je puis vous être bon à quelque chofe à Rome, où je dois me rendre fous peu de jours.

J'ai l'honneur d'être avec la plus parfaite eftime & confidération,

MONSIEUR,

Madrid, ce 25 Juillet
1776

Votre très-humble & très-
obéiffant ferviteur,
ANTOINE-RAPHAEL MENGS.

RÉPONSE
DE M. FALCONET
A M. MENGS.

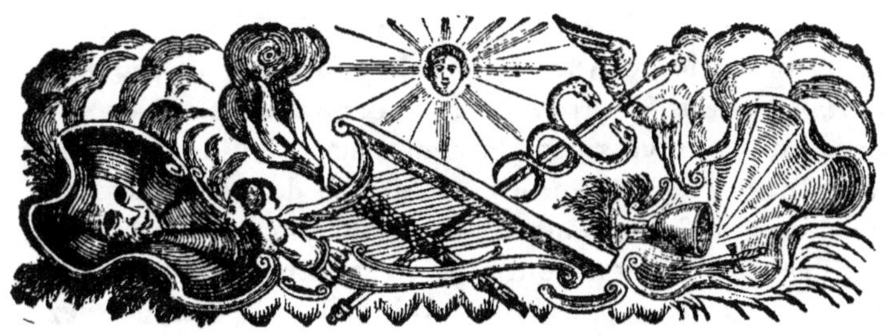

RÉPONSE
DE M. FALCONET
A M. MENGS.

Monsieur,

Si chacun avoit votre franchife, on ne fe déchireroit pas, comme on fait à chaque inftant, dans les lettres & dans les arts. Vous avez la bonté de m'avertir, *en particulier*, de ce que vous trouvez de répréhenfible dans mes rêveries ; & je mets, je vous affure, à ce procédé le prix qu'il méritera toujours chez les hommes honnêtes. Je vais, fi vous me le permettez, prendre votre lettre à côté de moi, la relire ; & à mefure que j'aurai à vous répondre, jeter mes idées fur le papier.

Vous dites, Monfieur, que dans les *Obfervations* fur

la ftatue de Marc-Aurèle , *je m'explique avec un peu d'a-
mertume.* Vous pourriez bien avoir raifon ; car en les
écrivant, je buvois dans la coupe amère du déplaifir. Si
vous n'avez jamais éprouvé celui que donnent quelquefois des perfonnes qui devroient maintenir l'efprit des
artiftes dans un état contraire à l'amertume, je vous en
félicite ; & fi je pouvois m'expliquer, vous trouveriez
que j'ai encore écrit avec affez de douceur.

Si j'avois, me dites-vous, Monfieur, *vu la ftatue de
Marc-Aurèle en place , & fi , en même-tems , j'euffe auffi
vu les autres qui font en Italie , je ferois moins étonné des
louanges qu'on a données à la première.* Comme ces louanges
ont été rarement données par comparaifon aux ftatues
équeftres qui font en Italie ; que je n'ai fait non plus
aucune comparaifon d'elles avec celle du Capitole , &
que je ne l'ai comparée qu'avec le naturel, il a dû m'être
affez indifférent de favoir qu'on la préférât aux autres ;
& je crois, Monfieur, qu'ici vous détournez un peu la
queftion. Quant au cheval , que je n'ai pas vu en place,
je puis vous affurer que c'eft en bronze feulement que
je ne l'ai pas vu, puifque les plâtres que j'en ai à Pétersbourg , y font placés à la même hauteur que le bronze
l'eft au Capitole. Vous favez que pour un artifte c'eft
voir en place, quand d'ailleurs il connoît la place, ainfi
que l'enfemble & le mouvement général de la ftatue.

*Le cheval de Marc-Aurèle fe fait admirer par une certaine
expreffion de vie ; & peut-être les mêmes fautes que j'y remarque dans la pofition des jambes , donnent-elles ce mouvement , qui n'eft pas felon le mécanifme ordinaire , mais dans
un état momentané , dans lequel l'animal ne peut fubfifter*

qu'un inflant. Je conviens qu'il y a dans cet animal une certaine expreffion de vie ; je crois même l'avoir dit affez clairement : mais , Monfieur , la repréfentation de quelque animal que ce foit n'auroit-elle pas à plus jufte titre une expreffion de vie , fi le mouvement de toutes fes parties étoit felon le mécanifme de la nature ? Vous connoiffez trop fupérieurement les beautés de la fculpture Grecque pour ignorer que les *Luteurs* , qui font dans un état momentané , ne feroient pas auffi bien qu'ils font , fi la pofition de leurs membres n'étoit pas felon le mécanifme ordinaire : vous favez auffi que la belle *Atalante* eft dans le même cas. Un homme en bronze , qui marcheroit comme il eft impoffible qu'un homme puiffe marcher , ne feroit pas *dans un état momentané* : c'eft ainfi pourtant que marche le cheval antique.

Ce que vous dites , Monfieur , du cavalier , me paroît jufte ; & fi j'en ai eu une autre idée , j'ai eu tort. Cependant , avec quelques modifications dans votre fentiment , & plus de développement dans le peu que j'en ai dit , nous pourrions bien nous rapprocher.

Vous dites en paffant , Monfieur , que les artiftes qui copioient l'Apollon du Vatican le remettoient parfaitement d'à-plomb , & perdoient ainfi une grande partie des beautés de l'original. Vous favez mieux que moi que les jambes de cette figure ont été brifées en plufieurs morceaux , qui tous n'ont pas été retrouvés ; qu'on a mal remonté ces jambes ; qu'elles font rejointes avec du ciment ; & vous conviendrez que dans fon premier état l'Apollon devoit être parfaitement d'à-plomb. Permettez-moi donc , Monfieur , de conclure que les artiftes qui perdoient une grande partie des beautés de l'original, en voulant corriger cette défectuofité, n'étoient pas affez habiles pour y bien réuffir : fi c'étoit une faute, il faudroit en accufer le premier auteur, qui certainement l'auroit commife. Regardez la jambe droite en face, & voyez comme, par la reftauration, elle fe deffine mal avec la cuiffe. Vous favez que le bras gauche eft auffi reftauré par le *Montorfoli*, fculpteur Florentin.

Je puis vous protefter, Monfieur, que ce qui m'a *irrité* (pour me fervir de votre terme) contre feu M. Winckelmann, n'eft affurément pas l'éloge qu'il fait de vous. Mais j'ai été fcandalifé, je vous l'avoue, qu'il ait parlé des artiftes François avec un ton de mépris très-révoltant. Quand je dis les artiftes François, vous penfez bien que j'entends ceux dont les ouvrages ne déshonoreroient pas les artiftes des autres nations, & ceux *qui ont fait tant d'honneur au fiècle de Louis XIV*, comme vous le remarquez très-bien. Parce que l'Allemagne a de nos jours deux excellens peintres, vous, Monfieur, & M. Dietrich, votre ami, étoit-il en droit de méprifer les nôtres ? Permettez-moi de vous le dire, ce fera toujours une tache à fa mémoire. Si vous n'admettez pas la France au nombre des juges, il faudra bien que nous recufions auffi l'Allemagne.

Votre obfervation, Monfieur, que *fi nous étions fûrs de toujours bien juger, nous ferions toujours des ouvrages parfaits*, m'a d'abord paru bonne. Cependant, par réflexion, j'ai cru que l'amour propre & quelques autres caufes encore, qui nous aveuglent fur nos propres défauts, nous laiffent des yeux de lynx fur les défauts des autres ;

autres ; ce qui n'empêche pas que nous ne nous trompions quelquefois fur leur compte comme fur le nôtre ; chacun le fait. Pour moi, je ne me couche jamais fans l'avoir éprouvé dans la journée.

Vous avez raifon, Monfieur, ces deux mots, *totalement négligé*, ne font point dans l'original Allemand : auffi ai-je changé l'endroit dans mon exemplaire ; car je me propofe de faire une autre édition, où, je vous affure, prefque tout l'ouvrage fera changé. Au rifque de déplaire à certaines gens, il fera même augmenté ; car la vanité bleffée ne m'en impofe point ; mais je corrigerai mes erreurs autant de fois que je les appercevrai.

J'ai changé auffi la traduction du paffage de Plutarque ; mais le terme de *peintre de portraits*, qui ne vous paroît pas avoir été employé par un Grec, exprime pourtant affez bien la penfée de l'auteur. Voici le mot dont il fe fert : Ζωγράφοι, *Zógraphoi* ; & les interprètes que je connois, l'ont conftamment rendu par *les peintres qui pourtrayent au vif* *. *Les peintres qui font des portraits* **. *Pictores facie & vultu* ***. *Pictores ex facie & vultu* ****. J'ai mis dans ma correction *les peintres qui font des portraits*. Seroit-il croyable que Plutarque ait foupçonné les grands peintres d'hiftoire de négliger, dans leurs tableaux, ce qui n'étoit pas les têtes ?

---

* Amiot.
** Dacier.
*** Xilander.
**** L'édition de Londres.

Tome I. V v

Permettez-moi, Monfieur, de vous repréfenter que lorfque M. Winckelmann m'a prêté le fentiment que je montre , touchant la Niobé , je ne l'avois pas encore montré, puifque je ne difois pas un mot de cette figure ; je ne parlois que des filles. M. Winckelmann ne pouvant pas deviner ce que je penferois & ce que je dirois de la mère , plus de dix années après , j'ai eu quelque droit de lui reprocher fon infidélité.

Je fuis fàché que cet honnête homme vous ayant écrit *mille éloges* de M. Watelet , en particulier , l'ait enfuite dénigré dans un écrit public : cela ne me paroît pas bien conféquent. Mais c'eft un malheur de l'humanité. Une mouche nous pique , nous donnons un foufflet à celui que nous venions de careffer.

Je ne chercherai pas affurément , Monfieur , à vous *démontrer que la médifance eft honnête* ; mais chacun fait, ou doit favoir , que la *critique* , lorfqu'elle eft jufte, peut devenir profitable , & je ne crois pas qu'il faille la confondre non plus avec le *farcafme.* Si je me fuis fervi de ce dernier, j'ai eu tort , & je vous promet qu'il n'en paroîtra pas dans l'édition que je me propofe , à moins peut-être que ce ne foit pour en repouffer d'autres , ou pis encore. Faites-moi cependant la grace d'obferver que s'il ne s'agifloit que d'établir des principes fur la peinture ou la fculpture , l'artifte ne s'amuferoit à contredire perfonne. Mais quand nous fommes accablés d'écrits tout bifcornus fur les arts , & que des gens qui en font fort ignorans , s'érigent en maîtres impérieux , la patience échappe , & l'on dit avec Juvénal : *Ne ferai-je toujours qu'écouter ? Jamais ne répondrai-je , toutes les fois que l'en-*

roué Codrus m'obsédera de sa Théséïde * ? Si pourtant vous
vouliez bien y faire attention, vous trouveriez, Monsieur, que souvent je me suis contenté de rendre une
plaisanterie pour une insulte, & quelquefois de la gaîté
pour des noirceurs. Je ne vous dis rien de l'emploi que
vous faites ici du mot *médisance*. Je crois seulement que
relever des fautes littéraires, est une action louable par
son objet, autant qu'elle est utile, s'il en résulte le bien
qu'on se propose ; & très-assurément ce n'est pas *médire*,
au sens que vous paroissez l'entendre.

Vous vous persuadez, Monsieur, que si j'étois à Rome
j'aurois peut-être *le bonheur de devenir antiquomane*. Permettez-moi de vous représenter que les mots composés, qui
sont terminés en *mane* & en *manie*, sont toujours pris en
mauvaise part, & que celui d'*antiquomanie*, par exemple,
signifie le délire, la fureur de tout ce qui est antique,
bon ou mauvais. Ce n'est pas certainement dans cet état
que vous voudriez me voir à Rome. Mais si quelque
jour j'ai l'avantage d'y admirer de vos productions,
vous m'y verrez rendre aussi à tous les chefs-d'œuvre
de l'antiquité les hommages dont vous avez dû lire
quelques échantillons dans mes foibles écrits.

Si un homme qui ne seroit pas artiste me disoit que
personne de nous ne peut parler de l'art, je chercherois à
deviner sa pensée, ou plutôt je ne m'en inquiéterois

---

*   *Semper ego auditor tantum ? Nunquamne reponam*
Vexatus toties rauci Theseïde Codri ?

 JUVEN. SAT. I.

V v ij

guères, s'il ne s'expliquoit pas davantage. Mais quand c'eft vous, Monfieur, qui me le dites dans une lettre, où, depuis le commencement jufqu'à la fin, vous parlez de l'art, je fuis plus porté à fuivre votre exemple, permettez-le-moi, je vous en fupplie, qu'à me conformer à votre confeil. Il ne tiendroit qu'à vous de favoir que chez les Grecs les plus grands artiftes *ont parlé de l'art*, & même qu'ils en ont écrit *.

Vous me demandez, Monfieur, ce qui nous en reviendra, quand j'aurai convaincu l'univers que Cicéron, Pline, Théodore **, Quintilien, & tous les anciens auteurs n'ont fu ce qu'ils difoient en parlant de nos arts. Je vais avoir l'honneur de vous le dire, pour que vous n'ayez pas la peine de lire une affez longue préface dans un de mes volumes, & plufieurs endroits dans l'ouvrage où j'ai répondu à votre demande.

Premièrement, je n'ai pas la prétention de convaincre l'univers de quoi que ce foit ; ce projet vain ne convient pas à mon foible cerveau. Mais, Monfieur, fi vous en-

---

* M. Mengs a fait imprimer deux Ouvrages de lui fur la Peinture : l'un en Allemand (*Réflexions fur la Beauté & fur le Goût dans la Peinture*), l'autre en Efpagnol (*Lettre à Don Antonio Ponz*). J'ai lu le dernier ; il eft de 1776, même année que fa lettre. *Note de M. Falconet.*

** Je ne connois pas ce *Théodore* (*a*) ; & je n'ai pas écrit que Quintilien ne fait pas ce qu'il dit, quand il parle de nos arts. *Note de M. Falconet.*

(*a*) Ce nom de *Théodore* ne fe trouve pas dans l'édition de M. le Chevalier d'Azara ; il y a, à la place, celui de *Paufanias. Note du Traducteur.*

tendiez bourdonner fans cefle à vos oreilles que tels &
tels fe connoiffent beaucoup mieux que vous en peinture ,
n'eft-il pas vrai que vous continueriez à faire de très-
beaux tableaux en laiffant bourdonner, ou que vous tâ-
cheriez de prouver que ces gens-là n'ont pas toutes les
connoiffances qu'on leur prête ? Qu'ai-je fait ? J'ai long-
tems laiffé dire ; mais enfin laffé d'un millier de fottifes
fur l'art , vexé d'un tas d'infultes & de quelques perfé-
cutions faites aux artiftes , j'ai dit : Voyons donc, Mef-
fieurs , fi vos grands connoiffeurs, vos grands juges ,
s'y entendent autant que vous le prétendez. Vous voyez,
Monfieur , qu'il ne s'agit là que de littérateurs & de lit-
térature , & que je n'ai jamais cru qu'un livre fît mieux
faire un tableau que l'étude de la nature. Je n'ai écrit
que pour modérer un peu la vanité perfécutante des faux
connoiffeurs , & pour donner quelque hardieffe aux
hommes modeftes , à qui des prétendus docteurs veulent
en impofer trop magiftralement , & c'eft toujours quelque
chofe. Il en revient auffi à moi , par exemple , des in-
jures de porte-faix , que la vanité bleffée m'a fait parvenir par la voie d'un *Journal Encyclopédique* * ; quelques
éloges par des hommes honnêtes , qui louent au moins
mon courage ; des avis de plus d'une efpèce , qui , en
éclairant mon efprit , me feront faire une beaucoup meilleure édition ; l'honneur de vôtre lettre , qui m'éclaire
auffi fur quelques-unes de mes fautes. Appellez - vous
cela rien ? Pour moi , je crois que c'eft beaucoup.

---

* L'auteur, ou les auteurs ont reçu de ma part une réponfe peut-
être affez convenable. *Note de M. Falconet.*

Vous m'avertissez, Monsieur, que *je me suis trompé, lorsque j'ai fait deux discours differens de l'unique qui se trouve dans l'ouvrage de Winckelmann sur votre compte.* Je suis très-capable de m'être trompé, non-seulement en cela, mais en beaucoup d'autres chofes, & quelquefois je n'y ai pas manqué. Cependant, fi vous jetez un coup-d'œil fur la fin de la préface de M. Winckelmann (laquelle fin n'eft pas traduite, fi je ne me trompe) & fur la page 104 de l'ouvrage, peut-être verrez-vous que je ne fuis pas fort répréhenfible. C'eft de l'original Allemand que je parle ; car le traducteur François a tout mis de fuite, aux pages 312 & 313 de fon premier volume. Si vous prenez la peine de lire la préface de M. Winckelmann, vous y verrez auffi de quel air il relève les favans qui fe font trompés ; & même il ne tiendra qu'à vous d'être choqué de fon peu d'égard pour les talens des auteurs qu'il reprend, & de l'accufer de *médifance.* Vous pouvez du moins convenir, Monfieur, que fi j'avois mérité la lapidation, ce ne feroit certainement pas à M. Winckelmann à me jeter la première pierre. J'aurois dû vous dire tout cela plus haut, mais je l'avois oublié.

J'en ai fait autant de la croyance dont vous n'êtes pas éloigné, dites-vous ; c'eft que *les anciens prenoient l'idée de beauté d'une tête de cheval, de fa reffemblance à une tête de bœuf, comme étoit le fameux Bucéphale d'Alexandre.* Il faut encore que je répare cet oubli, & que je vous prie, Monfieur, d'obferver qu'il n'eft pas bien prouvé que les anciens cruffent que la tête du cheval d'Alexandre reffemblât à celle d'un bœuf. Pline, recommandable en ce qu'il a recueilli les faits & les opinions de l'antiquité , rapporte que le nom de Bucéphale fut donné à ce cheval , foit parce qu'il avoit le regard terrible , foit à caufe d'une tête de taureau empreinte fur fon épaule. *Bucephalon eum vocaverunt , five ab afpectu torvo , five infigni taurini capitis , armo impreffi.* (L. *VIII.* cap. 42.)

Je conviens qu'Aulu-Gelle dit que la tête de Bucéphale reffembloit à celle d'un bœuf : *Equus Alexandri regis & capite & nomine Bucephalus fuit.* (*Noct. Attic. L. V.* c. 2.) Mais il faut obferver qu'Aulu-Gelle écrivoit fous le règne d'Adrien, tems où certains traits hiftoriques , fans conféquence, pouvoient bien être défigurés. Il feroit donc poffible que cet écrivain , collecteur auffi bien que Pline , eût rapporté le propos comme il couroit alors , & qu'il fe fût peu foucié de ce qu'il lifoit chez l'hiftorien naturalifte , pour lequel il n'avoit pas toujours la plus haute vénération. Quoi qu'il en foit , Pline me paroît dire une chofe plus vraifemblable , & par conféquent plus croyable : je m'y tiens , fans blâmer ceux qui penfent autrement.

Quant à la tête de mouton , ou *tefta de carnero* , dont vous me parlez , elle ne me regarde pas , puifque je n'en ai jamais dit mot. Je fuis d'ailleurs fi peu engoué de cette forme moutonnière , que je n'ai pas cru devoir la donner à la tête du cheval que je fais ; attendu qu'un beau cheval ne doit reffembler ni au bœuf, ni au mouton , à moins que nous ne voulions faire un portrait , ou bien repréfenter telle ou telle race , ou bovine , ou moutonnière.

En finiffant, vous m'avertiffez, Monfieur, que fi je veux parler fans paffion, je conviendrai que ce qui conftitue la beauté des ouvrages antiques, eft bien fupérieur à l'expreffion des chairs, des veines, des touches, de l'efprit, en un mot, de ce qui eft fouvent l'unique foutien des ouvrages modernes. Il me vient une idée : n'auriez-vous lu, dans ce que j'ai écrit, que ce qui vous a déplu'? Auriez-vous fauté à pieds joints fur les endroits où je penfe comme vous ? Car ici vous répétez, avec un peu d'humeur, ce que j'ai dit avec paffion en faveur des beautés fublimes de la fculpture Grecque. Quoi qu'il en foit, une ftatue n'étant autre chofe que la repréfentation d'un homme vivant, tout ce qui conftitue la vie & le mouvement lui eft effentiel. Faites une ftatue favamment deffinée, (cela eft difficile, fans doute,) joignez-y le fentiment, l'efprit, la vie, par tous les moyens qui portent ce caractère, (c'eft un don accordé à peu d'artiftes) & vous aurez fait une ftatue d'autant plus parfaite, qu'elle réunira ces parties fi touchantes, au beau qui en impofe. La preuve en eft dans quelques antiques, où tout cela réuni, concourt à la perfection. Ah ! fi vous pouviez voir la délicieufe *Andromède* & l'effrayant *Milon* de Pierre Puget, vous ne l'appelleriez pas *M. Puget.*

Vous m'invitez, Monfieur, à donner quelques notes au public fur les études que j'ai faites du cheval. Ce confeil de votre part eft féduifant; & fi je n'avois pas encore pris de réfolution, il pourroit m'embarraffer. M. Saly, ftatuaire François, a fait ce que vous demandez; peut-être a-t-il bien fait. Peut-être auffi pourroit-on ré-

duire

duire ce qu'il a donné au public à cette petite phrase : *J'écris comment j'ai fait un cheval ; c'est donc un cheval comme celui que j'ai fait que j'enseigne à faire.*

Pour moi, à qui l'idée n'est pas encore venue d'établir des règles sur mes productions, je pourrois bien y être gauche, & je craindrois qu'on n'apperçût dans mon labeur celui de la vanité ; c'est pourquoi je ne dirai point : *Il faut, si l'on veut faire un beau cheval, choisir & voir le naturel, comme je l'ai choisi & vu.* Je n'ignore pas qu'on peut donner un tour de candeur à tout cela ; mais le voile est transparent & laisse voir l'homme qui s'érige en modèle : si un ouvrage est beau, il en servira, sans que l'auteur s'en mêle.

Mais Aristote a donné sa *Poétique*, Longin son *Traité du Sublime* ; quantité d'écrivains en ont fait autant. Vraiment oui ; mais ce n'étoit pas dans leurs productions qu'ils puisoient les préceptes. Si j'avois sous les yeux quelques belles statues de chevaux, que je n'eusse pas faites, je risquerois de dogmatiser aussi, & je dirois en détail : *Voilà comme il faut faire un beau cheval.* A moins de cela je dois me taire, & m'en tenir à quelques mots que j'ai pu dire en parlant du naturel.

Je vous assure, Monsieur, que c'est avec bien du regret que je me vois forcé, par mon ouvrage, qui me laisse à présent peu de loisir, d'abréger le plaisir de causer avec vous. J'aurois, je crois, encore bien de petites choses à vous dire ; mais comme elles seroient peut-être un peu contraires à quelques-unes de vos lignes, je les supprime de bon cœur. Et qui peut répondre que ce ne seroit pas moi qui auroit tort ?

Tome I.   X x

Savez-vous, Monſieur, combien eſt douce la demande que vous me faites de mon amitié ? Hélas ! les deux points du globe que nous habitons, ſont bien éloignés l'un de l'autre...... Continuez de me parler avec la même franchiſe, vous exciterez toujours la mienne ; vous m'éclairerez ; vous me ferez retrouver l'aliment qui convient aux artiſtes. Qu'importe un peu de contrariété ! On ſe diſpute doucement, on s'eſtime, on s'aime, on s'éclaire, on s'embraſſe. C'eſt avec ces ſentimens que j'ai l'honneur d'être *,

M O N S I E U R,

A Saint-Péterſbourg, ce 23 *Septembre* 1776. V. S.

Votre très-humble & très-obéiſſant ſerviteur,

F A L C O N E T.

---

* Si dans les papiers de feu M. Mengs, on avoit retrouvé l'original de ma lettre, & qu'il exiſtât encore, on pourroit voir que ſans y rien changer, j'y ajoute ici quelques mots çà & là, pour donner ou plus de force, ou plus de juſteſſe à ma réponſe. Par les dates & par le tems qu'une lettre eſt à parvenir de Madrid à Péterſbourg, on voit que j'écrivis preſque ſur-le-champ, ſans trop pouvoir me relire ; mais je n'ai rien retranché, parce que cela eſt bien moins permis que d'ajouter quand on répond. *Note de M. Falconet.*

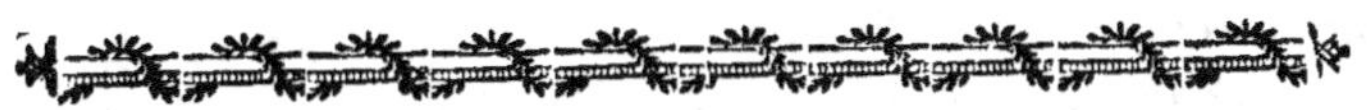

NOTE

De M. le Chevalier d'Azara fur les deux précédentes Lettres.

IL eft parlé dans les *Mémoires fur la Vie & fur les Ouvrages de M. Mengs* du motif qui l'a engagé à écrire une lettre à M. Falconet. M. Mengs fe trouvoit alors à Madrid, où je lui donnai connoiffance des *Obfervations fur la ftatue de Marc-Aurele*, par ce fculpteur François, que M. Zinowieff, miniftre de Ruffie à la cour d'Efpagne, lui prêta ; & ce fut même fur fes inftances & par fon canal que M. Mengs lui écrivit cette lettre. Il ne s'y arrête pas à réfuter toutes les erreurs qu'il avoit remarquées dans l'ouvrage de M. Falconet ; mais il s'eft contenté de défendre fa propre reputation & celle de M. Winckelmann, fon ami. Quoique le ton dont fe fert M. Falconet, dans fes obfervations, foit affez fort pour mettre en vibration des fibres bien moins fenfibles que ceux de M. Mengs, celui-ci cependant, toujours bon & honnête, a employé, pour le réfuter, la plus grande modération, comme on vient de le voir par cette lettre même.

M. Falconet a répondu à M. Mengs avec la même

X x ij

honnêteté. Il eſt malheureux que cet artiſte ait employé tant de talent à écrire un pareil ouvrage , dans lequel il paroît n'avoir eu d'autre but que d'épancher ſa bile contre les meilleurs écrivains anciens & modernes. Il y déploye un caractère ſingulier , en attaquant le mérite par-tout où il le trouve , & en marquant ſon chagrin de l'hommage rendu aux autres artiſtes ; tandis qu'il ſe prodigue à lui-même des éloges , & qu'il reçoit avidement ceux que ſes amis ont bien voulu lui donner. Pour prouver les défauts de la ſtatue équeſtre de Marc-Aurele , il a compoſé un volume entier , dont la ſaine critique pourroit être réduite à trois lignes : le reſte ne ſert qu'à tracaſſer tout le monde , & à inſtruire le public de ſes querelles particulières. Il paroît qu'il ne s'eſt propoſé de déprimer cette ſtatue de Marc - Aurele qu'afin de faire mieux l'éloge de celle qu'il a lui-même exécutée de Pierre le grand à S. Pétersbourg, dont le cheval foule aux pieds le ſerpent de l'envie , tandis qu'il touche au moment de ſe jeter dans un précipice , en galoppant ſur une montagne qui fait la principale partie de cet ouvrage. La tête du monarque a été exécutée par la main délicate d'une femme *. Grace au ciel ! nous n'avons pas en Italie de ſemblables ſtatues , ni des livres de cette logique.

Un grand nombre d'auteurs ont relevé les erreurs de Pline, & un plus grand nombre encore ont fait ſon éloge. Mais lorſqu'on trouve des fautes dans un écrivain,

---

* Mademoiſelle Collot , élève de M. Falconet , & qui a épouſé ſon fils.

on les fait remarquer avec modération , pour empêcher
que d'autres n'y tombent de même , fans les publie avec
emphafe & avec aigreur. M. Falconet auroit bien fait de
fuivre l'exemple de M. de Buffon , qui certainement n'a
pas ignoré les erreurs du naturalifte Latin ; mais qui les
a vues comme les hommes d'un mérite auffi éminent que
le fien doivent voir les chofes , c'eft-à-dire , avec difcernement & fans fiel : auffi fon éloge de Pline ne fera-t-
il pas moins un éternel monument de fa gloire que tous
fes autres ouvrages.

Si M. Falconet ne s'étoit pas livré à fon imagination , il
n'auroit pas joint à fon liyre l'écrit d'un de fes amis ,
lequel s'efforce de prouver fa reconnoiffance , en tournant
en ridicule Pline & Vefpafien. Mais quel mérite, quel honneur , quelle gloire y a-t-il de rire aux dépens de ceux
qui n'exiftent plus depuis dix-fept fiècles , & qui ne peuvent fe défendre ? Le tout cependant pour difputer fur
la quadrature des formes & fur d'autres pareilles inepties.
Cet ami de M. Falconet , auquel il donne (fans doute
pour badiner) les titres de philofophe & d'homme extraordinaire , manifefte une ame faite pour avoir été le
flatteur adroit de Vefpafien & de Pline , s'il eut vécu de
leur tems ; car on voit , en général , que les hommes
qui font les plus fouples quand ils penfent avoir quelque
chofe à craindre , font auffi les plus audacieux quand ils
font fûrs de l'impunité ; & je fuis convaincu que ce prétendu philofophe fe feroit regardé comme fort heureux ,
& même comme un homme de grande importance , s'il
avoit pu être admis à la confiance & à la familiarité du
dernier des efclaves de Vefpafien. Et ce n'eft pas là fans doute

trop avancer , lorsqu'on fait que les premiers perfonnages de Rome fe felicitoient de connoître les affranchis
& les portiers de Séjan , ainfi que Térence le dit dans
le fénat : *Libertis quoque , ac janitoribus ejus notificere , pro
magnifico accipiebatur.* Cependant il y avoit encore loin
de Séjan à l'empereur.

Que de citations M. Falconet n'a-t-il pas entaflées pour
nous perfuader que Cicéron ne favoit pas le premier mot
des arts ? tandis que ces paflages cités prouvent le contraire , ou ne font que des fophifmes. Il femble donc que
M. Falconet n'a pas faifi la jufte valeur des expreffions
de Cicéron , quand il penfe qu'il parloit de bonne-foi ,
& qu'il étoit perfuadé de ce qu'il difoit ; tandis qu'il paroît
clairement que l'orateur Romain ne s'eft fervi de ces com-
paraifons que pour chercher à rendre probable ce qui
ne l'étoit pas ; & à prouver par-là la force de fon élo-
quence : voilà ce qu'il faut entendre par les paradoxes de
Cicéron.

Mais il eft tems de finir. Ce que je viens de dire
fuffit , fans doute , pour faire connoître le caractère
de M. Falconet , ainfi que le motif qui a déterminé M.
Mengs à lui écrire la lettre dont il eft ici queftion.

Fin du Tome premier.

APPROBATION.

J'AI lu par ordre de Monseigneur le Garde des Sceaux, *les Œuvres de Mengs*, *traduites de l'Italien par M. JANSEN*, & je n'y ai rien trouvé qui m'ait paru devoir en empêcher l'impreſſion.

A Paris, le 22 Juin 1785.

SUARD.

PRIVILÉGE DU ROI.

LOUIS, par la grace de Dieu, Roi de France & de Navarre : A nos amés & féaux Conſeillers les Gens tenans nos Cours de Parlement, Maitres des Requétes ordinaires de notre Hôtel, Grand Conſeil, Prévôt de Paris, Bai'l fs, Sénéchaux, leurs Lieutenans Civils, & autres nos Juſticiers qu'il appartiendra ; Salut. Notre bien amé le Sieur JANSEN Nous a fait expoſer qu'il deſireroit faire imprimer & donner au Public un Ouvrage intitulé *les Œuvres de Mengs*, *en deux volumes a-4o.*, *traduites de l Italien*, s'il nous plaiſoit lui accorder nos Lettres de privilège pour ce néceſſaires. A ces cauſes, voulant favorablement traiter l'Expoſant, nous lui avons permis & permettons par ces Préſentes, de faire imprimer ledit Ouvrage autant de fois que bon lui ſemblera, & de le vendre, faire vendre & débiter par tout notre Royaume ; Voulons qu'il jouiſſe de l'effet du préſent Privilège, pour lui & ſes hoirs à perpétuité, pourvu qu'il ne le rétrocède à perſonne ; & ſi cependant il jugeoit à propos d'en faire une ceſſion, l'acte qui la contiendra ſera enregiſtré en la Chambre Syndicale de Paris, à peine de nullité, tant du Privilège que de la Ceſſion ; & alors, par le fait ſeul de la Ceſſion enregiſtrée, la durée du préſent Privilège ſera réduite à celle de la vie de l'Expoſant, ou à celle de dix années, a compter de ce jour, ſi l'Expoſant décede avant l'expiration deſdites dix années, le tout conformément aux articles IV & V de l'Arrêt du Conſeil du 30 Août 1777, portant Réglement ſur la durée des Privilèges en Librairie. Faiſons défenſes à tous Imprimeurs, Libraires & autres perſonnes de quelque qualité & condition qu'elles ſoient, d'en introduire d'impreſſion étrangère dans aucun lieu de notre obéiſſance ; comme auſſi d'imprimer ou faire imprimer, vendre, faire vendre, débiter ni contrefaire ledit Ouvrage, ſous quelque prétexte que ce puiſſe être, ſans la permiſſion expreſſe & par ecrit dudit Expoſant, ou de celui qui le repréſentera, à peine de ſaiſie & de confiſcation des exemplaires contrefaits, de ſix mille livres d'amende, qui ne pourra être modérée pour la première fois, de pareille amende & de déchéance d'état en cas de récidive, & de tous depens, dommages & intérêts, conformément à l'Arrêt du Conſeil du 30 Août 1777, concernant les contrefaçons : à la charge que ces Préſentes ſeront enregiſtrées tout au long ſur le Regiſtre de la Communauté des Imprimeurs & Libraires de Paris, dans trois mois de la date d'icelle ; que l'impreſſion dudit Ouvrage ſera faite dans notre Royaume & non ailleurs, en beau papier & beaux caractères, conformément aux Réglemens de la Librairie, à peine de déchéance du préſent Privilège ; qu'avant de l'expoſer en vente, le manuſcrit qui aura ſervi de copie à l'impreſſion dudit Ouvrage ſera remis dans le même état où l'approbation y aura ete donnée ès mains de notre très cher & féal Chevalier, Garde des Sceaux de France, le ſieur HUE DE MIROMESNIL, Commandeur de nos Ordres ; qu'il en ſera enſuite remis deux exemplaires dans notre Bibliothèque publique, un dans celle de notre Château du Louvre, un dans celle de notre très-cher & féal Chevalier, Chancelier de France, le ſieur DE MAUPEOU, & un dans celle dudit ſieur HUE DE MIROMESNIL : le tout à peine de nullité des Préſentes, du contenu deſquelles vous mandons & enjoignons de faire jouir ledit Expoſant & ſes hoirs, pleinement & paiſiblement, ſans ſouffrir qu'il leur ſoit fait aucun trouble ou empêchement. Voulons que la copie des Préſentes, qui ſera imprimée tout au long, au commencement ou à la fin dudit Ouvrage, ſoit tenue pour dûment ſignifiée, & qu'aux copies collationnées par l'un de nos amés & féaux Conſeillers Secrétaires, foi ſoit ajoutée comme à l'original. Commandons au premier notre Huiſſier ou Sergen ſur ce requis, de faire, pour l'exécution d'icelles, tous Actes requis & néceſſaires, ſans demander autre permiſſion, & nonobſtant clameur de Haro, Charte Normande, & Lettres à ce contraires ; Car tel eſt notre plaiſir. Donné à Paris le vingtième jour du mois de Juillet l'an de grace mil ſept cent quatre-vingt-cinq, & de notre règne le douzième. Par le Roi, en ſon Conſeil. *Signé*, LE BEGUE.

Registré sur le Registre **XXII** *de la Chambre Royale & Syndicale des Libraires & Imprimeurs de Paris , n°. 271, fol. 381 , conformément aux dispositions énoncées dans le Présent Privilége, & à la charge de remettre à ladite Chambre les neuf Exemplaires prescrits par l'Arrêt du Conseil d'Etat, du 16 Avril 1783. A Paris, le 29 Juillet 1783. Signé ,*

LE CLERC, *Syndic.*

De l'Imprimerie de P. DE LORMEL, Imprimeur de l'Académie Royale de Musique, rue du Foin S. Jacques.